经济学基础
学习指导
（第二版）

JINGJIXUE JICHU
XUEXI ZHIDAO

主　　编／周映伶
副 主 编／罗胤晨　李星林
编写顾问／李政军

U0952798

西南财经大学出版社
中国・成都

图书在版编目(CIP)数据

经济学基础学习指导/周映伶主编;罗胤晨,李星林副主编.
—2 版.—成都:西南财经大学出版社,2023.2(2024.2 重印)
ISBN 978-7-5504-5678-5

Ⅰ.①经… Ⅱ.①周…②罗…③李… Ⅲ.①经济学—高等学校—教学参考资料 Ⅳ.①F0

中国国家版本馆 CIP 数据核字(2023)第 016412 号

经济学基础学习指导(第二版)
主　　编　周映伶
副 主 编　罗胤晨　李星林
编写顾问　李政军

责任编辑:石晓东
责任校对:陈何真璐
封面设计:墨创文化
责任印制:朱曼丽

出版发行	西南财经大学出版社(四川省成都市光华村街 55 号)
网　　址	http://cbs.swufe.edu.cn
电子邮件	bookcj@swufe.edu.cn
邮政编码	610074
电　　话	028-87353785
照　　排	四川胜翔数码印务设计有限公司
印　　刷	郫县犀浦印刷厂
成品尺寸	185mm×260mm
印　　张	14.75
字　　数	306 千字
版　　次	2023 年 2 月第 2 版
印　　次	2024 年 2 月第 2 次印刷
印　　数	2001 — 4000 册
书　　号	ISBN 978-7-5504-5678-5
定　　价	29.80 元

第二版序言

经济学基础课程是经管类专业的理论基础课程，在实际教学中处于核心地位；同时，该课程作为重庆财经学院管理类专业的学科基础课程，在培养应用型人才的教学中具有基础与核心的作用。这门课程涵盖了微观经济学和宏观经济学的基础知识，信息量大、理论性和系统性强，初学者想要在短时间内准确把握全部知识具有相当大的难度。纵观现有的教材，大部分国外教材的主体内容的呈现比较分散，或许更符合西方人的思维方式和教学安排；不少国内教材的主体内容的呈现比较呆板，与中国历史文化及实践的联系不强。

从本质上讲，《经济学基础》试图给学生传授一种经济学的思维方式，但要让学生将这些理论性强、系统化的知识完全吸收内化，我们需要用逻辑清晰的方式搭建理论框架，凝练知识点，并以“知识树”的方式呈现；同时，还需要将经济学理论与中国的历史文化及实践相结合。为此，我们以《经济学基础》（李政军著，西南财经大学出版社，2020年）为编写蓝本，通过不同形式的练习题来帮助学生理解该教材涉及的理论，让学生可以做到学以致用。

《经济学基础学习指导》（以下简称《学习指导》）是在团队首席教授李政军老师指导下进行编写的。李政军教授任职于南京师范大学，现任重庆财经学院和西华大学经济学教学团队首席教授，致力于微观经济学和宏观经济学的教学和研究已30余年，对于西方经济学的教学具有丰富的经验和深刻的认识。因此，在李教授的指导下，课程组成员从课程内容、讲授方式、习题集建设等多方面，对经济学基础课程进行了教学改革的初步尝试，为《学习指导》的编写工作提供了扎实的专业基础和丰富的实践指导。

《学习指导》是重庆财经学院校级规划教材。根据因材施教的原则，《学习指导》按照教材的内容体系，在对每一讲学习目的、核心要点等进行归纳分析后，编写了不同类型的习题。《学习指导》主要包括五个部分，分别为学习目标、内容概要、重要概念、习题演练和“真实世界中的经济学”。其中，学习目标是对本讲核心内容的呈现，也是学生需要掌握的内容；内容概要是对本讲知识点的精炼呈现，可以帮助学生迅速获取本讲的核心知识点；重要概念包括了经济学的一些专业术语以及经济学基础考核的高频词汇；习题演练包含了四种题型，即单选题、辨析题、简答题和应用题；“真实世界中的经济学”主要包含经典的、具有可读性的课程阅读材料，并附以问题讨论，以期引导学生用所学经济学理论解决现实经济问题。由于学生自行完成习题的出错率较高，因此在所有习题之后，我们都给出了相应的分析角度和思考路径，以引导学生用所学的理论来分析对应的经济现象，达到学以致用的目的。习题难度各不相同，参考答案也有详有略，但有些答案未必唯一，题解仅供参考。

此外，本书也是重庆财经学院经济学基础课程组自制习题集（未出版）的完善和优化。2017年，课程组成员在参考国内外大量有关的学习辅导书的基础上，着手对经济学基础课程的习题集进行编写，并提供给本校学生使用。随后，课程组成员每年都会根据教学大纲和教材内容对习题集展开知识点、题型的修订和错误答案的更正。

2021年，本书正式出版。自出版以来，本书深受广大老师和同学们的喜欢。首先，本书为教师日常教学提供了较好的习题资源，不少教师将本书的习题完成情况纳入学生成绩的考核，提高了教学管理效率；其次，本书习题的日常操练激发了学生学习的主动性，帮助他们更好地理解和掌握相关理论和方法；最后，本书也能够助推该课程在重庆财经学院的教学改革实践，教学质量和教学效果得到明显提升。

近几年来，中国的经济学教育、教学面临新的形势，更加注重发挥课程的育人功能。因此，教师需要在传授专业知识和技能的同时激发学生的爱国热情，注重根据国情变化更新课堂所讲知识，培养出适应中国特色社会主义现代化建设需要的专门人才。鉴于此，本书的修订成为应有之举。本书的修订坚持以习近平经济思想为指导，基于经济学理论深挖现实材料、精选思政素材、发现新问题，在每章新增“真实世界中的经济学”内容，以丰富教学案例库并提升课程的质量。新增的“真实世界中的经济学”内容列出了丰富的阅读材料，将思政元素融于经济情景，辅以理论分析，有助于提高学生对经济社会的理解与把握，以及运用马克思主义的立场观点分析问题、解决问题的能力，达到培养学生科学思维的目的。此外，不少教师和学生在使用本书的过程中给我们提出了宝贵意见，其中相当多的意见已被本书采纳。对此，本书编写组致以诚挚的谢意。

本书由重庆财经学院经济学基础课程组全员参与完成。其中，第1讲由李政军编写；第2讲和第6讲由周映伶编写；第3讲和第11讲由罗胤晨编写；第4讲和第8讲由李星林编写；第5讲由王路云编写；第7讲由卢芳冰编写；第9讲由胡文静编写；第10讲由向艳编写；第12讲由谭美容编写；第13讲由李扬杰编写；第14讲由杨麒渊编写。李教授对全书各讲内容做了细致的审阅，并且从形式到内容都提出了宝贵的修改意见，在此我代表课程组全体老师向他付出的辛勤劳动表示衷心感谢！

本书如有不足之处，欢迎各位同行和读者们批评指正！

周映伶

重庆财经学院经济学基础课程组组长

2022年11月30日于重庆巴南龙洲湾畔

推荐序

一直想给我的《经济学基础》写一本学习指南，以让这本书更适合于教学使用。今天看了重庆财经学院经济学教学团队——经济学基础课程组老师们，针对我的《经济学基础》精心编写的《经济学基础学习指导》书稿，才发现他们已经很好地替我完成了我的这个心愿！

《经济学基础学习指导》基于《经济学基础》的教学内容，归纳总结了每一讲的学习目标、内容概要和重要概念；在此基础上，又以单选题、辨析题、简答题和应用题（包括计算题）四种形式，从知识传递到能力培养，最后到价值引领和课程思政，层层递进，循序善诱，深化了对《经济学基础》教材的理解和应用。尤其值得一提的是，课程组老师们还为这些练习题提供了参考答案。这本《经济学基础学习指导》是学生自学和老师选用《经济学基础》作为教材的优秀配套材料，值得推荐。

感谢映伶老师的周密组织以及各位老师的用心设计和认真编写！期待着这本书的修订与出版！期待着读者多提宝贵意见，以促进本书不断完善！

李政军

2022年12月1日

于镇江句容宝华山下

目录 CONTENTS

第1讲

引言

1.1 学习目标

本讲主要介绍学习西方经济学的目的和经济学发展的简单历程。通过本讲的学习，同学们需要掌握的内容如下：

（1）学习西方经济学的目的是理解资本主义，揭示资本主义的本质，为实现共产主义（社会主义）奠定理论基础。

（2）资本主义曾经在历史上发挥过哪些非常具有革命性的作用？

（3）资本主义在中国“按照自己的面貌为自己创造出一个世界”的过程中，中国社会发生的两个根本性的变化。

（4）习近平总书记关于“修昔底德陷阱”的论述。

（5）如何看待世界不同国家对待新冠疫情的方式？

（6）中英文关于理解（understand）的解释。

（7）经济学发展的简单历程。

1.2 内容概要

（1）无论是马克思主义经济学还是西方经济学，它们认为学习经济学的目的都在于理解资本主义，揭示资本主义的本质。

（2）我们之所以要理解资本主义，原因在于：①“资产阶级在历史上曾经起过非常具有革命性的作用”，对此我们要充满好奇心；②理解资本主义，有利于理解中国的近现代史；③理解资本主义，有利于化解“修昔底德陷阱”；④理解资本主义，有利于探究“人类合作行为如何发展”。我们理解资本主义的最终目的是揭示资本主义的本质，为实现共产主义（社会主义）奠定理论基础。

（3）理解资本主义，就是据理解释或了解资本主义。理不同，对资本主义的解释就不同。现代经济学对于资本主义的解释，主要有三种理论或范式，它们分别是马克思主义范式、新古典范式和凯恩斯范式。其中，马克思主义范式对应同学们在大学阶段学习的两门课程——马克思主义基本原理概论以及毛泽东思想和中国特色社会主义理论体系概论；新古典范式和凯恩斯范式，合称为西方经济学。我们学习的经济学基础，是西方经济学的入门课程。

1.3 重要概念

（1）修昔底德陷阱：用艾利森的话说，就是指“当一个崛起国威胁到守成国的主导地位时，会引起严重的结构性压力。在这种情况下，不仅仅是非同寻常的、未曾预料到的事件，哪怕是外交上一丁点的寻常火苗，都能够引发大规模的冲突”①。艾利森之所以把这个论断叫作“修昔底德陷阱”，根源在于他认为古希腊历史学家修昔底德撰写的《伯罗奔尼撒战争史》②，其“故事主线是把雅典和斯巴达推向战争的作用力：雅典不断的崛起和斯巴达与日俱增的担忧，斯巴达担心雅典会威胁自己在希腊的主导地位。换句话说，修昔底德的主要议题就是修昔底德陷阱”③。

（2）理解（understand）：是指依据一定的原理或道理了解或解释：①字、词、句的含义；②个人的行为方式和原因；③某事（自然现象和社会现象）的原因和运行方式。

1.4 习题演练

为什么说“世事洞明皆学问，人情练达即文章”可以解释我们学习经济学的一般原因？

① 艾利森．注定一战：中美能避免修昔底德陷阱吗？［M］．陈定定，傅强，译．上海：上海人民出版社，2019：53.

② 修昔底德．伯罗奔尼撒战争史［M］．北京：商务印书馆，2019.

③ 艾利森．注定一战：中美能避免修昔底德陷阱吗？［M］．陈定定，傅强，译．上海：上海人民出版社，2019：54.

第 2 讲

经济

2.1 学习目标

本讲通过考察古代汉语和现代汉语中“经济”一词的含义，介绍中国传统经济制度和资本主义经济制度的构成和区别。通过本讲的学习，同学们需要掌握的内容如下：

（1）古代汉语中“经济”一词最早出现的时间、含义以及传到日本的时间。

（2）中国传统社会的结构和组织原则。

（3）现代汉语中“经济”一词的一般含义有哪些？特定含义是什么？

（4）资本主义的含义。

2.2 内容概要

（1）古代汉语“经济”一词，是“经世济民”的缩写，最早可能出现在四世纪初的西晋，流行于唐代，沿用至晚清。它的一般含义是：组织社会、救济民众；或者说，组织社会生产，解决百姓生计。它的特定含义是：按照儒家伦常所规定的道德规范，去组织社会生产，解决百姓生计。古代汉语“经济”一词，估计在唐代带着中国的儒家意识形态传去了日本，并成为日本汉字，读作“keizai”。

（2）现代汉语“经济”一词，源于19世纪日本学者借用古代汉语“经济”一词翻译英文的economy。现代汉语“经济”的一般含义有三个：①指一个国家或地区的生产、交换、分配和消费活动的统称，简称经济活动；②指组织一个国家或地区社会生产活动的规则，简称经济制度；③指节俭、节约。它的特定含义是指资本主义，或称自由企业制度。

（3）资本主义是指以营利为目的的私人所有者而非政府控制和推动一个国家的生产和交换活动的经济系统。图2-1概括了资本主义的三个层面。其中，从社会经济生活的基本理念看，资本主义强调“对于个人自由的尊重”和“对于公益的重视”；从经济制度看，资本主义强调“三个原则”：私有财产制、契约自由原则和自我负责原则；从经济活动（或经济运行）看，资本主义表现为企业、家庭和政府三个部门，通过市场交换活动相互作用，生产、交换、分配和消费私有财产（私人产品）和公共财产（公共产品），而所有这些经济活动，就构成了资本主义的国民生活。

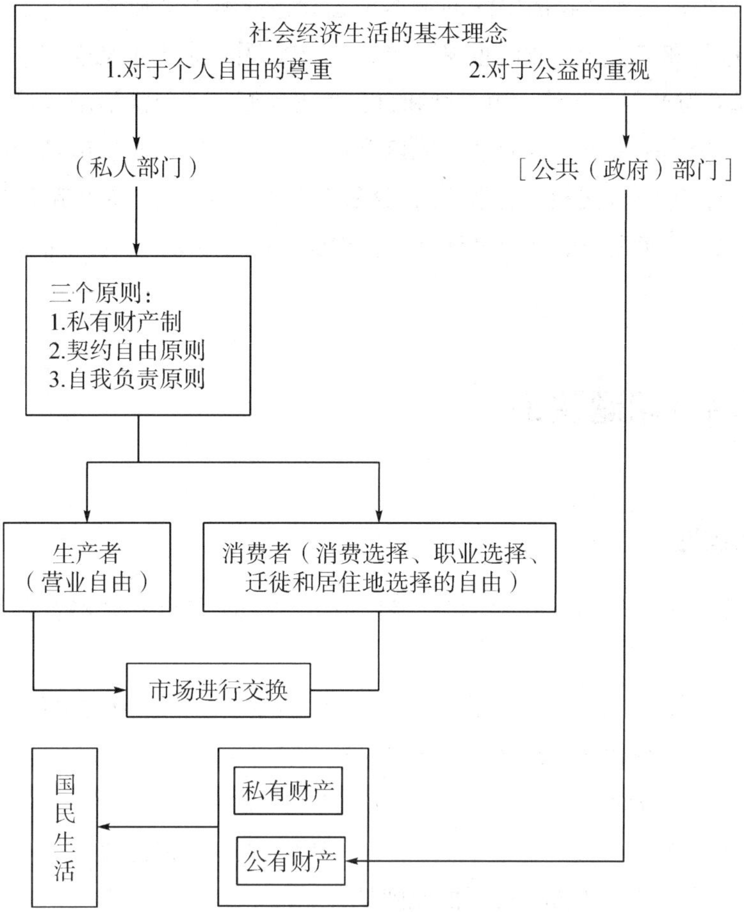

图2-1　自由经济中财产的供给途径

2.3　重要概念

（1）古代汉语“经济”：是“经世济民”的缩写。它的一般含义是指组织社会，救济民众；特定含义是指按照儒家伦常所规定的道德规范，去组织社会生产，解决百姓生计。

（2）现代汉语“经济”的一般含义有三个：①指一个国家或地区的生产、交换、分配和消费活动的统称，简称经济活动；②指组织一个国家或地区社会生产活动的规则，简称经济制度；③指节俭、节约。它的特定含义是指资本主义，或称自由企业制度。

（3）资本主义。资本主义是指以营利为目的的私人所有者而非政府控制和推动一个国家的生产和交换活动的经济系统。我们可以从三个层面进行考察。其中，从社会经济生活的基本理念看，资本主义强调“对于个人自由的尊重”和“对于公益的重视”；从经济制度看，资本主义强调“三个原则”：私有财产制、契约自由原则和自我负责原则；从经济活动（或经济运行）看，资本主义表现为企业、家庭和政府三个部门，通过市场交换活动相互作用，生产、交换、分配和消费私有财产（私人产品）和公有财产（公共产品），而所有这些经济活动，就构成了资本主义的国民生活。

2.4 习题演练

单选题

1.《周礼·天官·大宰》有“经世济民”一词，其中，“经”的含义是（　　）。

A. 经营　　B. 组织　　C. 阡陌　　D. 路径

2. 在现代汉语中，经济一词的含义有（　　）。

A. 经济活动　　B. 经济制度

C. 节约、节俭　　D. 以上各项都包括

3. 资本主义私人部门遵循的原则是（　　）。

A. 私有财产制　　B. 契约自由原则

C. 自我负责原则　　D. 以上各项都是

4.“经济实惠”一词中“经济”的含义是（　　）。

A. 经济活动　　B. 经济制度

C. 节约、节俭　　D. 组织社会生产，解决百姓生计

简答题

1. 古代汉语“经济”一词的一般含义和特定含义是什么？

2. 黄仁宇在《〈万历十五年〉和我的“大”历史观》一文中刻画的中国传统社会的结构和组织原则是什么？金观涛、刘青峰在《观念史研究》一书中又是如何刻画传统社会的结构和组织原则的呢？

3. 现代汉语“经济”一词的一般含义和特定含义是什么？

4. 资本主义的含义以及资本主义的三个层面是什么？

2.5 真实世界中的经济学

杂学成就左宗棠①

徐志频

1832年到1843年，左宗棠21岁到32岁，他从湘阴到湘潭倒插门12年，除了居家过日子，他到底还做了些什么？

在12年的寄居生活中，左宗棠主要做了三件事：一是应湖南巡抚吴荣光的邀请，去醴陵县（现为“醴陵市”）的渌江书院主持教学；二是埋头潜心研究科学种田方法，作《广区田图说》；三是继续研究舆地学，自己在家里绘制中国地图。

教书的事情，读书人多会做。但是，研究科学种田与自绘地图，就让人感到意外了。

左宗棠研究种田时，不轻信迷信，只相信实践。他认真又细心，细致到亲自计算每亩田的总穗数，怀疑前人“稀禾结大谷”的说法，施行密植。为此，他还与帮他做事的长工姜志美吵起来，逼着姜志美改掉老规矩，按自己的新办法来做。后来，他总结种田的经验，写了本《朴存阁农书》。

他自绘地图的方式也很特别：先制作一张皇舆图，纵横各为九尺。图上画成方格，假定每格纵横各为一百里，并用五种颜色来区分各地主产的农作物。根据这张总图，他又制作了各省分图，将各省分为府县，并进行一一说明。古为重险地现为散地、从前是边陲现在变成腹地的疆域沿革，这些变化，他都逐一注明。由此，他再上溯至明、元、宋、唐各朝代的地图，对待地图绘制工作严谨而专业。左宗棠夫妻花了整整一年时间，不分昼夜地努力，全新的“皇舆图”终于画成。

他画地图时，夫人周诒端就在边上端茶、摇扇、磨墨；他画好初稿，夫人就帮助他影绘、誊清。左宗棠后来给二哥左宗植写信，生动地再现当时场景：“日来已着手画稿，每一稿成，则弟妇为影绘之。遇有未审，则共取架上书翻查之，十得八九，其助我殊不浅也。”

一个落榜举人，放着四书五经不读，八股不作，却研究种田，已违背传统做法。左宗棠研究农业与地理，在当时的人看来，都是无用之学。他当时花费大量时间，耗费心血来研究这些东西，不但看不到前景，也找不到任何出路。

---

① 徐志频. 杂学成就左宗棠［J］. 读者，2015（11）：71.

但是，有用与无用，会相互转化。

左宗棠后来在陕西、甘肃、新疆带兵打仗，所有的军粮供给都能在当地解决，这些学问都是他年轻时闲居在农村时种田摸索出来的。而他对当时中国新疆版图、地理等情况了如指掌，又得益于他早年在家里自绘地图。他的地图一旦派上用场，连俄罗斯人也只能望其项背。他这些学问需要数十年的积累，不是靠临阵磨枪、临时抱佛脚可以得来的。

无心插柳柳成荫。左宗棠这种非功利的读书方法，助力了他日后的成功。

左宗棠自己怎么看这种治学方法？1865 年，身为闽浙总督的左宗棠在给大儿子的信中说："古人经济学问，都在萧闲寂寞中练习出来。积之既久，一旦事权到手，随时举而措之，有一二桩大节目事办得妥当，便足名世。"

请阅读上文并针对画线部分，回答以下三个问题：

1. 请你解释文中的"经济"和"经济学问"的含义。

2. 请你用左宗棠的经历，说明"无用知识有大用"。

3. 为什么"古人经济学问，都是在萧闲寂寞中练习出来"？

第3讲

经济学

3.1 学习目标

本讲通过考察经济学的研究对象与研究领域、实证经济学与规范经济学、微观经济学与宏观经济学，介绍经济学的研究领域和研究方法。通过本讲的学习，同学们需要掌握的内容如下：

（1）经济学的研究对象与具体的研究领域。

（2）实证经济学与规范经济学的区别。

（3）微观经济学与宏观经济学的异同。

3.2 内容概要

（1）经济学就是从个人层面和整体社会层面研究经济的科学。

（2）经济学的研究对象是“经济”，作为研究对象的“经济”一词的含义是指资本主义。经济学的具体研究领域是资本主义的经济运行。在图 3-1 中，资本主义经济运行表现为资本主义社会中生产者（企业）、消费者（家庭）和政府三个部门，通过市场进行交换，协调全社会的生产、交换、分配和消费活动的过程。

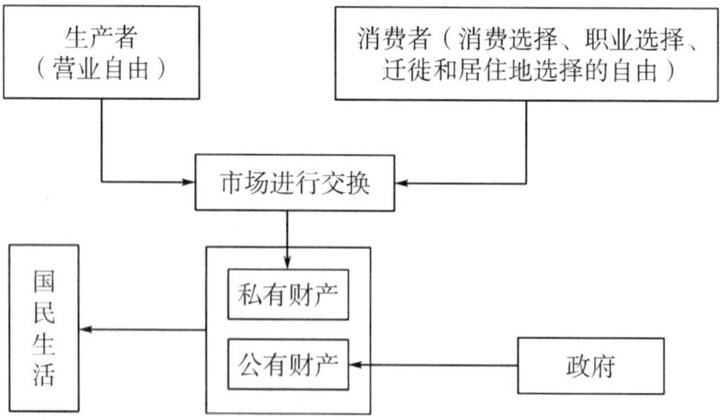

图 3-1 经济学的具体研究领域：资本主义经济运行

（3）根据学科的性质，我们可以将经济学划分为实证经济学和规范经济学。其中，实证经济学（positive economics）研究现实经济体系是怎样运行的，它对经济行为做出有关的假设，根据假设分析和陈述经济行为及其后果，并试图对结论进行检验。规范经济学（normative economics）试图从一定的社会价值判断标准出发，根据这些标准，对一个经济体系的运行进行评价，并进一步说明一个经济体系应当怎样运行，从而为此提出相应的经济政策。

（4）微观经济学是从个人层面研究资本主义经济运行的科学。微观经济学的基本假设是方法论的个人主义和经济理性假设。方法论的个人主义表现为，在解释社会现象时，必须从个人出发，通过解释人与人的互动关系来解释人与人互动的结果——社会现象。经济理性假设，即人们都是在稀缺性这个约束条件下寻求自身利益的最大化，这个假设也被称为经济人假设。把方法论的个人主义与经济理性假设结合起来就是经济理性主义，其基本思想就是，将所有社会现象都归结为个人在稀缺性约束条件下寻求自身利益最大化的结果。经济理性主义派生出微观经济学的两个基本工具：最优化和均衡。

（5）宏观经济学是从整体社会层面研究资本主义经济运行的科学。其中，从“整体社会整个层面”研究资本主义经济运行，包含如下两个基本假定：①方法论的整体（或结构）主义，这个假定认为，在历史和社会科学的说明中可以甚至必须运用整体性的社会规律或倾向；②资本主义社会整体性的社会规律和倾向。凯恩斯主义宏观经济学认为，资本主义经济运行具有四个结构性假设，它们分别是消费者的边际消费递减规律、生产者的投资边际效率递减规律、公众（包括消费者和企业）对货币需求的流动性偏好、货币工资刚性。

（6）微观经济学与宏观经济学的异同：①微观经济学与宏观经济学具有相同的具体研究领域（资本主义经济运行）、研究主题（协调问题）和哲学基础（实证主义科学观）；②微观经济学与宏观经济学的根本区别在于，前者认为，经济只是独立存在的个人行为的简单加总（或结果）。简言之，个人在先，而整个经济如何运作取决于个人的行为，并反映个人的行为。后者认为整体经济在先，个人的行为取决于结构法则，并反映结构法则。二者之间的这种学术差别，表现为：微观经济学中，采用经济理性假设，并与方法论个人主义结合生成经济理性主义，派生出最优化和均衡分析，用于解释市场机制的资源配置功能；宏观经济学中，采用资本主义的结构性假设，使用非均衡分析，用于解释政府在资源利用中扮演的重要角色。微观经济学与宏观经济学的异同如表3-1所示。

表 3-1 微观经济学与宏观经济学的异同

异同点	微观经济学	宏观经济学
具体研究领域	资本主义经济运行	资本主义经济运行
研究主题	协调问题：资源配置问题	协调问题：资源利用问题
哲学基础	实证主义科学观	实证主义科学观
基本假设	方法论的个人主义 经济理性假设	方法论的整体主义 社会的结构性假设
分析工具	最优化+均衡	非均衡
研究中心	市场机制	政府作用

3.3 重要概念

（1）经济学：是指从个人层面和整体社会层面研究经济的科学。

（2）实证经济学：研究现实经济体系是怎样运行的。它对经济行为做出有关的假设，根据假设分析和陈述经济行为及其后果，并试图对结论进行检验。

（3）规范经济学：试图从一定的社会价值判断标准出发，根据这些标准，对一个经济体系的运行进行评价，并进一步说明一个经济体系应当怎样运行，从而为此提出相应的经济政策。

（4）微观经济学：是从个人层面研究资本主义经济运行的科学。

（5）方法论的个人主义：是指社会科学基本社会理论上的一种倾向（与结构主义倾向相对立），它要求将所有的社会现象都归结为个人行为的结果。

（6）理性行为：广义而言，理性指一种行为，它适合实现指定目标，而且在给定条件和约束的限度之内。

（7）稀缺性：是指一种资源，在数量上少于个人对它的需要，在用途上有多种形式。个人对不同的用途有不同的评价。

（8）经济理性假设：是指人们通常避免以浪费的方式使用稀缺资源，或者说，人们都是在稀缺性这个约束条件下寻求自身利益的最大化，这个假设也被称为经济人假设。

（9）经济理性主义：是指使用经济理性假设的方法论个人主义，或者说，它要求把所有社会现象都归结为个人在稀缺性约束条件下寻求自身利益最大化的结果。

（10）宏观经济学：是指从社会整体层面研究资本主义经济运行的科学。

3.4　习题演练

单选题

1.“资源是稀缺的”是指（　　）。

A. 世界上大多数人生活在贫困中

B. 相对于资源的需求而言，资源总是不足的

C. 资源必须留给下一代

D. 世界上的资源最终将因为生产更多的物品而消耗光

2. 人们在进行决策时，必须做出某种选择，这是因为（　　）。

A. 选择会导致短缺

B. 人们在进行决策时面临的资源是稀缺的

C. 人是自私的，做出的选择会实现自身利益的最大化

D. 个人对市场的影响是微不足道的

3. 下列哪一项不是经济学研究会涉及的问题？（　　）

A. 在稀缺资源约束条件下，实现资源有效配置的方法

B. 如何实现中国人均收入不断提高

C. 中国传统文化的现代化问题

D. 充分就业和物价水平的稳定

4. 下列哪一种情况涉及权衡取舍？（　　）

A. 买一辆新汽车　　B. 上大学

C. 星期天上午看一场足球比赛　　D. 以上各项都涉及

5. 以下问题中，（　　）不属于微观经济学所考察的问题。

A. 一个厂商的产出水平　　B. 失业率的上升或下降

C. 高税率对货物销售的影响　　D. 某一行业中雇用工人的数量

6. 当经济学家说人们是理性的时，这是指（　　）。

A. 人们不会做出错误的判断

B. 人们总会从自己的角度做出最好的决策

C. 人们根据完全的信息而行事

D. 人们不会为自己所做出的任何决策而后悔

7. 微观经济学研究的基本问题是（　　）。

A. 怎样生产　　B. 生产什么，生产多少

C. 为谁生产　　D. 以上都包括

8. 以个别居民与厂商为研究对象的经济学理论是（　　）。

A. 微观经济学　　B. 宏观经济学

C. 实证经济学　　D. 规范经济学

9. 以整个国民经济为研究对象的经济学理论是（　　）。

A. 微观经济学　　B. 宏观经济学

C. 实证经济学　　D. 规范经济学

10. 以下哪一项与微观经济学相关？（　　）

A. 货币对通货膨胀的影响　　B. 技术对经济增长的影响

C. 赤字对储蓄的影响　　D. 石油价格对汽车生产的影响

11. 下列命题中，（　　）不是实证经济学的命题。

A. 专家认为我国目前的失业率高达 10%

B. 高失业率在短期内没有下降的趋势

C. 我国的高失业率是由很多原因引起的

D. 失业率应该降低到 8%

12. （　　）是规范经济学的说法。

A. 医生挣的钱比蓝领工人多

B. 收入分配中有太多的不公平现象

C. 近几年中国物价水平基本保持稳定状态，这一现象也许会保持到 2022 年

D. 如果在 20 世纪 90 年代中期你购买了华为公司 1 000 股股票，现在你愿意出售的话，肯定赚不少钱

13. 在做出下列哪一项表述时，经济学家更像一个科学家？（　　）

A. 减少失业救济金将降低失业率

B. 失业率应该降低，因为失业剥夺了个人的尊严

C. 通货膨胀率应该降低，因为通货膨胀剥夺了老年人的储蓄

D. 国家应该增加对大学的补贴，因为经济的未来取决于教育

辨析题

1. 如果社会不存在稀缺性，也就不会产生经济学。

2. 只有落后国家才存在资源的稀缺性和供给的短缺现象。

3. 微观经济学要解决的问题是资源利用，宏观经济学要解决的问题是资源配置。

4. 资源的合理配置问题涉及生产什么、如何生产和为谁生产等基本经济问题。

5. “中国应该限制私人小汽车的发展”是一个实证经济学研究的命题。

6. “每个大学生都应该学习一门经济学课程”是一个规范经济学研究的命题。

7. 实证经济学要解决“应该是什么”的问题，规范经济学要解决“是什么”的问题。

简答题

1. 为什么稀缺性是产生经济问题的根源？
2. 什么是经济学所谓的“选择”？它要解决哪些基本问题？
3. 简要说明微观经济学与宏观经济学的区别与联系。
4. 经济学的研究对象和研究主题是什么？

应用题

1. 空气是稀缺的吗？清新的空气是稀缺的吗？
2. 列举三个你在生活中面临的权衡取舍的例子。

3.5 真实世界中的经济学

首屈一指的经济规模[①]

林毅夫

在研究长期经济历史的经济学家中，著名经济学家麦迪森在其著作《世界经济千年史》中对中国、欧洲以及世界上很多国家和地区的长期经济发展历史作了非常细致的数量研究。根据他的分析，中国直到19世纪中叶还是全世界最大的经济体，而且在之前的17、18世纪将近2 000年的时间里，中国也一直是全世界最大、最强的经济体。在公元元年，欧洲有古罗马帝国的盛世，中国也迎来了“光武中兴”，当时中国的汉朝与欧洲的罗马帝国相比，因为没有发生过战争，我们很难说明哪个国家更强。

但是麦迪森通过对各种历史数据的推算，认为当时中国的人均收入水平与罗马帝国不相上下。欧洲在罗马帝国之后很快就分崩离析，进入封建社

① 林毅夫. 解读中国经济：聚焦新时代的关键问题［M］. 北京：北京大学出版社，2018：21-22.

会。封建贵族各自拥有独立的城邦，每个城邦就是一个自然经济体，城邦之间很少交易。根据亚当·斯密在《国富论》中论述的第一个经济发展规律，劳动分工是经济发展的动力之一，分工越细，生产力水平就会越高。当时分工的规模又取决于市场规模的大小，市场规模越大，分工就可以越细，否则即使提高了产量也无法为市场所吸收。

欧洲在罗马帝国时期是大一统的帝国，进入封建社会后分解为各个城邦，市场规模急剧缩小，生产力水平下降，所以在罗马帝国以后欧洲的人均收入水平有所下降。中国自汉朝以来，固然有所谓的“天下合久必分，分久必合”，但总体而言，在绝大多数的时间里都是一个统一的国家，市场规模也要远远大于欧洲。在这种背景下，中国的劳动力分工水平不断提高，经济不断发展。因此，2 000 年前的中国与欧洲处于同一经济发展水平，但在罗马帝国结束以后，欧洲的经济水平逐渐下滑，而中国的经济规模还在继续上升，中国的经济发展水平在当时确实是首屈一指的。

请阅读《首屈一指的经济规模》一文，回答如下两个问题：

1. 在党的二十大之后，中国共产党的中心任务是什么？你认为，中华民族伟大复兴与这则材料有怎样的联系？

2. 你认为上述材料中包含了哪些微观经济学和宏观经济学的概念呢？

第 4 讲

市场的力量

4.1 学习目标

本讲运用需求、供给和均衡价格三个概念，说明市场机制的含义和功能。通过本讲的学习，同学们需要掌握的内容如下：

（1）需求的含义、需求定律与需求的变动。

（2）供给的含义、供给定律与供给的变动。

（3）均衡价格的决定与变动。

（4）市场机制的含义与功能。

4.2 内容概要

（1）微观经济学用需求的概念描述市场上消费者购买行为的特征。所谓需求（demand），是指消费者们在一定时期内在各种可能的价格条件下愿意购买并且能够购买一种商品的数量。需求反映的是市场价格与消费者购买量之间的一种对应关系，因此，我们可以用需求表、需求曲线和需求函数来刻画需求。

（2）需求定律（law of demand）反映了消费者购买行为的特征，即在其他条件不变的情况下，某种商品的价格越高，消费者愿意并且能够购买的该商品数量就会越少；反之，价格越低，消费者们愿意并且能够购买的该商品数量就会越多。

（3）在其他条件不变的情况下，市场价格变化所引起的需求量的变动，叫作需求量的变化，或者叫作沿着需求曲线的变化。在市场价格不变的情况下，其他因素变化引起的需求量变动，叫作需求的变动，或者叫作需求曲线的变化。其中，如果需求曲线向右上方移动，则称为消费者的需求增加；如果需求曲线向右下方移动，则称为消费者的需求减少，如图 4-1 所示。

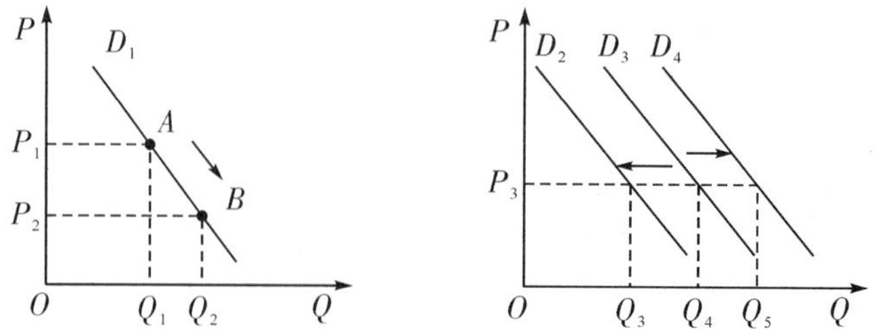

图 4-1　需求量的变动和需求的变动

（4）导致需求变动的主要因素包括以下几个：①消费者的收入。其中，对于正常商品来说，消费者收入的增加将引起需求增加；对于劣等品来说，消费者的收入增加将引起需求减少。②相关商品的价格。所谓相关商品，是指存在着相互关系的商品，这种相互关系可分为两种类型：替代关系和互补关系。其中，替代品价格上升将导致消费者对原有商品的需求增加，互补品价格上升将导致消费者对原有商品的需求减少。③消费者偏好，即消费者对某商品主观的喜欢程度。在相同的价格水平下，消费者对一种商品的喜欢程度提高，将导致对该种商品的需求增加；反之则减少。④消费者对价格的预期，即消费者对商品价格未来涨跌的判断。当消费者预期某种商品的价格在未来某个时间会上涨，会增加对其当前的消费；反之则相反。⑤消费者的数量。当某市场上消费者数量增加，则市场需求将增加；反之则相反。

（5）微观经济学用供给概念描述市场上企业（生产者）的出售行为。所谓供给（supply），是指生产者们在一定时期内在各种可能的价格条件下愿意供给并且能够供给一种商品的数量。供给反映的是市场价格与供给量之间的对应关系。因此，我们可以用供给表、供给曲线和供给函数来描述供给。

（6）供给定律（law of supply）反映了企业出售行为的特征，即在其他条件不变的情况下，某种商品的价格越高，生产者对该商品的供给量就越多；反之，商品的价格越低，供给量就越少。

（7）在其他条件不变的情况下，由市场价格变动引起的供给量变动，叫作供给量的变动，或者叫作沿着供给曲线的变化；在市场价格不变的情况下，其他因素变动引起的供给量变动，叫作供给的变动，或者叫作供给曲线的变动。其中，如果供给曲线向右下方移动，则称为供给增加；如果供给曲线向左上方移动，则称为供给减少，如图 4-2 所示。

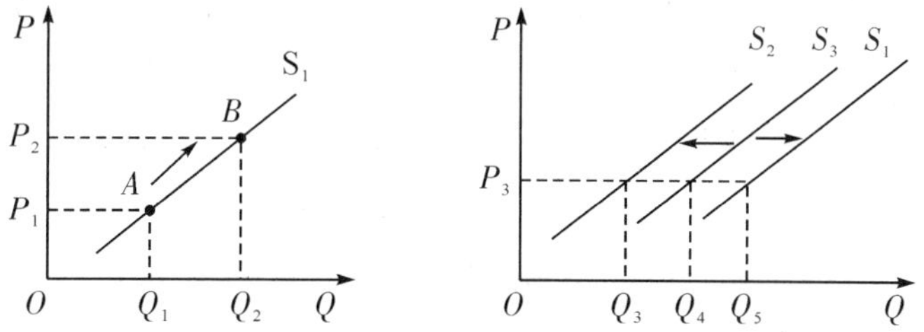

图 4-2　供给量的变动和供给的变动

（8）导致供给变动的主要因素包括以下几个：①生产成本。其中，当生产成本上升，商品供给减少，供给曲线向左移动；当生产成本下降，商品供给增加，供给曲线向右移动。②技术。当企业生产技术改变，生产成本就会发生变化，从而引起供给的变动。③相关商品价格。相关商品，是指生产者可以生产的其他商品。如果一家企业能生产多种商品，那么其他商品的价格变动，会影响其生产的某种商品的供给数量。④生产者对价格的预期，即生产者对商品价格未来涨跌的判断。当生产者预期商品价格在未来某个时间会上涨，通常会储存商品，减少当前供给；反之，将抛售商品，增加当前供给。⑤生产者数量。当某商品生产者数量增加，供给增加，供给曲线右移；当生产者数量减少，供给减少，供给曲线左移。

（9）在经济学中，均衡（equilibrium）最一般的意义是指，经济体系中一个特定的经济单位或经济变量在一系列经济力量的相互制约下所达到的一种相对静止并保持不变的状态。受到需求定律的影响，市场需求曲线向右下方倾斜；受供给定律的作用，市场供给曲线向右上方倾斜；二者必然有一个交点 E（见图 4-3），我们把这一点称为市场均衡点。它所对应的价格 P_E，就是市场均衡价格；它对应的销售量 Q_E，就是市场均衡产量。

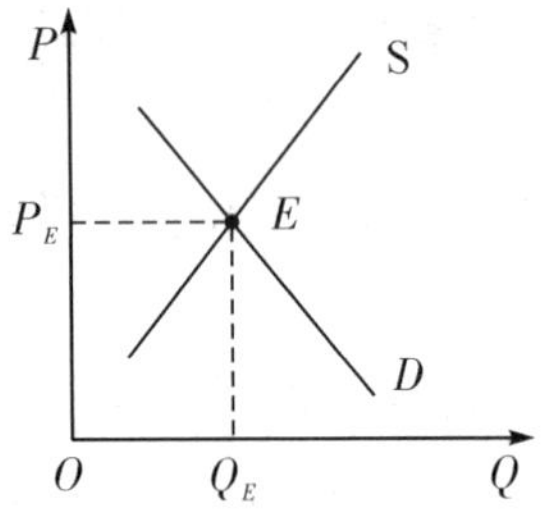

图 4-3　市场均衡价格的决定

（10）在一个自由市场里，能使价格得以变化一直达到市场出清为止的趋势（直到供给量与需求量相等为止），就是市场机制（market mechanism）。在图 4-3 中表现为：当市场价格偏离均衡价格时，比如，若市场价格低于均衡价格，则会出现市场供不应求，消费者之间的竞争将导致该商品的市场价格上涨；若市场价格高于均衡价格，则会出现市场供过于求，生产者之间的竞争将导致该商品的市场价格下降，直到恢复到均衡价格为止。

（11）均衡价格的变动：①在供给不变的条件下，需求增加，则均衡价格提高，均衡数量增加；反之，需求减少，则均衡价格下降，均衡数量减少。②在需求不变的条件下，供给增加，则均衡价格下降，均衡数量增加；反之，供给减少，则均衡价格提高，均衡数量减少。③在需求增加的条件下，供给增加，则均衡数量增加，但均衡价格的变动方向难以确定；反之，供给减少，则均衡价格提高，但均衡数量的变动方向不确定。④在需求减少的条件下，供给增加，则均衡价格降低，但均衡数量的变动方向难以确定；反之，供给减少，则均衡数量减少，但均衡价格的变动方向不确定。

（12）均衡价格的作用：①传递信息；②提供激励；③改变收入分配。

4.3 重要概念

（1）需求：消费者在一定时期内在各种可能的价格条件下愿意购买并且能够购买一种商品的数量。

（2）需求量的变动：在其他条件不变的情况下，由市场价格变化所引起的需求量的变动，叫作需求量的变化，或者叫作沿着需求曲线的变化。

（3）需求的变动：在市场价格不变的情况下，其他因素，比如消费者的收入、相关商品的价格、消费者偏好、消费者对价格的预期和消费者数量等的变化引起的需求量变动，叫作需求的变动，或者叫作需求曲线的变化。其中，如果需求曲线向右上方移动，则称为消费者的需求增加；如果需求曲线向右下方移动，则称为消费者的需求减少。

（4）需求定律：在其他条件不变的情况下，某种商品的价格越高，消费者愿意并且能够购买的该商品数量就会越少；反之，价格越低，消费者愿意并且能够购买的该商品数量就会越多。

（5）供给：生产者在一定时期内在各种可能的价格条件下愿意供给并且能够供给一种商品的数量。

（6）供给量的变动：在其他条件不变的情况下，由市场价格变动引起的供给量变动，叫作供给量的变动，或者叫作沿着供给曲线的变动。

（7）供给的变动：在市场价格不变的情况下，其他因素，比如生产成本、技术、相关商品价格、生产者对价格的预期和生产者数量等的变动引起的供给量变动，叫作供给的变动，或者叫作供给曲线的变动。其中，如果供给曲线向右下方移动，则称为供给增加；如果供给曲线向左上方移动，则称为供给减少。

（8）供给定律：在其他条件不变的情况下，某种商品的价格越高，生产者对该商品的供给量就越多；反之，商品的价格越低，供给量就越少。

（9）市场均衡：市场供给曲线与需求曲线的交点是市场均衡点，它对应的价格是市场均衡价格，它对应的销售量是市场均衡产量。

（10）市场机制：在一个自由市场里，能使价格变化一直达到市场出清为止的趋势（直到供给量与需求量相等为止）。

4.4 习题演练

单选题

1. 需求曲线是一条向（　　）倾斜的曲线。

A. 右上方　　B. 右下方　　C. 左上方　　D. 左下方

2. 在得出某种商品的需求曲线时，下列因素除了（　　）项外均保持为常数。

A. 消费者收入　　B. 其他商品的价格

C. 消费者偏好　　D. 所考虑商品的价格

3. 保持所有其他因素不变，某种商品的价格下降，将导致（　　）。

A. 需求增加　　B. 需求减少

C. 需求量增加　　D. 需求量减少

4. 下列哪一项不是影响需求曲线移动的因素？（　　）

A. 收入变化　　B. 商品价格下降

C. 其他有关商品价格下降　　D. 消费者偏好变化

5. 下列（　　）发生时，手表需求曲线会向右移动。

A. 手表的价格下降

B. 如果手表是正常物品，消费者收入减少

C. 如果手表电池与手表是互补品，手表电池价格下降

D. 手表的价格上升

6. 消费者对某商品的需求随着收入的增加而增加，则该商品是（　　）。

A. 替代品　　B. 互补品　　C. 正常品　　D. 低档品

7. 当乒乓球拍的价格上升时，对乒乓球的需求将（　　）。

A. 增加　　B. 减少

C. 不变　　D. 不确定，视具体情况而定

8. 滴滴打车的价格下降将导致公共汽车服务的（　　）。

A. 需求增加　　B. 需求减少　　C. 需求量增加　　D. 需求量减少

9. 对西红柿需求的变化，可能是由于（　　）。

A. 消费者认为西红柿价格太高了

B. 西红柿的产量增加了

C. 消费者预期西红柿将降价

D. 种植西红柿的技术有了改进

10. 供给曲线是一条向（　　）倾斜的曲线。

A. 右上方　　B. 右下方　　C. 左上方　　D. 左下方

11. 对大白菜供给的减少，不可能是由于（　　）。

A. 气候异常严寒　　B. 政策限制大白菜的种植

C. 大白菜的价格下降　　D. 化肥价格上涨

12. 某种商品的供给量沿着供给曲线变动是由于（　　）。

A. 该商品的价格发生了变化

B. 互补品的价格发生了变化

C. 生产的技术条件发生了变化

D. 生产这种商品的成本发生了变化

13. 在得出某商品的供给曲线时，下列除（　　）因素外均保持为常数。

A. 技术水平　　B. 投入价格

C. 自然特点（如气候状况）　　D. 所考虑商品的价格

14. 生产者预期某商品未来的价格要下降，则对该商品当前的供给会（　　）。

A. 增加　　B. 减少

C. 不变　　D. 上述三种情况均有可能

15. 假如生产某种物品所需原材料价格上升了，则这种物品的（　　）。

A. 需求曲线向左移动　　B. 供给曲线向左移动

C. 需求曲线向右移动　　D. 供给曲线向右移动

16. 需求不变时，供给的变动将引起（　　）。

A. 均衡价格和均衡数量同方向变动

B. 均衡价格反方向变动，均衡数量同方向变动

C. 均衡价格和均衡数量反方向变动

D. 均衡价格有可能保持不变

17. 假设个人电脑的供给和需求都在增加。在个人电脑市场上，我们可以预期（　　）。

A. 均衡数量增加，而均衡价格上升

B. 均衡数量增加，而均衡价格下降

C. 均衡数量增加，而均衡价格保持不变

D. 均衡数量增加，均衡价格的变动无法确定

18. 均衡价格一定随着（　　）。

A. 需求与供给的增加而上升

B. 需求的增加和供给的减少而上升

C. 需求的减少和供给的增加而上升

D. 需求与供给的减少而上升

19. 如果一种物品的市场价格高于均衡价格，下列说法正确的是（　　）。

A. 存在过剩，而且价格将上升　B. 存在过剩，而且价格将下降

C. 存在短缺，而且价格将上升　D. 存在短缺，而且价格将下降

20. 在短期中，价格的调节作用在于（　　）。

A. 调节供给与需求　B. 调节供给量

C. 调节需求量　D. 调节供给量与需求量

辨析题

1. 需求定律表明，需求曲线是一条向右下方倾斜的曲线。

2. 需求的变动是指某商品市场价格与市场需求量之间对应关系的变化。

3. 市场需求曲线就是消费者个人需求曲线的水平加总。

4. 如果消费者预期鞋的价格将上涨，那么当前对鞋的需求会减少。

5. 如果可口可乐和百事可乐是替代品，可口可乐价格上升将引起百事可乐市场均衡价格上升和均衡数量增加。

6. 供给定律表明，在其他条件不变的情况下，商品的供给量与市场价格呈同方向变动关系。

7. 市场供给曲线是个人供给曲线的水平相加。

8. 市场中生产某一商品的成本增加，在其他条件不变的情况下，将导致该商品的供给也增加。

9. 在其他条件不变的情况下，供给变动将引起均衡价格和均衡数量的同方向变动。

10. 需求增加、供给减少，会引起均衡价格的提高，而均衡数量的变化不确定。

11. 当供给不变时，需求的变动会引起均衡价格的反方向变动和均衡数量的同方向变动。

12. 当需求和供给同时减少时，会引起均衡数量将下降，均衡价格的变化不确定。

13. 某商品的市场价格高于均衡价格时，将出现供不应求、产品短缺的情况。

14. 均衡价格就是供给量等于需求量时的价格。

15. 市场机制是指在一个自由市场里能使价格得以变化一直达到市场出清为止的趋势。

简答题

1. 简述需求定律和供给定律。

2. 什么是需求表和需求曲线？它们之间是什么关系？为什么需求曲线向右下方倾斜？

3. 简述市场经济中价格的作用。

4. 什么是市场均衡？当市场处于非均衡状态时，会出现什么情况？市场机制如何进行调节？

5. 简述供求变动对市场均衡的影响。

应用题

1. 假设我们有以下自行车的市场供给与需求表（见表 4-1）：

表 4-1　自行车的市场供给与需求表

价格/元	需求量/辆	供给量/辆
100	70	30
200	60	40
300	50	50
400	40	60
500	30	70
600	20	80

（1）根据表 4-1 画出自行车的供给曲线和需求曲线。

（2）自行车的均衡价格是多少？均衡数量是多少？

（3）如果自行车的价格是 100 元，存在过剩还是短缺？有多少过剩或短缺？这将引起价格下降还是上升？

（4）如果自行车的价格是 400 元，存在过剩还是短缺？有多少过剩或短缺？这将引起价格下降还是上升？

2. 粮食价格提高对猪肉的供给曲线有何影响？猪肉价格提高对猪肉销售量和猪肉供给曲线是否会产生影响？

3. 假设某城市对自行车和丝绸的需求状况符合需求规律。若干年后，当人们收入水平普遍提高，城市公共交通设施显著改善后，试分别作图说明对自行车和丝绸的需求可能会有的变化。

4. 某公司生产的 A 产品的市场需求函数为 $Q_d = 5\,000-20P$，市场供给函数为 $Q_s = 2\,000+10P$，求该产品市场的均衡价格和均衡数量，并作图示之。

5. 当发生下列几种情况时，某种蘑菇的需求曲线会发生怎样的变化？为什么？

（1）世界卫生组织发布了一份报告，称这种蘑菇会致癌。

（2）另一种蘑菇的价格上涨了。

（3）消费者的收入增加了。

（4）培育蘑菇的工人的工资上涨了（不考虑培育蘑菇的工人作为消费者对此种蘑菇的需求的影响）。

4.5 真实世界中的经济学

卖米[1]

张培祥

01

天刚蒙蒙亮，母亲就把我叫起来了："琼宝，今天是这里的场，我们担点米到场上卖了，好弄点钱给你爹买药。"

我迷迷糊糊睁开双眼，看看窗外，日头还没出来呢。我实在太困，又在床上赖了一会儿。

隔壁传来父亲的咳嗽声，母亲在厨房忙活着，饭菜的香气混合着淡淡的油烟味飘过来，慢慢驱散了我的睡意。我坐起来，穿好衣服，开始铺床。

"姐，我也跟你们一起去赶场好不好？你买冰棍给我吃！"

弟弟顶着一头睡得乱蓬蓬的头发跑到我房里来。

"毅宝，你不能去，你留在家里放水。"隔壁传来父亲的声音，夹杂着几声咳嗽。

弟弟有些不情愿地冲隔壁说："爹，天气这么热，你自己昨天才中了暑，今天又叫我去，就不怕我也中暑！"

"人怕热，庄稼不怕？都不去放水，地都干了，禾都死了，一家人喝西北风去？"父亲一动气，咳嗽得越发厉害了。

弟弟冲我吐吐舌头，扮了个鬼脸，就到父亲房里去了。

只听见父亲开始叮嘱他怎么放水，去哪个塘里引水，先放哪丘田，哪几

① 本文摘自《读者》2005 年第 2 期。

个地方要格外留神别人来截水，等等。

02

吃过饭，弟弟就找着父亲常用的那把锄头出去了。我和母亲开始往谷箩里装米，装完后先称了一下，一担八十多斤，一担六十多斤。

我说：“妈，我挑重的那担吧。”

“你学生妹子，肩膀嫩，还是我来。”

母亲说着，一弯腰，把那担重的挑起来了。

我挑起那担轻的，跟着母亲出了门。

“路上小心点！咱们家的米好，别便宜卖了！”父亲披着衣服站在门口嘱咐道。

“知道了。你快回床上躺着吧。”母亲艰难地把头从扁担旁边扭过来，吩咐道，“饭菜在锅里，中午你叫毅宝热一下吃！”

赶场的地方离我家大约有四里路，我和母亲挑着米，在窄窄的田间小路上走走停停，足足走了一个钟头才到。场上的人已经不少了，我们赶紧找了一块空地，把担子放下来，把扁担放在地上，两个人坐在扁担上，拿草帽扇着。

一大早就这么热，中午就更不得了，我不由得替弟弟担心起来。

他去放水，是要在外头晒上一整天的。

我往四周看了看，发现场上有许多人卖米，莫非他们都等着用钱？

场上的人大都眼熟，都是附近十里八乡的乡亲，人家也是种田的，谁会来买米呢？

03

我问母亲，母亲说：“有专门的米贩子会来收米的。他们开了车到乡下来赶场，收了米，拉到城里去卖，能挣好些哩。”

我说：“凭什么都给他们挣？我们也拉到城里去卖好了！”其实自己也知道不过是气话。

果然，母亲说：“咱们这么一点米，又没车，真弄到城里去卖，挣的钱还不够路费呢！早先你爹身体好的时候，自己挑着一百来斤米进城去卖，隔几天去一趟，倒比较划算一点。”

我不由心里一紧，心疼起父亲来。从家里到城里足足有三十多里山路呢，他挑着那么重的担子走着去，该多么辛苦！就为了多挣那几个钱，把人累成这样，多不值啊！但又有什么办法呢？家里除了种地，也没别的收入，不卖米，拿什么钱供我和弟弟上学？

我想着这些，心里一阵阵难过起来。看看旁边的母亲，头发有些斑白了，黑黝黝的脸上爬上了好多皱纹，脑门上密密麻麻都是汗珠，眼睛有些红肿。

“妈，你喝点水。”

我把水壶递过去，拿草帽替她扇着。

04

米贩子们终于开着车来了。他们四处看着卖米的人，走过去仔细看米的成色，还把手插进米里，抓上一把米细看。

“一块零五。”

米贩子开价了。

卖米的似乎嫌太低，想讨价还价。

“不还价，一口价，爱卖不卖！”

米贩子态度很强硬，毕竟，满场都是卖米的人，只有他们是买家，不趁机压价，更待何时？

母亲注意着那边的情形说：“一块零五？也太便宜了。上场还卖到一块一呢。”

正说着，有个米贩子朝我们这边走过来了。

他把手插进大米里，抓了一把出来，迎着阳光细看着。

“这米好咧！又白又匀净，又筛得干净，一点沙子也没有！”母亲堆着笑，语气里有几分自豪。

的确，我家的米比场上其他人卖的米都好。

05

那人点了点头，说：“米是好米，不过这几天城里跌价，再好的米也卖不出好价钱来。一块零五，卖不卖？”

母亲摇摇头：“这也太便宜了吧？上场还卖一块一呢。再说，你是识货的，一分钱一分货，我这米肯定好过别家的！”

那人又看了看米，犹豫了一下，说：“本来都是一口价，不许还的，看你们家米好，我加点，一块零八，怎么样？”

母亲还是摇头：“不行，我们家这米，少说也要卖到一块一。你再加点？”

那人冷笑一声，说：“今天肯定卖不出一块一的行情，我出一块零八你不卖，等会散场的时候你一块零五都卖不出去！”

“卖不出去，我们再担回家！”那人的态度激恼了母亲。

“那你就等着担回家吧。”那人冷笑着，丢下这句话走了。

06

我在旁边听着，心里算着：一块零八到一块一，每斤才差两分钱。

这里一共150斤米，总共也就三块钱的事情，路这么远，何必再挑回去呢？

我的肩膀还在痛呢。

我轻轻对母亲说：“妈，一块零八就一块零八吧，反正也就三块钱的事。再说，还等着钱给爹买药呢。”

“那哪行？”母亲似乎有些生气了，“三块钱不是钱？再说了，也不光是几块钱的事，做生意也得讲点良心，咱们辛辛苦苦种出来的米，质量也好，哪能这么贱卖了？”

我不敢再说。

我知道种田有多么累。

光说夏天放水，不就把爹给病倒了？

弟弟也才十一二岁的毛孩子，还不得找着锄头去放水！

毕竟，这是一家人的生计啊！

07

又有几个米贩子过来了，他们也都只出一块零五。有一两个出到一块零八，也不肯再加。

母亲仍然不肯卖。

看着人渐渐少了，我有些着急了。

母亲一定也很心急吧，我想。

“妈，你去那边树下凉快一下吧！”我说。

母亲一边擦汗，一边摇头：“不行。我走开了，来人买米怎么办？你又不会还价！”

我有些惭愧。

“百无一用是书生”，虽然在学校里功课好，但这些事情上就比母亲差远了。

又有好些人来买米，因为我家的米实在是好，大家都过来看，但谁也不肯出到一块一。

看着日头到头顶上了，我觉得肚子饿了，便拿出带来的饭菜和母亲一起吃起来。

母亲吃了两口就不吃了，我知道她是担心米卖不出去，心里着急。

母亲叹了口气：“还不知道卖得掉卖不掉呢。”

我趁机说：“不然就便宜点卖好了。”

母亲说：“我心里有数。”

08

下午人更少了，日头又毒，谁愿意在场上晒着呢。

看看母亲，衣服都黏在背上了，黝黑的脸上也透出晒红的印迹来。

“妈，我替你看着，你去溪里泡泡去。”

母亲还是摇头：“不行，我有风湿，不能在凉水里泡。你怕热，去那边树底下躲躲好了。”

“不用，我不怕晒。”

“那你去买根冰棍吃好了。”

母亲说着，从兜里掏出两毛钱零钱来。

我最喜欢吃冰棍了，尤其是那种叫“葡萄冰”的最好吃，也不贵，两毛钱一根。

但我今天突然不想吃了：“妈，我不吃，喝水就行。”

最热的时候也过去了，转眼快散场了。

卖杂货的小贩开始降价甩卖，卖菜、卖西瓜的也都吆喝着：“散场了，便宜卖了!”

我四处看看，场上已经没有几个卖米的了，大部分人已经卖完回去了。

09

母亲也着急起来，一着急，汗就出得越多了。

终于有个米贩子过来了：“这米卖不卖？一块零五，不讲价!”

母亲说：“你看我这米，多好！上场还卖一块一呢……”

不等母亲说完，那人就不耐烦地说：“行情不同了！想卖一块一，你就等着往回担吧!”

奇怪的是，母亲没有生气，反而堆着笑说：“那，一块零八，你要不要?”

那人从鼻子里哼了一声，说：“你这个价钱，不是开场的时候也难得卖出去，现在都散场了，谁买？做梦吧!”

母亲的脸一下子白了，动着嘴唇，但什么也没说。

一旁的我忍不住插嘴了：“不买就不买，谁稀罕？不买你就别站在这里挡道!”

“哟，大妹子，你别这么大火气。”

那人冷笑着说：“留着点力气等会把米担回去吧!”

等那人走了，我忍不住埋怨母亲：“开场的时候人家出一块零八你不卖，这会好了，人家还不愿意买了!”

母亲似乎有些惭愧，但并不肯认错：“本来嘛，一分钱一分货，米是好米，哪能贱卖了？出门的时候你爹不还叮嘱叫卖个好价钱?”

“你还说爹呢！他病在家里，指着这米换钱买药治病！人要紧还是钱要紧?”

母亲似乎没有话说了，等了一会儿，低声说：“一会儿人家出一块零五也卖了吧。”

可是再没有人来买米了，米贩子把买来的米装上车，开走了。

10

散场了，我和母亲晒了一天，一颗米也没卖出去。

“妈，走吧，回去吧，别愣在那儿了。”

我收拾好毛巾、水壶、饭盒，催促道。

母亲迟疑着，终于起了身。

“妈，我来挑重的。”

“你学生妹子，肩膀嫩……”

不等母亲说完，我已经把那担重的挑起来了。

母亲也没有再说什么，挑起那担轻的跟在我后面，踏上了回家的路。

肩上的担子好沉，我只觉得压着一座山似的。

突然脚下一滑，我差点摔倒。

我赶紧把剩下的力气都用到腿上，好容易站稳了，但肩上的担子还是倾斜了一下，洒了好多米出来。

“啊，怎么搞的?”母亲也放下担子走过来，嘴里说，“我叫你不要挑这么重的，你偏不听，这不是洒了。多可惜！真是败家精!”

败家精是母亲的口头禅，我和弟弟干了什么坏事她总是这么数落我们。

但今天我觉得格外委屈，也不知道为什么。

“你在这等会儿，我回家去拿个簸箕来把地上的米扫进去。浪费了多可惜！拿回去可以喂鸡呢!”母亲也不问我扭伤没有，只顾心疼洒了的米。

11

我知道母亲的脾气，她向来是“刀子嘴，豆腐心”的，虽然也心疼我，嘴里却非要骂我几句。

想到这些，我也不委屈了。

“妈，你回去还要来回走个六七里路呢，时候也不早了。”我说。

“那地上的米怎么办?”

我灵机一动，把头上的草帽摘下来：“装在这里面好了。”

母亲笑了：“还是你脑子活，学生妹子，机灵。”

说着，我们便蹲下身子，用手把洒落在地上的米捧起来，放在草帽里，然后把草帽顶朝下放在谷箩里，便挑着米继续往家赶。

回到家里，弟弟已经回来了，母亲便忙着做晚饭，我跟父亲报告卖米的经过。

父亲听了，也没抱怨母亲，只说：“那些米贩子也太黑了，城里都卖一块五呢，把价压这么低！这么挣庄稼人的血汗钱，太没良心了!”

我说："爹，也没给你买药，怎么办?"

父亲说："我本来就说不必买药的嘛，过两天就好了，花那个冤枉钱做什么!"

晚上，父亲咳嗽得更厉害了。

12

母亲对我说："琼宝，明天是转步的场，咱们辛苦一点，把米挑到那边场上去卖了，好给你爹买药。"

"转步？那多远，十几里路呢!"我想到那漫长的山路，不由有些发怵。

"明天你们少担点米去。每人担50斤就够了。"父亲说。

"那明天可不要再卖不掉担回来哦!"我说，"十几里山路走个来回，还挑着担子，可不是说着玩的!"

"不会了不会了。"母亲说，"明天一块零八也好，一块零五也好，总之都卖了!"

母亲的话里有许多辛酸和无奈的意思，我听得出来，但不知道怎么安慰她。

我自己心里也很难过，有点想哭。

我想，别让母亲看见了，要哭就躲到被子里哭去吧。

可我实在太累啦，头刚刚挨到枕头就睡着了，睡得又香又甜。

请阅读《卖米》这篇文章并回答以下三个问题：

1. 作者的米为什么没有卖出去?

2. 作者回家跟父亲报告卖米的经过后，"父亲听了，也没抱怨母亲，只说：'那些米贩子也太黑了，城里都卖一块五呢，把价压这么低！这么挣庄稼人的血汗钱，太没良心了!'"你同意作者父亲对米贩子的评价吗?

3. 阅读《卖米》这篇文章后，你如何看待市场和家庭？你认为市场需要"有良心"吗?

第5讲

市场的供求弹性

5.1 学习目标

本讲利用需求价格弹性和供给弹性，解释谷贱伤农这一社会现象。通过本讲的学习，同学们需要掌握的内容如下：

（1）弹性概念的演化过程及其在微观经济学中的运用。

（2）需求价格弹性的定义、计算方法、分类和影响因素。

（3）需求收入弹性、交叉弹性的定义、计算方法和运用。

（4）供给弹性的定义、计算方法、分类和影响因素。

（5）需求价格弹性与销售收入的关系。

（6）谷贱伤农的含义和条件。

5.2 内容概要

（1）在日常生活中，弹性（elasticity）是指某物具有拉长和恢复到它原来尺寸和形状的属性。在经济学中，一般来说，只要两个经济变量之间存在着函数关系，我们就可用弹性来表示因变量对自变量变化的反应敏感程度。具体地说，它告诉这样一个数字，当一个经济变量发生1%的变动时，由它引起的另一个经济变量变动的百分比。例如自变量 x 和因变量 y 之间存在关系 $y=f(x)$，则 y 对 x 的弹性定义式为

$$E_{yx}=\frac{\Delta y\%}{\Delta x\%}=\frac{\Delta y/y}{\Delta x/x}=\frac{\Delta y/\Delta x}{y/x} \tag{5-1}$$

（2）需求价格弹性（price elasticity of demand）是指需求量对价格变动反应的灵敏程度，或者说，市场价格每变动百分之一所导致需求量变动的百分比。其用公式表示为

$$E_d=-\frac{\frac{\Delta Q}{Q}}{\frac{\Delta P}{P}}=-\frac{\Delta Q}{\Delta P}\times\frac{P}{Q} \tag{5-2}$$

其中，P 和 Q 表示价格和需求量的初始值，ΔP 表示商品价格的改变量，ΔQ 表示由价格变动引起的需求量的改变量。由于需求量与价格呈反向变动关系，因此式（5-2）计算出的值应该取正值。

（3）根据式（5-2）计算得到的弹性值的大小，我们可以将需求价格弹性区分为五种类型：富有弹性（$E_d>1$）、缺乏弹性（$E_d<1$）、单位弹性（$E_d=1$）、完全弹性（$E_d=\infty$）和完全无弹性（$E_d=0$）。

（4）一种商品的需求价格弹性，主要受到以下三个因素的影响：①这种商品有多少替代品，替代性如何？一般来说，一种商品的替代品越多，替代品的可替代性越强，则该商品的需求价格弹性就越大；反之，该商品的需求价格弹性就越小。②这种商品的消费支出占消费者预算总支出的比重有多大？某种商品的消费支出占预算总支出的比重越大，该商品的需求价格弹性越大；反之就越小。③这种商品在价格变化后消费者的调整时间有多长？价格变化后，消费者调整需求量的时间越长，需求价格弹性越大；反之则越小。调整需求量需要的时间，与替代品有关。当商品价格上涨，消费者难以立即找到替代品，因此需求量在短期内小幅度地减少。但是随着时间推移，消费者可以调节其行为，找到更多替代品。

（5）总收益是指市场销售量与市场价格的乘积，需求弹性决定着价格变动对总收益的影响。①如果需求对价格缺乏弹性（小于 1），价格上升会使得总收益增加，因为价格上升的比例大于需求量减少的比例。②如果需求对价格富有弹性（大于 1），价格上升会使得总收益减少，因为需求量减少的比例大于价格上升的比例。③如果需求对价格是单位弹性（等于 1），价格变动就不会影响总收益，因为价格上升的比例等于需求量减少的比例。

（6）需求收入弹性（income elasticity）是指需求量对收入变动反应的灵敏度，或者说，消费者收入每变动百分之一所导致需求量变动的百分比，用公式表示为

$$E_m=\frac{\Delta Q_d}{Q_d}\Big/\frac{\Delta M}{M}=\frac{\mathrm{d}Q_d/\mathrm{d}M}{Q_d/M} \tag{5-3}$$

其中，M 表示消费者的收入。根据需求收入弹性值，我们可以对商品进行分类。我们把需求收入弹性值大于零的商品，叫作正常品，其中，需求收入弹性值大于 1 的商品，叫作奢侈品；需求收入弹性值小于 1 的商品，叫作必需品；需求收入弹性值小于零的商品，叫作劣等品。

（7）需求的交叉弹性（cross elasticity of demand）是指商品的需求量对商品价格变动反应的灵敏度，或者说，X 商品的价格每变动百分之一所导致的 Y 商品需求量变动的百分比，用公式表示为

$$E_{YX}=\frac{\Delta Q_Y}{Q_Y}\Big/\frac{\Delta P_X}{P_X}=\frac{\mathrm{d}Q_Y}{\mathrm{d}P_X}\Big/\frac{Q_Y}{P_X} \tag{5-4}$$

根据需求交叉弹性值，我们同样可以对商品进行分类。其中，我们把需求交叉弹性大于零的商品叫作替代品（需求交叉弹性越大，表明替代性越

强。当需求交叉弹性等于无穷大时，表明这两种商品是同质品）；小于零的商品叫作互补品（需求交叉弹性的绝对值越大，表明互补性越强）。

（8）供给价格弹性（elasticity of supply）仅指供给价格弹性，它是指供给量对价格变动反应的灵敏程度，或者说，价格每变动百分之一所导致供给量变动的百分比，用公式表示为

$$E_s=-\frac{\frac{\Delta Q}{Q}}{\frac{\Delta P}{P}}=-\frac{\Delta Q}{\Delta P}\times\frac{P}{Q} \tag{5-5}$$

根据供给定律，我们知道，价格与供给量成同向变动关系，因此，E 总是正值。我们同样可以根据供给弹性值，对供给弹性进行分类：富有弹性（$E_s>1$）、缺乏弹性（$E_s<1$）、单位弹性（$E_s=1$）、完全弹性（$E_s=\infty$）和完全无弹性（$E_s=0$）。

影响供给弹性的两个因素如下：①投入品的可获得性。当投入品容易获得，并且以较低的成本投入产品生产时，供给弹性较大；当投入品难以获得，投入并转化为产品的成本相对较高时，供给弹性较小。比如，在平时，生产口罩的许可证难以获得，所以口罩的供给弹性较小。但是，在新冠疫情期间，生产口罩的许可证容易获得，所以口罩的供给弹性较大。②调整时间。当生产者有更多的时间对价格变化做出反应时，供给弹性往往比较大。这意味着，长期供给弹性通常大于短期供给弹性。

（9）谷贱伤农是指谷物丰收（供给增加）导致谷物价格下降，从而导致农民收入下降的情况。谷贱伤农得以成立，必须满足两个条件：第一，谷物丰收；第二，市场对谷物的需求缺乏弹性。

5.3 重要概念

（1）弹性：在经济学中，只要两个经济变量之间存在着函数关系，我们就可用弹性表示因变量对自变量的反应的敏感程度，并将其叫作弹性。

（2）需求价格弹性：是指需求量对价格变动反应的灵敏程度，或者说，市场价格每变动百分之一所导致需求量变动的百分比。

（3）需求交叉弹性：是指商品的需求量对商品价格变动反应的灵敏度，或者说，X 商品的价格每变动百分之一所导致的 Y 商品需求量变动的百分比。

（4）需求收入弹性：是指需求量对收入变动反应的敏感程度，或者说，消费者收入每变动百分之一所导致需求量变动的百分比。

（5）供给弹性：是指供给量对价格变动反应的灵敏程度，或者说，价格每变动百分之一所导致供给量变动的百分比。

（6）谷贱伤农：是指谷物丰收（供给增加）导致谷物价格下降，从而导致农民收入下降的情况。谷贱伤农得以成立，必须满足两个条件：第一，谷物丰收；第二，市场对谷物的需求缺乏弹性。

5.4　习题演练

单选题

1.（　　），又通常简称为需求弹性。

A. 需求的交叉弹性　　B. 需求的收入弹性

C. 需求的价格弹性　　D. 需求的推销弹性

2. 在下列需求价格弹性的表述中，正确的是（　　）。

A. 需求量相对变动对价格相对变动的反应程度

B. 价格变动的绝对值对需求量变动的绝对值的影响

C. 价格的变动量除以需求的变动量

D. 需求的变动量除以价格的变动量

3. 如果一条线性需求曲线与一条曲线形的需求曲线相切，则在切点处两条需求曲线的价格弹性系数（　　）。

A. 不相同　　B. 相同

C. 可能相同，也可能不相同　　D. 根据切点位置而定

4. 一般来说，需求曲线越平坦，越可能的情况是（　　）。

A. 价格富有弹性　　B. 价格缺乏弹性

C. 单位价格弹性　　D. 以上各项都不对

5. 某商品价格上涨 2%，其需求量下降 10%，则该商品的需求价格弹性是（　　）的。

A. 缺乏弹性　　B. 富有弹性　　C. 单位弹性　　D. 无穷弹性

6. 假如买者可以按不变价格购买任何数量的某商品，这意味着该商品的需求价格弹性等于（　　）。

A. 0　　B. 无穷小　　C. 1　　D. 无穷大

7. 下列哪一种情况会引起一种物品的需求曲线是价格缺乏弹性的？（　　）

A. 该物品有大量替代品　　B. 该物品是低档物品

C. 该物品是奢侈品　　D. 该物品是必需品

8. 已知某商品的收入弹性等于 0.6，则该商品是（　　）。

A. 低档商品　B. 正常商品　C. 奢侈品　D. 替代品

9. 当消费者的收入增加 80%时，某商品的需求量增加 40%，则该商品极可能是（　　）。

A. 必需品　B. 奢侈品　C. 低档商品　D. 替代品

10. 已知某商品的收入弹性等于-0.8，则这种商品是（　　）。

A. 低档商品　B. 正常商品　C. 奢侈品　D. 必需品

11. 已知某商品的收入弹性等于 1.2，则这种商品是（　　）。

A. 低档商品　B. 正常商品　C. 奢侈品　D. 吉芬商品

12. 当两种商品中一种商品的价格发生变化时，这两种商品的需求量都同时增加或减少，则这两种商品的需求交叉弹性系数为（　　）。

A. 正　B. 负　C. 1　D. 0

13. 若 X 和 Y 两种商品的需求交叉价格弹性是 -2.3，则（　　）。

A. X 和 Y 是替代品　　B. X 和 Y 是正常品

C. X 和 Y 是劣质品　　D. X 和 Y 是互补品

14. 已知两种商品的交叉弹性等于-0.4，则这两种商品是（　　）。

A. 完全替代品　B. 替代品　C. 互补品　D. 不确定

15. 已知某两种商品的交叉弹性等于 1.8，则这两种商品是（　　）。

A. 完全互补品　B. 替代品　C. 互补品　D. 不确定

16. 如果某商品价格变化引起厂商销售收入反方向变化，则该商品（　　）。

A. 富有弹性　B. 缺乏弹性　C. 完全弹性　D. 完全无弹性

17. 如果某商品价格变化引起厂商销售收入同方向变化，则该商品（　　）。

A. 富有弹性　B. 缺乏弹性　C. 完全弹性　D. 完全无弹性

18. 如果一种物品价格上升对某市场的总收益没有影响，这个市场必须是（　　）。

A. 价格缺乏弹性　　B. 价格富有弹性

C. 单位价格弹性　　D. 以上各项都是

19. 使农产品供给向右移动的农业技术进步倾向于（　　）。

A. 减少整个农民的总收益，因为食物的需求缺乏弹性

B. 减少整个农民的总收益，因为食物的需求富有弹性

C. 增加整个农民的总收益，因为食物的需求缺乏弹性

D. 增加整个农民的总收益，因为食物的需求富有弹性

20. 下列哪种情况会导致税收负担更多地落在市场的卖者身上？(　　)

A. 需求缺乏弹性，而供给富有弹性

B. 需求富有弹性，而供给缺乏弹性

C. 供给和需求都缺乏弹性

D. 供给和需求都富有弹性

辨析题

1. 需求曲线的斜率和需求的价格弹性是相同的概念。

2. 线性需求曲线上每点的斜率都相等，因此每点的点弹性也都相等。

3. 假如某城市运输的需求的价格弹性为 1.2，则为了增加运输的收入，运输价格应该降低。

4. 如果两种商品之间存在着替代关系，则相应需求的交叉弹性系数为负值。

5. 一般来说，一种商品用途越广泛，该商品的需求弹性就越小；反之，就越大。

6. 消费者在某商品上的消费支出在预算总支出中所占的比重越大，该商品的需求弹性就越大；反之，就越小。

7. 一般来说，一种商品的替代品越多，该商品的需求弹性就越大；反之，就越小。

8. 如果两种商品的需求交叉弹性系数为正值，则这两种商品为互补关系。

9. 如果两种商品的需求交叉弹性系数为负值，则这两种商品为替代关系。

10. 若线性供给曲线的延长线与坐标横轴相交的交点位于坐标原点的左边，则该供给曲线上所有的点弹性都是大于 1 的。

简答题

1. 列出并解释决定需求价格弹性的四个因素。

2. 说明需求弹性与销售收入之间的关系。

3. 简述交叉弹性对企业经营决策的作用。

4. 请利用与弹性相关知识，解释为什么禁毒可以减少毒品供给量，但可能增加与毒品相关的犯罪。

应用题

1. 表 5-1 是某小镇汽车旅馆房间的需求表，消费者的收入从 5 万美元增加到 6 万美元，需求量也发生了变化，根据表中的数据，用中点法计算出弹性的百分比变动。

表 5-1　某小镇汽车旅馆房间的需求表

价格/美元	收入为 5 万美元时的需求量	收入为 6 万美元时的需求量
20	24	34
40	20	30
60	16	26
80	12	22
100	8	18
120	4	14

（1）当旅馆以 40 美元出租房间时，需求收入弹性是多少？

（2）当旅馆以 100 美元出租房间时，需求收入弹性是多少？

（3）汽车旅馆房间是正常物品还是低档物品？为什么？

（4）汽车旅馆房间可能是必需品还是奢侈品？为什么？

2. 据估计，居民消费的电力需求的长期价格弹性为 1.2，收入弹性为 0.2，电力与天然气需求的交叉弹性为 0.2。问：如果在长期内电力价格上涨 1%，天然气的价格需要变化多少才能抵消电力价格上升对电力需求量的影响？

3. 某商品的需求弹性为 2，当价格为 3 000 元/台时，日销售量为 100 台。现在该商品的价格下调 10%，问：该商品的销售收入将如何变化？为什么？

4. 某商品的需求弹性为 0.5，当该商品的价格为 0.5 元/千克时，日销售量为 400 千克。现在价格上涨 20%，问：该商品的销售收入将如何变化？为什么？

5. 某公司对其产品与消费者收入的关系估计如下：$Q=2\ 000+0.2I$，Q 为需求数量，I 为平均家庭收入，请分别求出 $I=5\ 000$ 元、15 000 元、30 000 元的收入弹性。

6. 谷贱伤农是我国一种流传已久的说法，它描述的是这样一种经济现象：在丰收的年份，农民的收入却反而减少了。试用所学的需求弹性原理解释这种现象，并作图说明。

5.5 真实世界中的经济学

厚利多销[①]

盛乐

日本商人藤田在经商之初，曾接受一位犹太人的教诲。

这位犹太人告诉他，一种商品在社会上流行的情形可分为两类：一类是先流行于高收入的阶层，即富翁，然后渐次普及于大众；另一类是突如其来地、爆炸性地流行于大众，但很快就会销声匿迹。从富翁阶层流行的商品的寿命就长得多了，据统计，至少可维持两年。这类商品又以高级的舶来品为主。事实上，部分舶来品的品质和本国的产品一样，但价格是本国产品的数倍以上。可是，有钱的人往往喜欢买舶来品，似乎买越贵的东西，才越显得自己的身份和地位比别人高。

因此，商人们便抓住顾客的此种心理，竞相把舶来品上的标签售价定高，顾客反而乐于抢购，商人便厚利多销了。

藤田抓住富人的这一心理并且以国内上流阶层且最具有购买力的人为销售对象，进口了一流的昂贵服饰品，以让高收入阶层的人选购。不久，次一层收入的人为了向高收入阶层的人看齐，也争相抢购。如此一来，顾客数目便增至原先预想的两倍。依此类推，顾客数目陆续增至 4 倍、8 倍、16 倍……藤田进口的昂贵服饰品最终扩大到社会大众。

因此，他所贩卖的商品，都是以高收入阶层的人为对象，极为畅销，绝对不会有货物无法脱手的顾虑。他做了 20 年的生意，虽然从来没有采取过削价大拍卖的方法来推销商品，但仍然在商业上获得了巨大的成功。

对于厚利多销，有人形象地将其比作“挤油”，即从最肥的地方下手，从市场“肥客”身上获得好处，这不失为一种明智之举。盯紧这批“肥客”，不仅可以拥有固定的市场，而且利润颇丰，一本万利。

很多人特别相信高价货物，认为价格越高，货物自然越好。要是商品价格很低，即使商品外观再美，推销者把商品吹得再好，问津者也寥寥无几。这是世界各国大多数顾客的心理，犹太商人也抓住了顾客的这种心理。他们认为，高价出售商品，绝对赚钱。

犹太人对商品有把握，所以才不减价。他们认为，只有对自己的商品没

---

① 本文摘自《意林》2016 年第 5 期。

有信心才减价，这是一种搬起石头砸自己脚的愚笨做法。在这一点上，犹太人对“薄利多销”的做法嗤之以鼻：“为什么要为了获取‘薄利’而多销？难道商人追求的不是高额的利润？这种做法简直是自欺欺人！”

请阅读《厚利多销》一文并回答以下三个问题：

1. 作者如何定义“薄利多销”和“厚利多销”？

2. 能做到“厚利多销”吗？

3. 请解释“薄利多销”和“厚利多销”如何才能不矛盾。

第 6 讲

消费者理论

6.1 学习目标

本讲将使用消费者偏好、预算线和消费者均衡三个概念，定义消费者的理性选择，并在此基础上推导出需求曲线。通过本讲的学习，同学们需要掌握的内容如下：

（1）消费者偏好的定义和基本假定。

（2）无差异曲线的定义和特征。

（3）预算线的定义和斜率（相对价格）。

（4）消费者均衡的定义和条件。

（5）需求曲线的推导。

6.2 内容概要

（1）商品组合是一种或多种商品的不同数量组合。偏好（preference）是指消费者对任何两种商品组合所做的一个排序。微观经济学有关消费者的偏好，提出了以下四个基本假设：①完备性，即消费者对任意两个商品组合都能进行排序。②传递性，即如果消费者认为商品组合 A>B，B>C，那么消费者认为 A>C。③单调性，即在其他商品数量相同的条件下，消费者更偏好于数量大的组合。④无差异曲线是凸性的，即边际替代率递减。

（2）依据有关消费者偏好的四个基本假设，我们可以得到无差异曲线（indifference curve），它表示在既定偏好条件下，由可以给消费者带来相同满足程度的商品的不同数量组合描绘出来的曲线。无差异曲线具有三个特征：①无差异曲线图中有无数条无差异曲线，并且，离原点越远的无差异曲线代表的效用水平越高；②任意两条无差异曲线都不相交；③无差异曲线从左上方向右下方倾斜，并且凸向原点。

（3）边际替代率（marginal rate of substitution）是指在偏好程度（或效用）保持不变的情况下，消费者增加一单位一种商品的消费最多可以代替另一种商品的消费数量。商品 X 对商品 Y 的边际替代率（X 商品的价值、需求价格或支付意愿）可以表示为

$$\mathrm{MRS}_{XY}=-\frac{\Delta Y}{\Delta X} \tag{6-1}$$

在保持效用水平不变的条件下，随着一种商品消费数量的增加，消费者增加一单位该商品的消费而愿意放弃的另外一种商品的消费数量逐渐减少，这就是边际替代率递减规律，它导致无差异曲线凸向原点。

（4）效用（utility）是指消费者通过拥有或消费商品使自己的欲望得到满足的程度。在基数效用论（theory of cardinal utility）中，消费者对消费商品获得的效用满足程度以基数衡量。在序数效用论（theory of ordinal utility）中，消费者能对不同商品组合按效用满足程度的高低进行排序。

（5）预算约束（budget constraint）是指消费者计划购买商品的总支出不可能超过他的总收入。假定消费者总收入为 m，计划购买商品 X 和商品 Y，价格分别为 P_X、P_Y，则消费者的预算约束可以表示为

$$P_X X+P_Y Y\leqslant m \tag{6-2}$$

预算集（budget set）是指在消费者的收入和商品价格不变的条件下，所有满足消费者预算约束的商品组合。预算线（budget line）表示在收入和商品价格既定的条件下，消费者用全部收入所能购买到的各种商品的不同数量的组合。预算线向右下方倾斜，其斜率为 P_X/P_Y，即相对价格。

（6）当两种商品价格 P_X和 P_Y不变时，消费者收入发生变化，将会导致预算线平行移动。当消费者收入 m 和商品 Y 的价格 P_Y保持不变，商品 X 价格 P_X发生变动。由于预算线与纵轴的交点不会发生改变，而它与横轴的交点会发生变动，因此预算线会围绕纵轴交点旋转。

（7）消费者的理性选择（consumer rationality），是指在收入和商品价格既定的条件下，消费者选择使得自身效用最大化的商品数量组合。消费者理性选择的条件有两个：一是位于预算约束线上，二是该预算线与商品组合点所在的无差异曲线相切，二者斜率相等，即同时满足：

$$\mathrm{MRS}_{XY}=\frac{P_X}{P_Y} \tag{6-3}$$

$$P_X X+P_Y Y=m \tag{6-4}$$

消费者的理性选择点为图 6-1 中的 E 点。

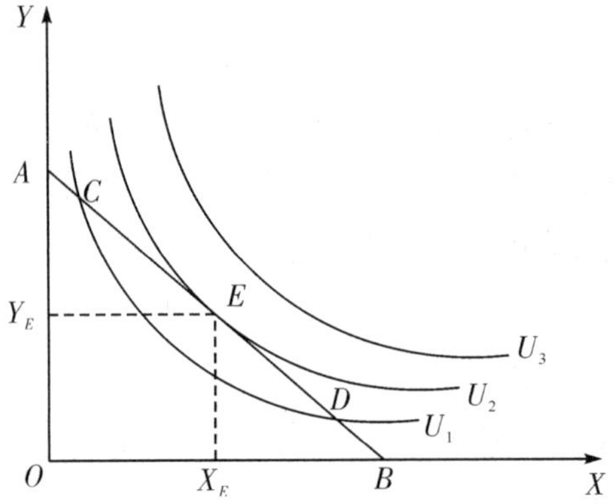

图 6-1　消费者的理性选择

（8）假定消费者收入和商品 Y 的价格 P_Y不变，而商品 X 的价格从 P_0下降至 P_1。根据消费者的理性选择原则，随着商品 X 价格的下降，预算线 AB 围绕着 A 点逆时针旋转至 AB_1，并与无差异曲线 U_3相切于 E_1对应每条约束线，商品 X 的消费量从 X_E提高为 X_1。将 6-2（a）图中的 E 点与 E_1所对应商品 X 的价格与数量标注在 6-2（b）中，并将它们连接起来，就得到消费者的个人需求曲线。

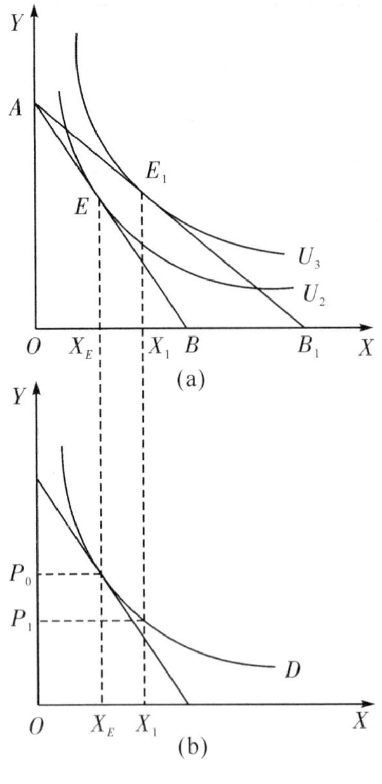

图 6-2　消费者需求曲线

市场需求曲线是通过水平加总消费者个人需求曲线获得的，因此市场需求曲线也是向右下方倾斜的，并且未必是直线，如图 6-3 所示。

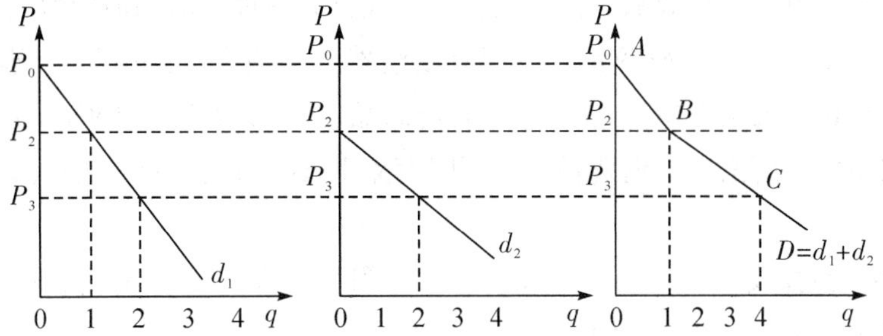

(a)消费者 1 的个人需求 (b)消费者 2 的个人需求 (c)市场需求

图 6-3 市场需求曲线

(9) 在序数效用论中，需求定律用收入效应和替代效应进行解释。其中，收入效应（income effect）是指由于商品价格下降引起实际收入增加，而收入增加引起对正常品增加的需求量。替代效应（substitution effect）是指商品价格下降导致消费者用价格便宜的商品替代价格昂贵的商品，从而引起增加的需求量。价格效应（price effect）等于收入效应与替代效应之和。

(10) 消费者剩余（consumer surplus）是指消费者购买某一商品的愿意支付的最高价格（价值）高于价格的那部分，在图 6-4 中表现为三角形 AP_0E 的面积。

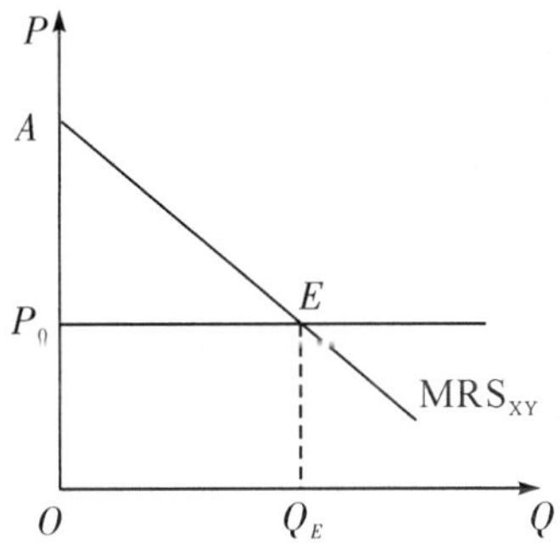

图 6-4 消费者剩余

6.3 重要概念

(1) 偏好：是指消费者对任何两个商品组合所做的一个排序。

(2) 无差异曲线：表示在既定偏好条件下，可以给消费者带来相同满足程度的不同商品组合的轨迹。

(3) 边际替代率：是指在偏好程度（或效用）保持不变的情况下，消费者增加一单位一种商品的消费最多可以代替另一种商品的消费数量。

（4）效用：是指消费者通过拥有或消费商品使自己的欲望得到满足的程度。在基数效用论中，消费者对消费商品获得的效用满足程度以基数衡量。在序数效用论中，消费者能对不同商品组合按效用满足程度的高低进行排序。

（5）预算线：表示在收入和商品价格既定的条件下，消费者用全部收入所能购买到的各种商品的不同数量的组合。

（6）消费者的理性选择：是指在收入和商品价格既定的条件下，消费者选择使得自身效用最大化的商品数量组合。

（7）收入效应：是指由于商品价格下降引起实际收入增加，而收入增加引起对正常品增加的需求量。

（8）替代效应：是指商品价格下降导致消费者用价格便宜的商品替代价格昂贵的商品，从而引起增加的需求量。

（9）价格效应：等于收入效应与替代效应之和。

（10）消费者剩余：是指消费者购买某一商品时愿意支付的最高价格（价值）高于价格的那部分。

6.4 习题演练

单选题

1. 无差异曲线的形状取决于（　　）。
   A. 消费者偏好　　B. 消费者收入
   C. 所购商品的价格　　D. 商品效用水平的大小
2. 当消费者的偏好保持不变时，其（　　）也保持不变。
   A. 均衡
   B. 所喜爱的两种商品组合的无差异曲线图
   C. 满足程度
   D. 购买两种商品的数量
3. 同一条无差异曲线上的不同点表示（　　）。
   A. 效用水平不同，但所消费的两种商品组合比例相同
   B. 效用水平相同，但所消费的两种商品的组合比例不同
   C. 效用水平不同，两种商品的组合比例也不相同
   D. 效用水平相同，两种商品的组合比例也相同

4. 关于边际替代率递减规律，不正确的是（　　）。

A. 边际替代率递减说明每增加对一种商品的消费，为保持效用不变，所减少的其他商品的消费量是递减的

B. 序数效用论提出了边际替代率递减规律来代替基数效用论的边际效用递减规律

C. 边际替代率递减规律在所有商品组合中都是适用的

D. 边际替代率递减规律决定了无差异曲线是凸向原点的

5. 下列有关效用的表述中，正确的是（　　）。

A. 效用是消费者对商品的满足程度

B. 效用就是使用价值

C. 效用就是客观价值

D. 效用只能排序

6. 预算线反映了（　　）。

A. 消费者的收入约束　　B. 消费者的偏好

C. 消费者的人数　　D. 货币的购买力

7. 预算线的位置和斜率取决于（　　）。

A. 消费者的收入

B. 消费者的收入和商品价格

C. 消费者的偏好

D. 消费者的偏好、收入和商品价格

8. 若消费者的消费低于他的预算线消费，则消费者（　　）。

A. 没有完全用完预算支出　　B. 用完了全部预算支出

C. 或许用完了全部预算支出　　D. 处于均衡状态

9. 预算线向右上方平移的原因是（　　）。

A. 商品 X 的价格下降了

B. 消费者的收入下降了

C. 商品 Y 的价格下降了

D. 商品 X 和 Y 的价格按同一比率下降了

10. 商品 X 和 Y 的价格以及消费者的收入都按同一比率同方向变化，则预算线将（　　）。

A. 向左下方平行移动　　B. 向右上方平行移动

C. 不变　　D. 向左下方或右上方平行移动

11. 假定以横轴度量商品 X 的量，以纵轴度量商品 Y 的量，预算线绕着它与横轴的交点逆时针转动是因为（　　）。

A. 商品 X 的价格上升　　　B. 商品 Y 的价格上升

C. 消费者收入下降　　　D. 以上各项都不对

12. 在图6-5中，在消费者均衡点左上方点C的无差异曲线的斜率（　　）。

A. 大于预算线的斜率　　　B. 小于预算线的斜率

C. 等于预算线的斜率　　　D. 以上各项都不对

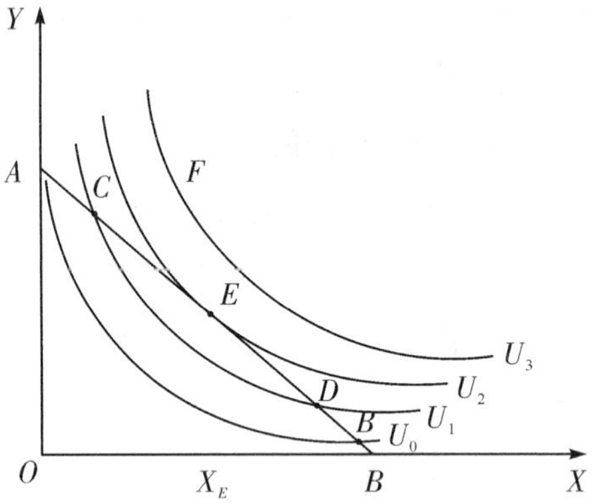

图6-5　消费者理性选择

13. 假定商品X、Y的价格 P_X、P_Y 已定，当 $MRS_{XY}>P_X/P_Y$ 时，消费者为达到最满足，他将（　　）。

A. 增购X，减少Y　　　B. 减少X，增购Y

C. 同时增购X、Y　　　D. 同时减少X、Y

14. 对一个消费者来说，民族音乐磁带对流行音乐磁带的边际替代率是1/3，如果（　　）。

A. 民族音乐磁带的价格是流行音乐磁带价格的3倍，他可以获得最大效用

B. 民族音乐磁带的价格和流行音乐磁带的价格相等，他可以获得最大效用

C. 民族音乐磁带的价格是流行音乐磁带价格的1/3，他可以获得最大效用

D. 他用3盘流行音乐的磁带交换1盘民族音乐的磁带，他可以获得最大效用

15. 对于消费者王某来说，不管有多少个水果，他始终愿意以一个苹果替代两个橘子，若苹果3元一个，橘子1元一个，则（　　）。

A. 王某应该增加购买苹果

B. 王某应该增加购买橘子

C. 王某应该既买苹果又买橘子

D. 王某应该既不买苹果也不买橘子

16. 消费者购买 X、Y 两种商品，假设商品 X 的价格为 5，商品 Y 的价格为 7，且商品 X 对商品 Y 的边际替代率为 0.5，消费者为了达到的最大效用，他应当（　　）。

A. 增加商品 X 的购买量，减少商品 Y 的购买量

B. 减少商品 X 的购买量，增加商品 Y 的购买量

C. 增加商品 X 的购买量，同时增加商品 Y 的购买量

D. 减少商品 X 的购买量，同时减少商品 Y 的购买量

17. 在图 6-5 中的 B 点，商品 X 的边际价值（　　）两种商品的相对市场价格，所以，消费者会（　　）商品 Y 的消费量。

A. 大于，增加　　B. 小于，减少

C. 大于，减少　　D. 小于，增加

18. 消费者剩余是消费者的（　　）。

A. 实际所得　　B. 主观感受

C. 没有购买的部分　　D. 消费剩余部分

19. 消费者剩余是指（　　）。

A. 供给曲线以下，均衡价格以上部分

B. 需求曲线以下，均衡价格以上部分

C. 需求曲线以上，均衡价格以下部分

D. 供给曲线以上，均衡价格以下部分

20. 消费者剩余是指消费者从商品的消费中得到的（　　）。

A. 满足程度

B. 边际效用

C. 满足程度超过他实际支出的价格部分

D. 满足程度小于他实际支出的价格部分

辨析题

1. 偏好是消费者对某种商品的欲望的表达。

2. 无差异曲线是基数效用论的内容。

3. 无差异曲线表示不同的消费者消费两种商品的不同数量组合所得到的效用是相同的。

4. 无差异曲线的斜率是随着两种商品的价格的变化而变化的。

5. 不同的消费者对同一种商品的效用的大小可以进行比较。

6. 效用的大小，即使是对同一种商品来说，也会因人、因时、因地而异。

7. 同一杯水对于不同的人具有不同的效用。

8. 消费者理性选择的目标是效用最大化。

9. 商品的边际替代率递减规律决定了无差异曲线的形状是凸向原点的。

10. 消费者理性选择的约束条件是商品的价格。

11. 预算线的移动表示消费者的收入发生了变化。

12. 预算线上的每一点均代表了当收入和价格既定时，消费者所能购买的不同数量的商品组合。

13. 达到消费者均衡时，消费者的预算线与商品组合点所在的无差异曲线相切。

14. 消费者的个人需求中的“愿意购买”用预算线表示，“能够购买”用无差异曲线表示。

15. 个人需求曲线上的任意一点表示的是消费者的理性选择。

16. 如果个人需求曲线是直线，则市场需求曲线也是直线。

17. 价格效应是指价格下降导致需求量的增加额。

18. 价格下降引起消费者用价格便宜的商品替代价格昂贵的商品，从而引起需求量的增加额为替代效应。

19. 我们无法衡量消费者参加市场交换活动“赚得的”价值。

20. 假设小红对苹果的预期价格为 5 元一个，当苹果的市场价格为 20 元一个，小红的消费者剩余是-15 元。

简答题

1. 简述消费者偏好的定义与基本假设。

2. 简述无差异曲线的定义与基本假设。

3. 简述边际替代率递减规律。

4. 简述为什么消费者行为会存在“需求定律”这种规律性的现象。

5. 简述消费者均衡的条件。

应用题

1. 请用无差异曲线解释以下现象（香蕉由横轴表示，苹果由纵轴表示）。

（1）现在无论香蕉和苹果的消费量是多少，消费者宁可增加一个香蕉，也不要增加一个苹果。

（2）在现有商品价格下，消费者可以实现消费者均衡。当苹果价格降低时，消费者会增加苹果的消费。

2. 甲的无差异曲线函数为 $U=(X+2)\times(Y+6)$，X 是蛋糕的块数，Y 是牛奶的杯数，请问：

（1）甲原有4块蛋糕、6杯牛奶。现在乙和甲商量交换对策，即甲给乙3块蛋糕，乙将给甲9杯牛奶进行交易，这时甲的商品组合是什么？若甲拒绝交换，这一决策明智吗？

（2）若 $MRS_{XY}=2$，甲愿意为3杯牛奶而放弃1块蛋糕吗？

3. 小明现消费20单位的 X 和20单位的 Y，图6-6是他的无差异曲线。

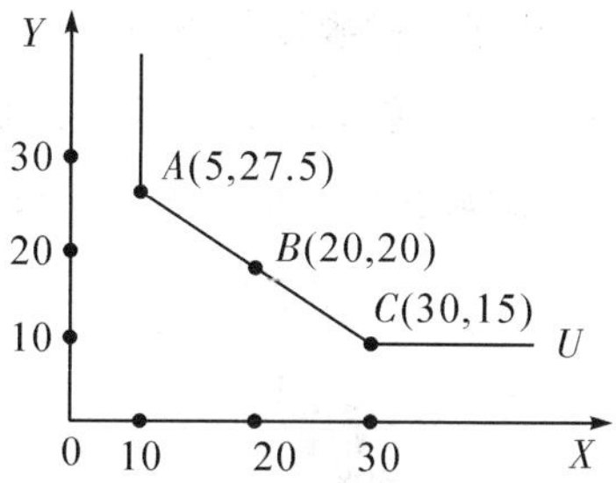

图6-6 小明的无差异曲线

问：（1）若在（20，20）商品组合下，小明放弃每单位 Y 会得到1单位 X，他愿意吗？

（2）若在 AB 段，小明放弃每单位 X 会得到一单位 Y，他愿意吗？

（3）小明以什么样的交换率才能保持现行的消费水平？

4. 小红准备的午饭菜单还差鸡蛋和猪肉这两种食材，她到了超市发现猪肉的价格没变，但是鸡蛋的价格下降了，于是小红买了比计划更多的鸡蛋。请问为什么小红对鸡蛋的需求增加了？请用收入效应和替代效应做出解释。

5. 假设某消费者的均衡如图6-7所示。其中，横轴 $0X_1$ 和纵轴 $0X_2$ 分别表示商品1和商品2的数量，线段 AB 为消费者的预算线，曲线 U 为消费者的无差异曲线，E 点为效用最大化的均衡点。已知商品1的价格 P_1 为2元。

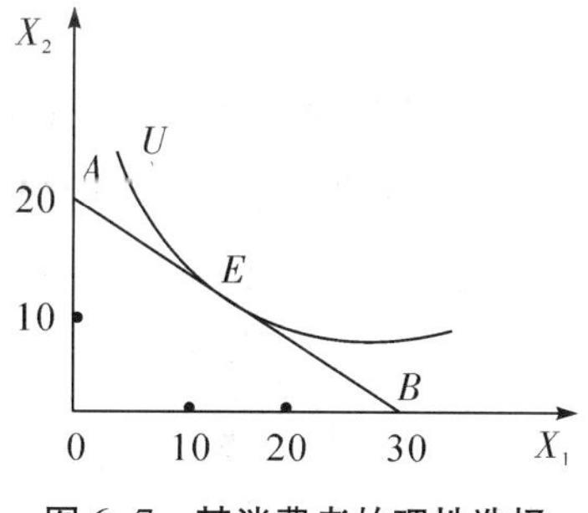

图6-7 某消费者的理性选择

（1）求消费者的收入。

（2）求商品2的价格 P_2。

（3）写出预算线方程。

（4）求预算线的斜率。

6.5 真实世界中的经济学

只打“甜蜜区”的球[①]

在“股票之神”巴菲特最受追捧的那几年里，企业家圈子中流行去巴菲特著名的没有计算机的办公室参观。参观的人往往会被他办公室里的一张美国棒球海报所吸引。

海报中的棒球手正准备挥棒，旁边是一个由很多棒球排列成的长方形矩阵，每个棒球上都有一个数字。巴菲特会跟人介绍，这是对他投资理念影响极大的一个人。

这个棒球手就是波士顿红袜队的击球手泰德·威廉斯。泰德被誉为“史上最佳击球手”，他曾两次入选“美国联盟最有价值球员”。泰德提出只打“甜蜜区”的球的理念。他认为正确地打击“甜蜜区”的球，就能取得好成绩。

泰德把打击区域划分为77个，每个区域只有一个棒球大小。只有当球进入最理想的区域时，他才挥棒击打。对于非核心区域的球，他任其从身边飞过，绝不挥棒。

这个策略听上去简单，其实需要强大的定力，尤其是在重要赛事的胜负关头。球场内几万名观众眼巴巴地看着你，这时候一个球慢悠悠地进入“非甜蜜区”，像是个唾手可得的好机会，你要不要试试看？要是你不打，

① 本文摘自《读者》2018年第3期。

全场立即一片嘘声。这时，坚持只打“甜蜜区”的球，需要一颗强大而冷静的心。

棒球比赛中有两种击球手。一种击球手什么球都打，每次都全力以赴。这需要很强大的力量和体格，很多人甚至靠服用禁药来增加力量。另一种击球手的先天条件不一定好，但是很聪明，只求把合适的球打到没有防守队员的地方。排名前10位的击球手都是后面这种人，泰德·威廉斯则是其中的高手。

巴菲特从泰德身上学到了什么呢？他学到了“专注于高价值区”。巴菲特说：“投资这件事的秘诀就是坐在那儿看一个又一个的球飞来，等待着哪个球出现在你的‘甜蜜区’。很多时候人们会喊‘打啊’，但你最好别理他们。”

巴菲特还说：“我知道自己的优势和圈子所在，我就待在自己的圈子里，完全不管圈子以外的事。这非常重要。”

即使巴菲特认识比尔·盖茨多年，能够拿到第一手的企业内幕消息，巴菲特也从未投资微软。因为他认为互联网企业不在他的能力范围内，即使有看上去很好的机会，他也绝不出手。

巴菲特的投资理念是：只投资高价值、可迭代、有“护城河”的企业，其他的一律不看；不求短期获利，只看长期获利，尽量少动。

看上去，巴菲特和泰德采用的是世界上最稳妥、最保守、动作最少的打法，但这两个人偏偏是全世界最强的进攻者——一个是投资界赚钱最多的投资人，一个是棒球界年度安打率最高的选手。高手都在持续做那些“更少但是更好”的事。

请阅读《只打“甜蜜区”的球》这篇文章并回答以下三个问题：

1. 为什么泰德只打“甜蜜区”的球？

2. 泰德只打“甜蜜区”的球的理念和巴菲特只投资高价值、可迭代、有“护城河”的企业的理念对消费者进行消费决策有何启示？

3. 这一案例对于我们如何过好人的一生有什么样的启示？

第 7 讲

技术与成本

7.1 学习目标

本讲将使用生产函数和成本方程两个概念，讨论企业的投入决策。通过本讲的学习，同学们需要掌握的内容如下：

（1）企业的定义、本质和分类。

（2）技术的含义和表现形成——生产函数。

（3）生产函数的特征。

（4）成本的定义、分类和成本方程。

（5）成本函数的定义和特征。

7.2 内容概要

（1）在微观经济学中，生产者也叫作厂商，或者企业。企业（firm）是生产商品和劳务的经济单位。“它在厂商主的控制之下，为着营利的目的，由资本设施和其他资源相结合而组成[①]。”企业的本质特征是追求利润，即销售收入与成本之间的差额，用公式表示为 $\pi=PQ-\mathrm{TC}(Q)$，其中，π 是企业利润，PQ 是销售收入，$\mathrm{TC}(Q)$是总成本，它们都是产量的函数。

（2）经济学教科书把技术和生产作为同义词使用，并将它定义为把投入转化为产出的方法，并用生产函数来刻画技术特征。

（3）生产函数（production function）是投入量与它最大产出量之间的对应关系。假设只使用一种投入量，即劳动，用 L 表示；只生产一种产品，用 Q 表示，那么，生产函数用公式表示为 $Q=f(L)$，也可以叫作劳动的总产量（total product of labor，TP_L）函数。根据劳动的总产量函数，我们可以得到劳动的平均产量（average product of labor，AP_L），它是指单位劳动投入量所生产的产量，用公式表示为

$$\mathrm{AP}_L=\frac{\mathrm{TP}_L}{L}=\frac{Q}{L} \tag{7-1}$$

劳动的边际产量（marginal product of labor），简称 MP_L，是指每增加一

① D. 格林沃尔德. 现代经济词典［M］. 翻译组，译. 北京：商务印书馆，1981：178.

单位劳动投入量所增加的产量，用公式表示为

$$MP_L = \frac{\Delta TP_L}{\Delta L} = \frac{\Delta Q}{\Delta L} \tag{7-2}$$

劳动的边际产量是总产量曲线切线的斜率，它反映了劳动的总产量变化率。

劳动的边际产量与平均产量的关系有：第一，当边际产量大于平均产量时，平均产量将上升；第二，当边际产量等于平均产量时，平均产量达到最大值；第三，当边际产量小于平均产量时，平均产量将下降。

（4）随着劳动投入量的增加，劳动的总产量、平均产量和边际产量都将随之增加，边际产量最先到达最高点，随后是平均产量到达最高点，最后才是总产量到达最高点，并依次开始下降，我们把这种趋势称为报酬递减规律（law of diminishing returns to input）。

（5）在经济学中，成本（cost）的全称是机会成本（opportunity cost），或经济成本（economic cost）。所谓机会成本，是指将稀缺资源用于某一用途而放弃的其他用途中最有价值的那种用途的价值。根据投入品的来源，我们可以将企业生产的机会成本划分为显成本和隐成本。其中，显成本是指企业在投入品市场上购买或租用投入品的实际支出，这些成本是“有账可查”的，因此既是“看得见的（explicit）”成本，又被称为会计成本（accounting cost）。隐成本是指企业自己所拥有并被用于该企业生产的那些投入品的总价格，这些成本并没有表现在账目上，因此是“看不见的（implicit）”成本。

（6）企业生产一定产量的成本即总成本。根据总成本函数，我们可以得到平均成本和边际成本。其中，平均成本（average cost）简写为AC，是指单位产出的总成本，用公式表示为

$$AC(Q) = \frac{TC}{Q} = \frac{wL}{Q} = \frac{w}{AP_L} \tag{7-3}$$

边际成本（marginal cost）简写为MC，是指每增加一单位产量所增加的总成本增量，用公式表示为

$$MC(Q) = \frac{\Delta TC}{\Delta Q} = \frac{\Delta L \times w}{\Delta Q} = \frac{w}{MP_L} \tag{7-4}$$

边际成本是总成本曲线切线的斜率，它反映了总成本随产量的变化率。

边际成本与平均成本的关系有：第一，当边际成本低于平均成本时，平均成本将下降；第二，当边际成本等于平均成本时，平均成本最小；第三，当边际成本大于平均成本时，平均成本上升。

7.3 重要概念

（1）企业：在微观经济学中，生产者也叫作厂商，或者企业。企业（firm）是生产商品和劳务的经济单位。它在厂商主的控制之下，为着营利的目的，由资本设施和其他资源相结合而组成。企业的本质特征是营利。

（2）利润：是指企业销售收入与成本之间的差额。

（3）生产函数：企业投入量与它最大产出量之间的对应关系，它不仅能反映企业的理性行为，而且能反映企业使用生产技术的特征。

（4）劳动的总产量：是指一定劳动投入量所对应的产量。

（5）劳动的平均产量：是指单位劳动投入量所生产的产量。

（6）劳动的边际产量：是指每增加一单位劳动投入量所增加的产量。

（7）机会成本：是指将稀缺资源用于某一用途而放弃的其他用途中最有价值的那种用途的价值。

（8）显成本：是指企业在投入品市场上购买或租用投入品的实际支出，这些成本是“有账可查”的，因此既是“看得见的（explicit）”成本，也被称为会计成本（accounting cost）。

（9）隐成本：是指企业自己所拥有并被用于该企业生产的那些投入品的总价格，这些成本并没有表现在账目上，因此是“看不见的（implicit）”成本。

（10）总成本：是指企业生产一定产量的成本。

（11）平均成本：是指单位产出的总成本。

（12）边际成本：是指每增加一单位产量所增加的总成本增量。

7.4 习题演练

单选题

1. 当 TP_L 开始下降时，（　　）。

A. $AP_L<0$　　B. $AP_L=0$　　C. $MP_L=0$　　D. $MP_L<0$

2. 下列说法中正确的是（　　）。

A. 只要总产量减少，边际产量一定为负

B. 只要 MP 减少，总产量一定减少

C. MP 曲线必定在最高点处与 AP 曲线相交

D. 只要 MP 减少，AP 也一定减少

3. 当平均产量曲线与边际产量曲线相交时，（　　）。

A. 总产量最大　　B. 总产量最小

C. 平均产量最大　　D. 边际产量为 0

4. 总产量曲线达到最高点时，（　　）。

A. 平均产量曲线仍在上升

B. 边际产量曲线与平均产量曲线相交

C. 边际产量曲线与横轴相交

D. 平均产量曲线达到最高点

5. 当生产函数 $Q=f(L)$ 的 AP 为正且递减时，MP（　　）。

A. 递减且大于 AP　　B. 递减且小于 AP

C. 递增且大于 AP　　D. 递增且小于 AP

6. 假设只使用一种生产要素，关于边际产量和平均产量关系的说法，正确的是（　　）。

A. 只要边际产量大于平均产量，平均产量就是递增的

B. 只要边际产量等于平均产量，平均产量就是递增的

C. 只要边际产量小于平均产量，平均产量就是递增的

D. 只要边际产量大于平均产量，平均产量就是递减的

7. 在下列何种情况下，平均产量达到最大值？（　　）

A. 平均产量>边际产量　　B. 平均产量=边际产量

C. 总产量达到最大值　　D. 边际产量达到最大值

8. 在其他条件不变的情况下，如果连续增加劳动的投入，在总产量达到最大值时，劳动的边际产量（　　）。

A. 大于零　　B. 小于零

C. 等于零　　D. 等于平均产量

9. 某机器原来生产产品 A，收入为 200 元，现在改为生产产品 B，所花的人工、材料费为 1 000 元，则生产产品 B 的机会成本是（　　）元。

A. 200　　B. 1 200　　C. 1 000　　D. 800

10. 小刘用自己的存款 100 000 元和银行贷款 100 000 元开了一家商店。如果她选择去燕京商场工作则每月收入为 700 元。现在她的小店月平均会计利润为 1 000 元，银行存款利息为 400 元，那么她每月的经济利润是（　　）元。

A. 0　　B. −100　　C. 600　　D. 100

11. 用自有资金也应计算利息收入，这种利息从成本角度看是（　　）。

A. 固定成本　　B. 隐成本　　C. 会计成本　　D. 生产成本

12. 经济成本和经济利润具有以下（　　）特征。

A. 前者比会计成本大，后者比会计利润小

B. 前者比会计成本小，后者比会计利润大

C. 两者都比相应的会计成本和会计利润小

D. 两者都比相应的会计成本和会计利润大

13. 关于边际成本曲线和平均成本曲线之间的关系的说法，正确的是（　　）。

A. 平均固定成本曲线和边际成本曲线都具有 U 形特征

B. 当边际成本与平均总成本相等时，平均总成本曲线位于最低点

C. 平均总成本曲线比边际成本曲线更早到达最低点

D. 平均固定成本曲线总是高于边际成本曲线

14. 如果生产函数表现为边际产量递减，相应的总成本曲线的斜率（　　）。

A. 随着产量增加变得平坦　　B. 随着产量增加变得陡峭

C. 是线性的（一条直线）　　D. 可以是以上任何一种

15. 如果随着产量增加，生产函数首先表现出边际产量递增，然后表现为边际产量递减。那么，相应的边际成本曲线将（　　）。

A. 向右上方倾斜　　B. 是 U 形的

C. 向右下方倾斜　　D. 是平坦的（水平的）

辨析题

1. 生产函数表示投入品价值与产出品价值的数量关系。

2. 如果一家企业的生产函数表现为边际产量递减，相应的企业总成本曲线将随产量扩大而变得平坦。

3. 边际产出大于零的场合，总产量随着投入的增加而增加，但平均产量却不一定增加。

4. 只要边际产量减少，总产量也一定减少。

5. 在技术不变的条件下，只要各种投入不同步增加，某些投入的边际产出最终必然递减。

6. 机会成本是企业的一种成本，它可以衡量并反映到会计报表中。

7. 如果一个人选择继续学习而不参加工作，他所付出的机会成本是他在学习期间的学费。

8. 支付给工人的工资和薪水是生产的隐成本的例子。

9. 如果总收益是 100 元，显成本是 50 元，隐成本是 30 元，那么，会计利润等于 50 元。

10. 如果一个企业的生产函数表现为边际产量递减，相应的企业总成本曲线将随产量扩大而变得平坦。

11. 递减的边际产量说明边际成本一定增加了。

12. 当边际成本大于平均总成本时，平均总成本一定会下降。

13. 平均总成本曲线与边际成本曲线相交于边际成本曲线的最低点。

14. 在成本理论中，当边际成本递增时，平均成本也是递增的。

15. 边际成本先于平均成本而上升。

简答题

1. 请说明边际收益递减规律存在的基本前提条件。

2. 请分析私营企业的企业主一般要承担哪些显成本和隐成本，在购买或租借自身没有的生产要素时，必须支付什么样的价格。

3. 假设你自己拥有并经营一家企业。再假设利率上升了，而且另一家企业向你提供了一份收入是你认为自己在劳动市场上获得的价值两倍的工作。你的会计利润会发生什么变动？你的经济利润会发生什么变动？你更可能还是更不可能继续经营你的企业？

4. 解释生产函数和总成本曲线之间的关系。

5. 解释边际成本和平均总成本之间的关系。

应用题

1. 一个正在写书的教授，无论是写书还是收集资料都比大学中的任何一个人快，但他仍然付钱让学生在图书馆收集资料。这样明智吗？请做出合理的解释。

2. 一期《商业周刊》报道说："在最近的汽车销售不景气时期，通用、福特和克莱斯勒认为将汽车卖给出租公司的损失要比下岗工人的成本小。这是因为关闭或重开企业是代价高昂的，由于汽车制造商现有的工会契约规定，即使工人无事可做也要拿工资。"当该文讨论"以某个代价"出售汽车时，这是指会计利润还是指经济利润？这两种利润有何区别？请解释。

3. 表 7-1 说明了汽车生产商生产汽车的总成本。

表 7-1 某汽车生产商的总成本

汽车的数量/辆	总成本/元
0	500 000
1	540 000
2	560 000
3	570 000
4	590 000
5	620 000
6	660 000
7	720 000
8	800 000
9	920 000
10	1 100 000

请根据表 7-1 提供的数据，计算每个产出水平的平均成本（AC）和边际成本（MC）。

4.“漂亮新娘”是一个专门为婚礼、毕业典礼以及其他典礼准备花束的花商。“漂亮新娘”每天的固定成本主要是场地和设备的成本，共 100 元。每个工人每天的工资是 50 元。“漂亮新娘”的生产函数如表 7-2 所示。

表 7-2 “漂亮新娘”的生产函数

劳动力的人数（工人人数）	鲜花预订量
0	0
1	5
2	9
3	12
4	14
5	15

请根据表 7-2 提供的数据，计算并回答：

（1）第一个、第二个、第三个、第四个、第五个工人的边际产量 MP_L 是什么？什么原理能够解释当雇用的工人增加时每个工人的边际产量反而下降？

（2）最初的五个鲜花预订中，每个预订的边际成本（MC）是多少？第六个到第九个鲜花预订的边际成本是多少？请分别计算剩下的几个鲜花预订的边际成本。什么原理能够解释为何随着鲜花预订的数量增加每个鲜花预订的成本会增加？

7.5 真实世界中的经济学

吃不完的免费开心果①

李君印

经济学原理的选修课上，老师提了一个问题。

“据统计，现在地球上还有6 583 000 000千加仑的石油，如果我们现在每年用掉150 000千加仑的石油，那么我们多长时间会用完这些石油呢？给大家10分钟考虑这个问题。”10分钟后，没有人能够回答上来。老师说：“再给大家10分钟。”结果还是没有人答得出来。

这时，老师注意到一个学生，因为这个孩子表现出很担忧的样子。于是，老师就问他：“大家都在计算，你为什么不计算呢？”学生说：“我在想是不是可以少用一点呢？或者再到新的地方多找一点呢？”这个学生的回答让老师笑了。

老师说：“你知道吗？这就是你们应该学习经济学的原因。现在，我可以告诉大家答案了。答案是永远也不会用完！” “为什么呢？”大家不解地问。

老师笑了笑：“如果我有一个大仓库，里面装着很多很多的开心果，你们每个人都可以到我的仓库里免费地吃开心果，而且还可以带朋友一起来吃，只是有一个要求，你们要把吃完的果壳都留在仓库里。现在你们说，什么时候这个仓库里的开心果会被吃得一颗不剩呢？”有位同学立即站起来，回答道：“永远也不会。”老师说：“答对了！”

为什么会用不完、吃不完呢？让我们来看一看其中的奥秘。在开始时，大家一定觉得有免费的开心果吃很好，再也不用花自己的零花钱去买了，并且经常叫上朋友一起“光顾”，还把这个消息告诉其他的朋友。于是，仓库里的开心果越来越少，果壳却越来越多。随着果壳的增加，大家发现开心果越来越难找了。

这时候，大家开始权衡：是来这儿花很多的时间、精力寻找几颗免费的开心果呢，还是自己花钱去买呢？答案显而易见。为了几颗免费的开心果，大家都认为不值得花那么多的时间。越来越多的人选择自己去买而不再继续寻找，致使那些难以寻找的开心果永远存留下来。

---

① 本文摘自《读者》2008年第11期。

当得到一种商品或资源的成本超过另一种商品或资源的成本时，人类会自然而然地选择更经济和节约的方式来达到目标。石油也是如此，当人们开采石油的难度达到一定的程度后，另一些能源必然会被选择并取代石油。这就是经济规律。

请阅读《吃不完的免费开心果》这篇文章并回答以下三个问题：

1. 免费到仓库吃开心果的总量、平均量、边际量如何随着人数的增加而变化？请作图说明。

2. 免费到仓库吃开心果的成本是什么？它如何随着吃开心果人数的增加而变动？请作图说明。

3. 上述两种变动趋势的关系是什么？为什么？

第 8 讲

完全竞争企业决策

8.1 学习目标

本讲通过引出市场结构和完全竞争企业面临的需求曲线，计算完全竞争企业的收益曲线，结合第7讲的成本函数，分析完全竞争企业利润最大化的产量决策。通过本讲的学习，同学们需要掌握的内容如下：

（1）市场结构的划分标准和类型。

（2）完全竞争市场的含义和特征。

（3）完全竞争企业面临的需求曲线。

（4）完全竞争企业的总收益、平均收益和边际收益。

（5）完全竞争企业实现最大利润的条件。

（6）完全竞争企业供给曲线的推导。

8.2 内容概要

（1）市场结构（market structure），由“市场（market）”和“结构（structure）”组成。其中，市场是指商品买卖双方的集合，结构是指事物的构成要素被连接、安排或者组织在一起的方法。因此，从一般意义上讲，市场结构是市场的构成要素及其被连接在一起的方式，或者说，市场的组织方式。

（2）市场结构的划分标准有：企业的数量、产品的替代性和企业进入市场的难易程度。我们根据这三个标准，将市场结构划分为四种类型：完全竞争市场、垄断竞争市场、寡头市场和垄断市场，后三种市场结构也统称为不完全竞争市场（imperfect competitive market）。表8-1总结了各种市场结构之间的主要差别。

（3）完全竞争市场（perfect competitive market）是指一点垄断因素都没有的市场，它满足以下三个条件：市场上有很多家企业、同质产品和进入市场很容易。这些条件都意味着在位企业是市场价格的接受者（price-taker）。与完全竞争市场相对的是不完全竞争市场，即指偏离完全竞争市场的市场，包括垄断竞争市场、寡头市场和垄断市场。

表 8-1　市场结构的划分标准与类型

市场结构的划分标准	市场结构的类型			
	完全竞争市场	垄断竞争市场	寡头市场	垄断市场
企业的数量	许多	很多	几家	一家
产品的替代性	同质产品	差别产品	同质产品或差别产品	同质产品或差别产品
进入市场的难易程度	很容易	很容易	较难	不能

（4）企业面临的需求曲线是指企业对其产品索要的价格与其销售量之间的关系。完全竞争企业是市场价格的接受者，决定它面临的需求曲线是市场价格的水平线。

（5）当企业产量等于销售量时，企业的收益就是指企业的销售收入，或者叫企业的总收益（total revenue），简称 TR，它等于企业产量与市场价格的乘积，用公式表示为

$$\mathrm{TR} = PQ \tag{8-1}$$

根据完全竞争企业的总收益，我们可以得到完全竞争企业的平均收益和边际收益。

完全竞争企业的平均收益（average revenue）简称 AR，是指完全竞争企业销售单位产品所得到的收益，用公式表示为

$$\mathrm{AR} = \frac{\mathrm{TR}}{Q} = \frac{PQ}{Q} = P \tag{8-2}$$

完全竞争企业的边际收益（marginal revenue）简称 MR，是指完全竞争企业增加销售一单位产品所增加的总收益，用公式表示为

$$\mathrm{MR} = \frac{\Delta \mathrm{TR}}{\Delta Q} = \frac{P \times \Delta Q}{\Delta Q} = P \tag{8-3}$$

完全竞争企业的边际收益曲线和平均收益曲线，与完全竞争企业面临的需求曲线，重合于市场价格的水平线。因此，需求曲线、平均收益曲线和边际收益曲线，合并于市场价格水平线，叫作“三线合一”，这是关于完全竞争市场特征的第二种表述方法。

（6）完全竞争企业的最优产量决策，是指完全竞争企业实现利润最大化的产量决策。我们可以通过两种方法——总量分析法和边际分析法——来说明它的决策原则。其中，总量分析法是指使用完全竞争企业的总收益和总成本曲线，说明企业实现利润最大化的产量选择。具体做法是根据完全竞争企业的利润曲线，或者总收益曲线与总成本曲线之间的垂直距离，在所有可供选择的产量中选出利润最大化的一个产量 Q^*。边际分析法是指通过比较

边际收益与边际成本来确定企业利润最大化的产量。具体做法是将完全竞争企业的边际收益曲线与边际成本曲线叠加在一起，确定利润最大化的产量 Q^*。

（7）完全竞争企业决策原则有：①完全竞争企业的最优产出原则，即完全竞争企业的利润最大化条件：

$$P=\mathrm{AR}=\mathrm{MR}=\mathrm{MC}(Q) \text{ 或 } P=\mathrm{MC}(Q) \qquad (8-4)$$

②完全竞争企业的生产原则（production rule）：

$$P\geqslant \min\mathrm{AC} \qquad (8-5)$$

式（8-5）叫作完全竞争企业的生产原则。

（8）随着市场价格的变动，完全竞争企业的均衡点将沿着 MC 曲线变动。完全竞争企业均衡点变动的轨迹所对应的市场价格与企业均衡产量的组合，就是完全竞争企业的供给曲线。市场供给曲线是通过水平加总完全竞争企业的供给曲线获得的，或者说是通过“加量不加价”的方法获得的。

（9）单个企业的生产者剩余（individual producer surplus）是企业出售产品时，实际获得的价格与愿意接受的最低价格之间的差额。在每一产量上，企业实际获得的价格是市场价格，愿意接受的最低价格是边际成本，也叫供给价格。将单个企业的生产者剩余加总，就可以得到总生产者剩余（total producer surplus）。

8.3 重要概念

（1）市场结构：是指市场的构成要素及其被连接在一起的方式，或者说，市场的组织方式。我们根据市场结构的划分标准——企业的数量、产品的替代性和企业进入市场的难易程度——可以将市场结构划分为四种类型：完全竞争市场、垄断竞争市场、寡头市场和垄断市场，后三种市场结构也统称为不完全竞争市场。

（2）完全竞争市场：是指一点垄断因素都没有的市场，它满足三个条件：市场上有很多家企业、同质产品和进入市场很容易。这些条件都意味着在位企业是市场价格的接受者。

（3）不完全竞争市场：是指偏离完全竞争市场的市场，包括垄断竞争市场、寡头市场和垄断市场。

（4）企业面临的需求曲线：是指企业对其产品索要的价格与其销售量之间关系。

（5）完全竞争企业的总收益：当企业产量等于销售量时，企业的收益就是指企业的销售收入，或者叫企业的总收益，它等于企业产量与市场价格的乘积。

（6）完全竞争企业的平均收益：是指完全竞争企业销售单位产品所得到的收益。

（7）完全竞争企业的边际收益：是指完全竞争企业增加销售一单位产品所增加的总收益。

（8）总量分析法：是指使用完全竞争企业的总收益和总成本曲线，说明企业实现利润最大化的产量选择。具体做法是根据完全竞争企业的利润曲线，或者总收益曲线与总成本曲线之间的垂直距离，在所有可供选择的产量中选出利润最大化的一个产量 Q^*。

（9）边际分析法：是指通过比较边际收益与边际成本来确定企业利润最大化的产量。具体做法是将完全竞争企业的边际收益曲线与边际成本曲线叠加在一起，确定利润最大化的产量 Q^*。

（10）生产者剩余：分为单个企业的生产者剩余和总生产者剩余。前者是企业出售产品时，实际获得的价格与愿意接受的最低价格之间的差额。在每一产量上，企业实际获得的价格是市场价格，愿意接受的最低价格是边际成本，也叫供给价格。后者是指将单个企业的生产者剩余加总。

8.4　习题演练

单选题

1. 下列哪一项不是完全竞争企业的特点？（　　）

   A. 厂商众多

   B. 同质产品

   C. 竞争对手之间有激烈的价格竞争

   D. 厂商可以自由出入这一行业

2. 市场结构的划分标准包括（　　）。

   A. 企业的数量　　　　　　B. 产品的替代性

   C. 企业进入市场的难易程度　　D. 以上均正确

3. 寡头市场的关键特征是（　　）。

   A. 每个企业都生产与其他企业不同的产品

B. 一个企业选择市场需求曲线上的某一点

C. 每个企业都把市场价格作为既定的价格

D. 少数企业按策略行事

4. 下面（　　）产品最适于垄断竞争的定义。

A. 小麦　　B. 自来水　　C. 原油　　D. 软饮料

5. 如果一家厂商供应整个市场，此市场结构为（　　）。

A. 完全竞争　　B. 寡头　　C. 垄断　　D. 垄断竞争

6. 厂商根据市场变化来改变自己的产量，意味着（　　）。

A. 该厂商是一个价格制定者　　B. 该厂商是一个价格接受者

C. 该厂商拥有垄断权力　　D. 厂商无法控制其产量

7. 完全竞争市场是指（　　）。

A. 市场参与者的购销量只占整个市场交易量的极小一部分

B. 市场参与者只能接受价格，而不能影响价格

C. 交易的商品是同质的

D. 以上全对

8. 根据完全竞争市场的条件，以下（　　）最接近完全竞争行业。

A. 家电行业　　B. 汽车行业　　C. 蔬菜行业　　D. 手机行业

9. 对于一个完全竞争企业，边际收益等于（　　）。

A. 该物品的市场价格　　B. 平均收益除以销售量

C. 总收益　　D. 所销售的物品量

10. 企业面临的需求曲线和市场需求曲线的区别在于（　　）。

A. 主体　　B. 理论基础　　C. 刻画对象　　D. 以上都对

11. 在（　　）市场的条件下，厂商的 AR 曲线、MR 曲线和面临的需求曲线 d 三条线是重叠的。

A. 完全竞争　　B. 垄断竞争　　C. 垄断　　D. 寡头

12. 完全竞争条件下的某一厂商在其当前的产出水平下，其索要的价格、边际成本和平均成本都是 1 元，所处区域的边际成本随着产出的增加而提高，则这一厂商（　　）。

A. 正好处于利润最大化位置

B. 不在利润最大化位置

C. 不一定在利润最大化位置

D. 不一定在利润最大化位置，需要知道总成本

13. 为使收益最大化，完全竞争厂商将按照（　　）来销售其产品。

A. 低于市场的价格

B. 高于市场的价格

C. 市场价格

D. 略高于距离它最近的竞争对手的价格

14. 在完全竞争市场上，企业的最优产出原则是（　　）。

A. $P=\mathrm{MC}(Q)$　　B. $P>\mathrm{MC}(Q)$

C. $P<\mathrm{MC}(Q)$　　D. $P=\mathrm{MR}(Q)$

15. 无论是竞争性厂商，还是垄断性厂商，只有在（　　）时才扩大生产，增加产出。

A. $P>\mathrm{MC}$　　B. $P<\mathrm{MC}$　　C. $\mathrm{MR}>\mathrm{MC}$　　D. $\mathrm{MR}<\mathrm{MC}$

16. 市场价格等于平均成本的点，称为（　　）。

A. 收支相抵点　　B. 亏损点

C. 停止营业点　　D. 获取超额利润点

17. 在一般情况下，厂商得到的价格若低于（　　），就会停止生产。

A. 平均成本的最小值　　B. 总成本的最小值

C. 边际成本的最小值　　D. 边际成本

18. 完全竞争厂商的供给曲线与下列哪一个完全相同？（　　）

A. 整个边际成本曲线

B. 边际成本曲线的一部分

C. 平均成本曲线

D. 平均成本曲线随产出的增加而上升或保持不变的部分

辨析题

1. 市场竞争程度的强弱是微观经济学划分市场类型的一个重要标准。

2. 需求交叉弹性为无穷大的产品叫作差别产品；需求交叉弹性介于 $(0, +\infty)$ 的产品叫作同质产品。

3. 生产者的行为目标是产量最大化原则。

4. 完全竞争市场的产品买卖双方没有差别，但产品是有差别的。

5. 完全竞争市场的产品同质假定意味着厂商生产的产品中，商标、专利、品牌等的差异是不存在的。

6. 完全竞争厂商只能被动地接受既定的市场价格。

7. 在完全竞争行业中，企业面临的需求曲线是水平的，所以企业的 MC 曲线也是水平的。

8. 完全竞争厂商利润最大化的充要条件为 $\mathrm{MR}=\mathrm{MC}$。

9. 完全竞争厂商既不会以高于又不会以低于市场均衡价格的价格出售产品。

10. 完全竞争厂商的供给曲线就是其相应的边际成本曲线。

11. 完全竞争市场的短期供给曲线是水平的。

12. 完全竞争厂商所面临的需求曲线是一条水平线，它表示完全竞争厂商可以通过改变销售量来影响商品价格。

13. 完全竞争市场的供给曲线可通过水平加总完全竞争企业的供给曲线获得。

14. 单个企业的生产者剩余是企业出售产品时，实际获得的价格与愿意接受的最低价格之间的差额。

15. 市场结构划分为完全竞争市场、垄断竞争市场、寡头市场和垄断市场，后三种市场结构也统称为不完全竞争市场。

简答题

1. 市场结构的划分标准有哪些？我们可将市场划分为几种类型？

2. 完全竞争市场有哪些基本特点？

3. 有人认为，完全竞争在现实中很难存在，也就没有什么实际意义。对此，你是怎样认为的？

4. 家电行业的制造商发现，为了占有市场份额，他们不得不采取一些竞争激烈的策略，包括广告、售后服务、产品外形设计等。因此，家电行业被认为是完全竞争行业。这种说法对吗？

5. 在完全竞争市场上，为什么单个厂商面临的需求曲线是一条和横轴平行的线，而整个市场面临的需求曲线是一条自左上方向右下方倾斜的曲线？

应用题

1. 表 8-2 中显示了某品牌口罩制造厂的收入和成本信息。如果口罩价格为 3 元：

（1）请完成表中阴影空格内容的填写（TR 表示总收益，TC 表示总成本，π 表示利润，MR 表示边际收益，MC 表示边际成本）。

表 8-2　某品牌口罩制造厂的收入和成本信息　　金额单位：元

Q	TR（$P=3$）	TC	π	MR	MC
0		1			
1		2			
2		4			

表8-2(续)

Q	TR（$P=3$）	TC	π	MR	MC
3		7			
4		11			
5		16			

（2）请问该制造厂的最优生产水平是多少？你用来确定最优生产水平的标准是什么？

2. 已知某完全竞争行业中的单个厂商的成本函数为 $TC=0.1Q^3-3Q^2+10Q$。当市场上产品价格 $P=100$ 时，求厂商的最优产出水平（最优产量）和利润。

3. 某完全竞争厂商的边际成本函数 $MC=0.6Q-10$，总收益函数 $TR=38Q$，且已知产量 $Q=20$ 时的总成本 $TC=260$，求该厂商实现利润最大化时的产量。

4. 完全竞争行业中某厂商的成本函数为 $TC=Q^3-6Q^2+30Q$，假设产品价格为 66 元，求：

（1）利润最大化时的产量及利润总额。

（2）由于竞争市场供求发生变化，由此决定的新的价格为 30 元，在新的价格下，厂商是否会发生亏损？如果会，最小的亏损额是多少？

（3）该厂商在什么情况下才会停止生产？

5. 假设某完全竞争行业有 100 个相同的厂商，每个厂商的成本函数为 $TC-0.1Q^2+Q+10$，求：

（1）市场的供给函数。

（2）假设市场需求函数为 $Q_d=4\ 000-400P$，求市场的均衡价格和产量。

8.5 真实世界中的经济学

“快递集体涨价”暴露的真问题①

毛建国　止凡

在“双11”购物节来临之前一个月，中通快递突然宣布涨价。10月10日，中通快递宣布，今年以来，快递业受运输成本增加、人工成本提升、原材料价格上涨等多种因素影响，同时为了进一步提升服务质量，保障客户利益，决定即日起调整快递价格，具体情况请咨询当地服务网点。继中通快递之后，韵达速递也宣布跟进涨价，但均未宣布涨价幅度。有分析认为，不排除另外几家民营快递企业跟进涨价的可能性。

涨价背后有没有故事

看到中通宣布涨价，相信很多人都会表示“看不懂”。现在快递市场竞争是十分激烈的，这种竞争还具有相当大的同质化成分。众所周知，涨价是一把“双刃剑”，在一个垄断市场尤其卖方市场，涨价是行得通的，因为消费者没有选择；可在一个并非垄断的市场里，尤其是存在充分竞争的市场，涨价有时就等于自杀。

在快递行业，韵达与申通、圆通、中通被称为“三通一达”。目前的快递市场已经形成了“三通一达”加顺丰群雄逐鹿的局面。数据表明，在包裹量上，2015年中通、申通、圆通、韵达、EMS和顺丰的市场份额分别为14.3%、12.4%、14.7%、10.5%、6.2%和8.2%。中通快递虽然分到了不少的蛋糕，但并没有取得垄断地位，并没有拥有绝对话语权。这一背景下，中通快递就不怕遭到市场“用脚投票”吗？

值得关注的是，继中通快递宣布涨价之后，韵达速递也随即宣布调整快递价格，这是进入今年快递旺季之后第二家快递企业宣布上调快递价格。只要有“领头大哥”，市场永远都不缺少跟涨者，这或许就是中通的底气所在。鉴于这两家快递企业的规模，把其称为“快递集体涨价”并不为过。现在我们并不知道，其他快递企业会不会也跟着宣布涨价。

如果其他快递企业也跟进涨价，那么中通快递宣布涨价，就不会遭到市场报复。在一个充分竞争而且是同质竞争的市场，当一家企业宣布涨价时，对于其他企业来说其实意味着“机会来了”。这也是让人费解之处，为什么

① 毛建国，止凡.“快递集体涨价”暴露的真问题［N］.北京青年报，2017-10-12（2）.

韵达快递会这么快宣布跟涨？难道说韵达快递早有预谋，就等着“带头大哥”了？

前段时间，国家发展改革委宣布对18家聚氯乙烯树脂“PVC”的生产经营企业实施价格垄断的违法行为作出处罚，对违法企业分别处以上一年度相关市场销售额1%至2%的罚款，共计4.57亿元。据称，这18家企业是通过微信群“酝酿”涨价的。这些年来，我们已经见到太多的串谋涨价。有着众多的“前车”，这次“快递集体涨价”，也让人浮想联翩，背后到底有没有故事？有关方面应该好好调查一番。

还值得注意的是，现在顺丰已经明确表示不会跟进。为什么顺丰可以不涨价？这与顺丰在市场上的特殊位置有关。与其他快递企业同质化竞争不同，顺丰已经形成了自己的特色，打造了自己的品牌，顺丰也以其“快”奠定了自己的地位。如果说“快递集体涨价”背后有着迫不得已的原因，那么这种同质化竞争的故事，十分值得思考。如果快递企业普遍把涨价作为“大杀器”，最终伤害的恐怕是市场。

快递集体涨价背后有没有故事？我们想背后可能存在以下两个问题：一是串谋问题，即是否存在串谋涨价；二是同质问题，是否存在同质化竞争问题。现在快递已经成为人们生活的一部分，快递涨价也事关民生。相关部门可以深入探究快递集体涨价背后有没有故事以及有什么故事。如果存在串谋问题，那么等待快递企业的自然是惩罚；如果存在同质化竞争问题，相关部门接下来就应该花大力气解决这个问题。

折射同质化竞争严重

此番快递涨价，其实是预料之中的事情。今年6月1日，几大快递企业将快递派送费在原有基础上集体上调了0.15元/单。可能是为了避开集体涨价的反垄断调查，几大快递企业当初并没有直接对外涨价，而是先行上调了内部的快递员派送费。快递企业为什么要这么做？一个重要目的，是避免更多快递员往外卖业、跑腿业等行业流失。但既然派送费上涨了，羊毛出在羊身上，快递费上涨就只是一个时间问题。

大概还是为了免遭反垄断调查，快递企业并没有在同一天宣布涨价，但当初跟进上调派送费的那几家快递企业，想靠内部解决成本费用上涨的问题恐怕都很难。快递业比的早就不仅是价格，还有服务。要不然，价格高很多的顺丰，也不可能发展得那么好。顺丰之前没有跟进上调派送费，现在也不必跟进上调快递费；但这并不是因为顺丰的老板更仁慈，而是顺丰的收费本身已经不低，再涨价可能会失去竞争优势。

对于消费者来说，快递涨价肯定不是什么好消息，但只要竞争的大门依旧敞开，也完全没必要担忧集体涨价的垄断协议。快递老板都不傻，谁不想趁着别人涨价时自己多占一些市场份额呢？几家企业就算是达成涨价协议，指望通过集体涨价多挣钱，也只会给后来者进入市场的机会。集体涨价从来就是纸老虎，价格是由供给关系决定的，不可能由几家企业独自说了算，在自由竞争的市场上，罔顾供给独自涨价，无异于自杀。

有杀红了眼的时候，也有坐下来妥协的时候，快递涨价根本没那么可怕。有人认为，应该针对快递企业集体涨价展开反垄断调查，看看是不是协同涨价，是不是有什么阴谋诡计。我倒觉得，市场进入门槛并不高的快递行业，谁想垄断市场都是不可能的，指望获取垄断暴利更加扯淡，倘若不是迫不得已，想涨价就涨价怎么可能呢？你不干自然有别人干，你非要自杀也不会有人拦着。呼吁反垄断调查的声音，会否出自其他竞争对手，倒是值得警惕的。

不难看出，宣布涨价的快递企业，经营模式几乎都是雷同的，无论是在成本控制上，还是在经营服务上，似乎都没能形成自己的独特性，不像顺丰，速度就是快，服务就是好，因此不必跟随市场的风吹草动，而是可以独自做出经营决策。差异化的竞争，是快递市场需要的。之所以快递企业看上去总是集体涨价，正说明同质化的竞争很严重，在服务上没有更多形成自己的特色，价格上自然也就没有更多的话语权。

快递集体涨价，折射的真正问题，是同质化的低水平竞争。跳出价格之外，更多比拼服务，展开更有质量的差异化竞争，这是消费者所期待的。

请阅读《“快递集体涨价”暴露的真问题》这篇文章并回答以下四个问题：

1. 快递市场属于什么类型的市场结构？为什么？

2. 继中通快递宣布涨价之后，韵达速递也随即宣布调整快递价格，其他快递企业会不会也跟着宣布涨价？为什么？

3. 快递企业能串谋涨价吗？为什么？

4. 有人呼吁对快递企业涨价进行反垄断调查，你认为这种呼吁站得住脚吗？为什么？

第 9 讲

市场的效率

9.1 学习目标

本讲利用需求曲线和供给曲线分析市场均衡的性质，利用价值曲线和成本曲线定义经济效率；在此基础上，讨论市场均衡和经济效率的关系，得到福利经济学两个基本定律。通过本讲的学习，同学们需要掌握的内容如下：

（1）需求曲线与边际价值曲线的区别。

（2）供给曲线与边际成本曲线的区别。

（3）运用供给曲线和需求曲线分析市场均衡的性质。

（4）运用边际价值曲线与边际成本曲线定义经济效率。

（5）分析市场均衡与经济效率的关系：福利经济学第一、第二基本定理。

9.2 内容概要

（1）市场均衡是市场供给与需求这两种相反力量的平衡。由于需求曲线是消费者均衡点变动的轨迹，供给曲线是企业均衡点变动的轨迹。因此，市场均衡是一种非目标均衡，它是市场机制作用的结果。

（2）社会剩余（social surplus）是消费者总价值与企业生产总成本的差额，当社会剩余达到最大时，就实现了经济效率，或者说帕累托效率（Pareto efficiency）或帕累托最优（Pareto optimality）。当经济活动，比如产量偏离经济效率产量时，就会出现无谓损失（deadweight loss）。

（3）在完全竞争市场条件下，由于需求曲线与边际价值曲线重合，供给曲线与边际成本曲线重合，因此，市场均衡点也是帕累托最优点，或者说，竞争均衡满足帕累托最优，或者说，完全竞争市场是有效率的。这就是所谓的福利经济学第一基本定理（first fundamental theorem of welfare economics），或者叫作看不见的手定理。

（4）根据看不见的手定理，我们把满足看不见的手定理的市场机制叫作市场成功（market success），把背离看不见的手定理的市场机制叫作市场失灵（market failure）。

（5）福利经济学第二基本定理，是指在消费者偏好为凸假设的情况下，我们无须改变商品的价格，或者说放弃市场机制，只需要通过改变消费者的初始禀赋（包括初始财产、初始人力资本等），就可以实现人们希望的（公平的）具有帕累托效率的资源配置。简言之，市场机制在收入分配上是中性的。

（6）福利经济学第三基本定理（third fundamental theorem of welfare economics），也叫阿罗定理（Arrow's theorem），它是指在满足一定的价值判断的条件下，没有一种规则可以将个人偏好"合成"社会偏好。

9.3　重要概念

（1）非目标均衡：是指模型中的某些相反力量——恰好彼此相等、相互平衡的状态，因而排除了进一步变化的趋势。这种均衡的实现是这些力量非人为平衡的结果，不需要有关参与人有意识地努力以实现特定目标。

（2）目标均衡：是指给定经济单位，如居民户、厂商或者整个经济等的最佳状态；而且这些经济单位会主动谋求均衡的实现。

（3）社会剩余：是指消费者总价值与企业生产总成本的差额。

（4）经济效率：当一个社会的生产和消费（统称为资源配置）使社会剩余实现最大时，它就实现了经济效率，或者说帕累托效率或帕累托最优。

（5）无谓损失：是指当产量偏离完全竞争产量时带来的福利损失。

（6）福利经济学第一基本定理：完全竞争的市场均衡产量，是具有经济效率的产量，或者说，竞争均衡满足帕累托最优，或者说，完全竞争市场是有效率的。

（7）市场成功：满足看不见的手定理的市场机制。

（8）市场失灵：背离看不见的手定理的市场机制。

（9）福利经济学第二基本定理：在消费者偏好为凸假设的情况下，我们无须改变商品的价格，或者说放弃市场机制，只需要通过改变消费者的初始禀赋（包括初始财产、初始人力资本等），就可以实现人们希望的（公平的）具有帕累托效率的资源配置。简言之，市场机制在收入分配上是中性的。

（10）福利经济学第三基本定理：也叫阿罗定理（Arrow's theorem），它是指在满足一定的价值判断的条件下，没有一种规则可以将个人偏好"合成"社会偏好。

9.4 习题演练

单选题

1. 社会剩余是一个（　　）的面积。

A. 在供给曲线以上和价格以下

B. 在需求曲线以上和价格以下

C. 在需求曲线以下和供给曲线以上

D. 在需求曲线以上和供给曲线以下

2. 假设一辆新自行车的价格是300元，小明对其的预期价格是400元。卖者生产一辆新自行车的成本是200元。如果小明购买一辆新自行车，社会剩余是（　　）元。

A. 100　　B. 200　　C. 300　　D. 400

3. 假设对于红茶和咖啡，A比较喜欢红茶，B比较喜欢咖啡，现在假定红茶和咖啡的价格对于A、B两人来说是相同的。那么，在效用最大化时，（　　）。

A. B的红茶和咖啡的边际替代率比A小

B. 两人的边际替代率相等

C. B的红茶和咖啡的边际替代率比A大

D. 以上都有可能

4. 福利经济学认为（　　）。

A. 竞争市场均衡是有效率的

B. 竞争市场均衡是帕累托有效的

C. 帕累托有效配置可以通过一套竞争价格来实现

D. 以上都对

5. 判断资源配置效率的准则是（　　）。

A. 帕累托最优　　B. 基尼系数

C. 洛伦兹曲线　　D. 帕累托改进

6. 甲借用乙的资源，甲获得的收益补偿了乙的损失后，还有剩余，这种情况属于（　　）。

A. 帕累托无效　　B. 帕累托最优

C. 帕累托改进　　D. 以上都不是

7. 完全竞争市场具有经济效率，主要表现为（　　）。

A. 市场把物品的供给分配给对这种物品评价最高的买者

B. 市场把物品的需求分配给能以最低成本生产这些物品的卖者

C. 市场提供的数量使消费者和生产者剩余之和最大

D. 以上各项都对

8. 亚当·斯密“看不见的手”定理表明，竞争市场的结果（　　）。

A. 使社会剩余最小化　　B. 使社会剩余最大化

C. 引起社会成员的平等　　D. B 和 C 都对

9. 亚当·斯密的“看不见的手”定理，接近于下面哪一种论述？（　　）

A. 福利经济学第一基本定理和第二基本定理都是

B. 对贸易进行管制是必要的

C. 福利经济学第二基本定理：当一些条件成立时，帕累托最优解等价于竞争性均衡

D. 福利经济学第一基本定理：当一些条件成立时，竞争性均衡是帕累托最优的

10.（　　），属于帕累托最优。

A. 消费者最优化

B. 生产者最优化

C. 不使其他人福利变差，无法使一些人福利变好

D. 不损害其他人福利，一些人福利变好

辨析题

1. 福利经济学本质上属于规范经济学。

2. 对于实现帕累托最优的资源配置结果来说，完全竞争市场是必要的。

3. 在市场均衡状态下，生产的产品越多，社会剩余就越多。

4. 经济效率是经济决策者的唯一目标。

5. 提高效率一定能促进公平。

6. 福利经济学第二定理告诉我们，给定适当的初始再分配，每一帕累托效率资源配置都可通过计划经济来实现。

7. 在所有的市场结构中都将会实现帕累托最优状态。

8. 帕累托最优是指资源配置状态的改变，至少使一个人的状况变好而没有使任何其他人的状况变坏的状态。

9. 不使其他人受损，就不能使另一个人受益，这时的资源配置实现了帕累托最优。

10. 将社会资源平均分配是帕累托有效的。

简答题

1. 看不见的手有什么作用?

2. 为什么完全竞争市场可以实现帕累托最优状态?

3. 阿罗定理说明了什么?

4. 什么是经济效率? 判断经济效率的标准是什么?

应用题

1. 如何理解福利经济学第一定理?

2. 有人主张，为了实现社会平等，应该对低收入者进行补贴，对低收入者的子女的教育也应该进行补贴，而应该对富人的奢侈品消费进行征税。从福利经济学第二定理出发，是不是可能通过其他的政策来提高这种再分配政策的效率? 实施针对特定商品的征税和补贴政策有没有合理之处? 请以教育补贴为例加以说明。

3. 很多人有这样的印象，经济学总是在强调效率，而不关心公平。你觉得这种看法对吗? 请说明你的理由。

4. 政府对咖啡豆的零售价格实行价格上限。图 9-1 所示为咖啡豆市场，在没有政府价格控制的时候，E 为均衡点，P_E 为均衡价格，Q_E 为均衡销售量。

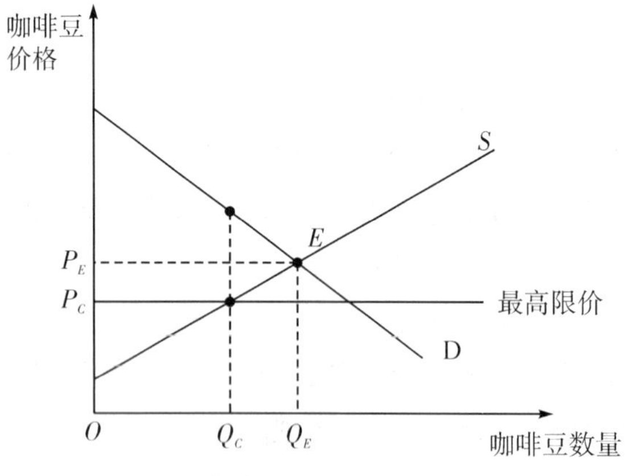

图 9-1　咖啡豆市场

(1) 请作图说明在没有政府价格控制时，消费者剩余和生产者剩余为多少。

(2) 请作图说明在政府实施价格控制后，消费者剩余和生产者剩余为多少。

（3）请作图说明在实施最高限价后，实施前的生产者剩余有多少转移给了消费者。

（4）请作图说明在实施最高限价后，实施前的总剩余损失了多少。

5. 表9-1是某城市的出租公寓市场情况，公寓的需求量和供给量如表9-1所示。

表9-1　某城市的出租公寓市场情况

月租金/元	公寓需求量/百万套	公寓供给量/百万套
1 400	1.6	2.4
1 300	1.7	2.3
1 200	1.8	2.2
1 100	1.9	2.1
1 000	2.0	2.0
900	2.1	1.9
800	2.2	1.8
700	2.3	1.7
600	2.4	1.6

（1）在没有政府干预的情况下，均衡月租金和均衡数量是多少？请画图说明。

（2）假设政府规定每月170万套公寓的配额，会带来什么影响？请画图说明。

（3）根据你对（2）的分析，试说明谁从这个政策中得到了好处。

9.5　真实世界中的经济学

为什么援助是低效的事①

崔鹏

在现实生活中，捐赠和救助似乎也是个人财务生活的一部分，特别对于那些很有钱的人而言。

马克·扎克伯格预计自己在未来会捐出450亿美元的资产。这个消息在

① 资料来源：《读者》2016年第6期。

中国更多引起的是人们对这个伟大资本家的道德评判。当然，撇开道德不谈，我们可以看看450亿美元到底可以做什么。世界银行在最近10年里2次提升了生活极度贫困的标准线，从每人每天消费1美元提升到1.25美元，然后这个数字又提升到1.9美元。虽然由于经济发展，贫困人口的规模在不断缩小，但是在2015年，平均每天只用不到1.9美元维持生活的人，全球还有7.2亿。这个群体离1.9美元的消费缺口总额大概是每天4亿美元。

马克·扎克伯格捐出的资产如果变现，大概能帮助全球1/3的极度贫困人口脱贫。而剩下的部分，只要中国和美国所有过得不错的中产阶级每人每天捐出2美元，就能把这个缺口补足。如果这是真的，我相信绝大多数人也不反对这么做。

然而真实的情况是，从捐款一端来说，人们捐出的钱比咱们上边所说的数额要大得多；但是在另一端，受捐助方状况的改善却总是不那么明显。最近8年，在经过通货膨胀的调整后，全球极度贫困人口只减少了不到10%。这还是在中国和印度两个富含极度贫困人口的大国经济迅速发展（虽然在2008年全球金融危机后，中国和印度的经济发展速度变缓，但相较于其他经济体，它们的经济发展速度还是相当快的）之后的数字。经济的快速发展让中国和印度的很多贫困人口脱贫。另一个真实的情况是，中国和印度减少的贫困人口数字在其他一些国家又被制造出来。而中国和印度两国得到的国际脱贫援助并不多。

在世界银行2010年的统计中，人均接受援助排名前三位的国家是萨摩亚、汤加、佛得角。其中萨摩亚每人每年获得的援助是802美元。这个数字是中国或者印度同一指标的上百倍。如果不看救助数据，我根本不知道有萨摩亚这个国家，甚至会以为它是某种宠物的名字。不过很显然，这个海岛国家里胖胖的居民每年什么都不用干，单是靠捐款就不至于陷入贫困——而他们依然年年需要国际捐款来脱贫。

造成国际捐款分配极不均等的原因是大多数国际组织把对贫困人口的援助项目按照国家和地区来划分。打个比方，印度比萨摩亚接受的援助金额可能要多一些，但是萨摩亚的人口只是印度的近1/6 700。

这就是个很矛盾的现象，中国和印度接受了极少的援助，而贫困人口减少的速度很快，那些接受更多援助的经济体却在不断产生新的贫困人口。

这里除了政治因素（据说有的政府官员因为本国被定为非常不发达地区而能接受更多的援助，竟然开派对庆祝），经济学家彼得·鲍尔曾断言：如果某个地区除了资本，其他发展条件都具备了，那么资本会迅速在本地生成；如果发展条件不具备，那么援助的收效会非常小。

用通俗的话来解释鲍尔的论断就是，最穷的那些地方接受援助的收效是最差的。一般来说，不具备脱贫条件的地区接受援助反而会固化其贫困水平。接受脱贫援助最有效的地区往往是那些发展水平比贫困线稍低一点的地区，它们只需要一些“过桥”援助就可以摆脱贫困。而那些救援机构的选择却正好相反，它们更倾向于把钱给那些最穷的地方。这种援助低效现象其实在一般人的生活中也适用。一个极度贫困的家庭或个人，通过救济一般很难摆脱极度贫困状态，但是人们还是不断把援助给他们。

所以，当你给一个乞丐的帽子里放钱的时候，不管他是不是在欺骗你，你的行为可能都是低效的。在现在的援助水平上，马克·扎克伯格的捐献虽然伟大，但可能也是在做一件低效的事。

当然，很可能人类只能如此。

阅读《为什么援助是低效的事》这篇文章并回答以下三个问题：

1. 作者反对援助穷国吗？
2. 为什么援助是低效的事？
3. 根据作者的分析，你认为应该如何改进援助的方法？

第 10 讲

垄断市场

10.1 学习目标

本讲通过分析垄断市场的特征、垄断企业的收益曲线、垄断企业均衡和价格歧视，来讨论垄断者的生产与定价决策。通过本讲的学习，同学们需要掌握的内容如下：

（1）垄断市场的定义、条件和原因。

（2）垄断企业面临的需求曲线和收益曲线。

（3）垄断企业均衡。

（4）价格歧视、分类和条件。

10.2 内容概要

（1）垄断市场（monopoly）是不完全竞争市场的一种类型，它偏离了完全竞争市场有“许多”企业这个条件，整个市场中只有一家企业的市场结构，根源在于其他企业不能进入这个市场。垄断市场上的那家企业，叫作垄断企业。

（2）垄断市场的条件有三个：第一，市场上只有一家企业生产或销售某种产品；第二，该企业生产或销售的产品没有任何近似替代品；第三，其他任何企业进入该行业都极为困难或不可能。

（3）垄断形成的原因区分为三种类型。第一，资源垄断。如果某种产品的生产必须要有某种关键性的资源，而这种关键性的资源又为某个企业所独有，该企业则可以垄断相关产品的生产。第二，政府创建的进入壁垒。政府把生产某种产品的权利给予某个企业，而不允许任何其他企业染指。第三，规模经济。某些产品由于技术原因，平均成本随着产量的增加而具有不断下降的趋势，当规模经济的程度非常高，以至于在整个市场容量内，一家企业的平均成本始终低于由两家或多家企业生产的平均成本，这叫作成本的次可加性，以此为基础形成的垄断市场叫作自然垄断。

（4）当市场上只有一家企业时，这家企业面临的是整个市场，因此，它面临的需求曲线就是市场的需求曲线。

（5）垄断企业的总收益，是指垄断企业销售产品获得的总收入，用公

式表示为

$$\mathrm{TR} = QP = QP(Q) \tag{10-1}$$

根据垄断企业的总收益函数，我们可以得到垄断企业的平均收益和边际收益。其中，垄断企业的平均收益是指垄断企业销售单位产品获得的收益，用公式表示为

$$\mathrm{AR} = \frac{\mathrm{TR}}{Q} = \frac{QP(Q)}{Q} = P(Q) \tag{10-2}$$

如（10-2）式所示，垄断企业的平均收益恒等于市场价格。

垄断企业的边际收益是指垄断企业增加一单位产品的销售所增加的总收益，用公式表示为

$$\mathrm{MR} = \frac{\Delta \mathrm{TR}}{\Delta Q} = P\left(1 - \frac{1}{E_d}\right) \tag{10-3}$$

如（10-3）式所示，垄断企业的边际收益低于平均收益（或者市场价格）。

（6）确定垄断企业的均衡产量有两种方法，其中，总量分析法是指使用垄断企业的总收益曲线和总成本曲线，来说明垄断企业实现利润最大化的产量选择。边际分析法通过比较垄断企业的边际收益与边际成本来确定利润最大化的产量和市场价格。

（7）价格歧视（price discrimination）是指垄断企业为追求利润最大化，对不同的消费者尽可能按其最高出价意愿收取不同价格的行为。价格歧视的条件是：第一，生产者之间不存在产品的竞争。第二，消费者之间不存在产品的转售。其中，一级价格歧视（first-degree price discrimination），或称完全价格歧视，是指垄断企业对每一单位产品都按消费者愿意支付的最高价格（需求价格）进行出售的行为；二级价格歧视（second-degree price discrimination）是指垄断企业对消费者的不同消费数量段规定不同价格的行为；三级价格歧视（third-degree price discrimination）是指垄断企业对同一产品在不同市场上（或对不同的消费群）收取不同价格的行为。

10.3 重要概念

（1）垄断市场（monopoly）：是指整个市场中只有一家企业的市场结构。

（2）资源垄断：如果某种产品的生产必须要有某种关键性的资源，而这种关键性的资源又为某个企业所独有形成的垄断。

（3）行政垄断：是指通过政府创建的进入壁垒，比如政府把生产某种产品的权利给予某个企业，而不允许任何其他企业染指形成的垄断。

（4）自然垄断：是指因为生产技术具有规模经济效应而形成的垄断。

（5）价格歧视：是指垄断企业为追求利润最大化，对不同的消费者尽可能按其最高出价意愿收取不同价格的行为。

（6）一级价格歧视：或称完全价格歧视，是指垄断企业对每一单位产品都按消费者愿意支付的最高价格（即需求价格）进行出售的行为。

（7）二级价格歧视：是指垄断企业对消费者的不同消费数量段规定不同价格的行为。

（8）三级价格歧视：是指垄断企业对同一产品在不同市场上（或对不同的消费群）收取不同价格的行为。

10.4 习题演练

单选题

1. 如果一家企业供应整个市场，此市场结构为（　　）。

   A. 完全竞争　B. 寡头　C. 垄断　D. 垄断竞争

2. 为了使垄断产生，就应该（　　）。

   A. 让某个行业的产品只有一个供给者

   B. 让这种物品没有相近的替代品

   C. 限制其他企业进入

   D. 以上全对

3. 下列哪一种情况可能对新企业进入一个行业形成自然限制？（　　）

   A. 发放营业许可证　B. 规模经济

   C. 实行专利制　D. 政府特许

4. 下列不能成为进入一个垄断行业壁垒的是（　　）。

   A. 垄断利润　B. 立法　C. 专利权　D. 资源控制

5. 以下最不可能成为垄断者的是（　　）。

   A. 一个小镇上唯一的一名医生　B. 可口可乐公司

   C. 某地区的电力公司　D. 某地区的自来水公司

6. 一个垄断企业面对的需求曲线是（　　）。

   A. 市场需求曲线

B. 完全无弹性的，因为只有一个销售者

C. 完全有弹性的，因为只有一个销售者

D. 其弹性比行业需求曲线的弹性小

7. 对于向所有消费者收取相同价格的以利润最大化为目标的垄断者，价格 P、边际收益 MR 和边际成本 MC 之间的关系是（　　）。

A. P = MR，以及 MR = MC　　B. P>MR，以及 MR=MC

C. P = MR，以及 MR > MC　　D. P>MR，以及 MR>MC

8. 对于一个垄断企业而言，下列说法不正确的是（　　）。

A. 一个企业提供全部的市场供给量

B. 在利润最大化水平，边际收益等于边际成本

C. 边际收益小于价格

D. 垄断企业有一条水平的需求曲线

9. 在完全垄断企业的最好或最优产量处，（　　）。

A. P=MC　　B. P=SAC 的最低点的值

C. P 最高　　D. MR=MC

10. 如图 10-1 所示，某垄断企业的利润最大的定价为（　　）。

A. 2　　B. 3　　C. 3.5　　D. 5

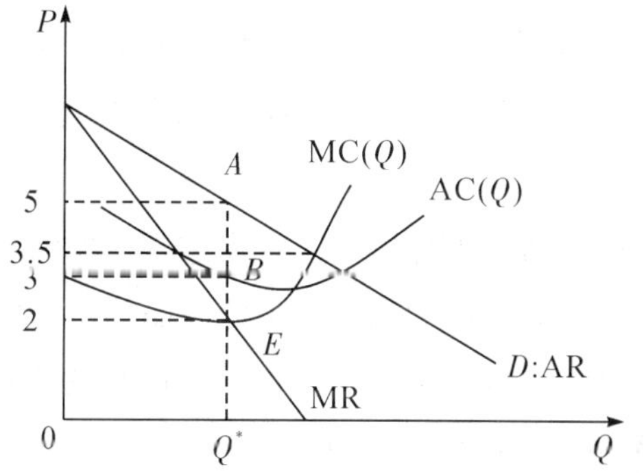

图 10-1　垄断企业的利润最大化选择

11. 能有效地实行价格歧视策略，必须具备（　　）条件。

A. 市场被分割，企业通过其自身行为对价格有影响力

B. 企业面临的是一个需求无弹性的市场

C. 企业必须具有充分的供给弹性

D. 以上说法都正确

12. 一级价格歧视也称为（　　）。

A. 完全价格歧视　　B. 不完全价格歧视

C. 批量作价　　D. 主体作价

13.（　　）不属于价格歧视。

A. 企业与居民的用电价格不同

B. 淡季与旺季的酒店房间价格差异

C. 华为荣耀手机与 Mate 系列手机的价格差异

D. 同一产品在超市和便利店价格的不同

14. 在一级价格歧视下，消费者剩余（　　）。

A. 和完全竞争条件下的消费者剩余相同

B. 等于生产者剩余

C. 超过三级价格歧视下的消费者剩余

D. 等于零

15. 实施三级价格歧视的垄断企业对下述哪一类消费者实施低价政策?（　　）

A. 高需求的消费者　　B. 需求价格弹性高的消费者

C. 低需求量的消费者　　D. 需求价格弹性低的消费者

辨析题

1. 垄断者是价格接受者。

2. 一家垄断企业可以随心所欲地定价，以获取高额利润。

3. 垄断企业是没有相近替代品的一种产品的唯一卖者。

4. 垄断市场进入壁垒最常见的来源是，垄断者拥有生产某种物品所必需的一种关键资源。

5. 资源垄断是把关键性的资源所有权作为其市场进入壁垒的垄断。

6. 对于垄断者来说，边际收益总是低于产品的市场价格。

7. 完全垄断企业的平均收益曲线与边际收益曲线是同一条曲线。

8. 垄断企业的供给曲线是向上倾斜的。

9. 一个垄断者在两个市场上以差别定价销售产品，它将选择需求弹性大的市场销售更多的产品。

10. 实施价格歧视的垄断者将消费者剩余转化为生产者剩余。

11. 现在有些商家推出的“扫二维码加关注就打折”的活动，其实是一种价格歧视。

简答题

1. 垄断现象为什么会存在?

2. 垄断企业所面临的需求曲线与完全竞争企业所面临的需求曲线是否有差异？请具体解释。

3. 垄断企业所面临的需求曲线与市场需求曲线，在理解上是否有差别？请具体解释。

4. 垄断企业的均衡产量与市场价格应该如何确定？

5. 简述价格歧视的分类。

应用题

1. 1945 年的“美国铝公司案”在现代美国反托拉斯案例中具有经典的意义，它标志着法官对于《谢尔曼法》确认原则的严厉化。当时，美国铝公司控制着大约 90% 的美国原铝的生产，该公司因此被指控垄断了铝的市场。在法庭辩论时，美国铝公司的律师争辩说：虽然该公司确实控制了原铝生产很大的份额，但是再生铝也占全部铝的供给的 30% 左右，而且有许多竞争厂商从事再生铝的生产，因而该公司并没有太大的垄断势力。对此，①请提供一个有利于美国铝公司的清楚的论证；②请提供一个反对美国铝公司的清楚的论证。

2. 完全竞争市场中，企业作为既定价格的接受者，无法通过自己的行为影响市场价格。那么，作为垄断企业和价格的制定者可以根据自己的需要任意定价吗？为什么？

3. 某旅游景点入场券采取差别价格政策，国内游客的入场券价格为 50 元，外国游客的入场券价格为 100 元，试用经济理论分析：

（1）该旅游景点为什么采用差别价格政策？

（2）在怎样的条件下，施行这种政策才能有效？

10.5 真实世界中的经济学

穷汉子和富汉子①

安秋生

药行中有一个近乎公开的秘密：“穷汉子吃药，富汉子掏钱。”武安人的药店也不例外。它的真实含义并不是坑害什么人，而是最大限度善待每一个上门来的顾客。其原则是：穷汉子，你不能把他吓跑；富汉子，也不能放过。

世上有富人就有穷人，富人的钱好赚，穷人的钱难拿。开店做生意，有

① 资料来源：《读者》2017 年第 12 期。

的行业可以只和富人打交道，有的就不行。药行就是如此，富人生了病要进药店，穷人生了病也要进药店。

“看人下菜碟”，在别行是毛病，在药行则是基本功。据说药店里从坐堂先生到抓药的伙计，都得有这种眼力见。顾客进门后，熟客自不必说，如果是生人，上下打量一下穿戴，用看似无意的话套上三言两语，应酬答对之间，就能把买药人的家境、病人的严重程度、买药人与病人的关系等，弄个八九不离十。这决定着坐堂先生方子怎么开，管账先生药价怎么划，伙计的药怎么配。

其中的原则是：穷汉子，你不能把他吓跑；富汉子，也不能放过。

对于穷人，不仅不能在他身上赚钱，必要时还要贴钱，要让他看得起病，拿得起药。你开的药价值一块，但他身上只有五毛，你说怎么办？不仅要让他把药拿走，有时候还得给他找回两毛，让他回去买成米下锅。

对于富人就要多些心计，要多用好药名药，还要告诉他，这药是何等珍贵、何等难得，告诉他某一味药进货很难，店里所剩无几，只舍得给您这样有身份的人用。

想当初武安药商一进入东北，便敏锐地发现了一个奇特现象，在关里，人们有病才吃药；在关外，许多人有病没病都买药吃，有病的人吃药治病，没病的人吃药补身。距集镇远的，都赶着板车来买药，一买就是几十服、几百服，拉回去常年吃。这样的老客上门，会受到破格招待。药店上下全都忙碌起来，大小伙计忙着为他配药，大掌柜忙着陪他品茶喝酒，伙房忙着为他添菜。晚上留宿时，药店会安排他住在大掌柜才能住的房间——干净的铺盖，热腾腾的火炕，学徒为他送洗脚水、提便壶。黑土地开发之初，这些人垦荒伐木，挖煤淘金，大把大把赚银子，赚了钱又没有更多的地方可以享受，因此吃补药便成为某种时尚。“半年不开张，开张吃半年”。隔三岔五有这样一个财大气粗的富汉子光顾，药店的钱就赚得差不多了。

老药商告诉我，一些有钱的人，特别是达官贵人，往往蔑视不值钱但能治病的普通草药，对此坐堂先生心如明镜，要为他们开一些较为贵重的中药材，让他们满意，这样也会使得药店赚取的利润更多。江苏东海县（今连云港市）有家“三和公”药店，是武安东孔壁村孔氏的买卖，他的坐堂先生叫王云门。当地有一位财主来“三和公”药店找王云门，要求开几服药补一补身体，王云门为他诊脉后，告诉他根本不需用补药，补了反而不好，这位财主老爷不信，反唇相讥说店里没有好药。王云门无奈给他开了二两人参让他回去熬汤喝，同时又给他开了五钱莱菔子（白萝卜籽）同熬。人参大补，莱菔子大泻，一补一泻对身体就不再有作用，避免了大补不当出问题。这样的方子，抓药伙计当然明白是怎么一回事，但心照不宣照方付药，还向财主介绍说此参用的是千年老山参。财主很满意，店方多卖钱，把穷人吃许多服的药钱都赚回来了。王云门把这事讲给大家听，称这是不吱声的扶弱济贫。

但世上还是穷人多，如何做穷人的买卖？武安人的药店普遍可以赊账，有病需要抓药，记个账可以走人，秋后或年底药店派人上门收账。东北人豪爽仗义，多数不难收。但也有遭遇天灾人祸的人家，收不上来，又不能逼债，就象征性地收几瓢大豆高粱米或其他粮食，就算是清了账，下年你照旧可以去我店里抓药，照旧是我的主顾。治病救命又肯于慷慨施舍，使一些武安人在白山黑水间落下“大善人”的好口碑。

请阅读《穷汉子和富汉子》这篇文章并回答以下两个问题：

1. 什么是价格歧视？企业实施价格歧视的条件是什么？价格歧视可以怎么分类？

2. 本文中提及的药店是如何做到价格歧视的？

第 11 讲

市场失灵

11.1 学习目标

本讲重点考察政府的作用，衡量收入分配平均程度的工具和指标、外部性及其治理方法。通过本讲的学习，同学们需要掌握的内容如下：

（1）政府的定义和作用。

（2）洛伦茨曲线和基尼系数。

（3）外部性及其治理方法。

11.2 内容概要

（1）我们可从行为主体、活动规则和行为范式三个角度，对政府（government）进行定义。本讲所说的政府，更多是指控制一个国家的活动或方式。

（2）政府的职能，主要可划分为分配职能、配置职能和稳定职能三种类型。

（3）洛伦茨曲线（Lorenz curve）和基尼系数（Gini ratio）是衡量分配不平均程度的两种工具和指标。其中，洛伦茨曲线由美国统计学家洛伦茨（Max Ott Lorenz）提出，故以其名命名；基尼系数由意大利统计学家基尼（Corrado Gini，1884—1965 年）提出，故以其名命名。

（4）外部性（externalities）可以分为两种类型：一是外部成本，也被称为负外部性（negative externalities）；二是外部得益，也被称为正外部性（positive externalities）。外部性会导致市场失灵问题。

（5）根据企业生产成本的实际承担者，我们可以将企业的生产成本划分为私人成本（private cost）和外部成本/外在成本（external cost）。

（6）企业的收益可以分为两类：一类是私人收益（private benefits），另一类是外部收益/外在收益（external benefits）。

（7）政府通过促进竞争、控制诸如污染等外部性问题，以及提供公共产品等活动来提高经济效率。具体措施有：环境标准（environmental standard），即要求生产者和消费者采取具体的行动来保护环境的规定，如要求企业建立污水处理装置、限制或减少污水排放等；排放税（emission fax），即根据企业排放的污染量而征收的税；排放许可证（emission permits），即政府直接限制造纸企业的污水排放量，从而将产量限制在最优产量。

（8）科斯定理（Coase theorem）认为以一定条件为前提，外部性问题能够在政府不进行干预的情况下，市场各方主体进行协商而自行得到解决。

11.3 重要概念

（1）政府。我们可以从三个角度定义政府。其中，作为行为主体，政府是指负责控制一个地区或一个国家的一群人；作为活动规则，政府是指控制一个国家的特定制度或方法；作为行为方式，政府是指控制一个国家的活动或方式。

（2）分配职能：是指政府通过财政政策和预算支出等手段，有倾斜地向某些团体进行收入再分配，进而增进公平。

（3）配置职能：是指政府通过促进竞争、控制诸如污染等外部性问题，以及提供公共产品等活动来提高经济效率。

（4）稳定职能：是指通过财政政策和货币政策促进宏观经济的稳定和增长，在鼓励经济增长的同时，减少失业和降低通货膨胀率。

（5）洛伦茨曲线：是西方经济学用以表示社会收入或财产分配不平均程度的曲线。以五分法为例，洛伦茨曲线的绘制方法如下：第一步，将所调查的个人（或家庭）按照收入水平由低到高划分成5个等级，每个等级的人口占所调查人口的20%；第二步，计算出每个等级人口的总收入，再除以所有调查人口的总收入，得到每20%人口的收入占总收入的百分比；第三步，计算出人口累计的百分比与收入累计的百分比；第四步，以人口累计的百分比为横轴，以收入累计的百分比为纵轴，绘制出一个正方形，并将对角线连接起来；第五步，将人口累计的百分比与收入累计的百分比标注到坐标上，并用一条曲线将它们连接起来，就得到对应的洛伦茨曲线。

（6）基尼系数：是西方经济学用以表示社会收入分配不平均程度的指标。

（7）外部性：是指存在外部成本或外部得益的情况。

（8）私人成本：是指企业自己承担的成本。

（9）外部成本：是指企业自己没有承担的成本。

（10）社会成本（social cost）：是指企业生产的全部机会成本，它等于私人成本与外部成本/外在成本之和。

（11）私人收益：是指企业生产活动所获得的好处。

（12）外部收益：是指企业生产活动没有获得的好处。

（13）社会得益/社会收益（social benefits）：是私人收益和外部收益之和，构成了企业活动的社会得益/社会收益。

（14）科斯定理：是指只要产权是明确的，并且交易成本等于零或者很小，则无论在开始将产权赋予谁，市场均衡的最终结果都是有效率的。

（15）产权（property rights）：是指一种通过社会强制而实现的对某种经济物品的多种用途进行选择的权利。

（16）交易成本（transaction cost）：是指不同主体之间在交易、协商或谈判过程中产生的成本。

11.4 习题演练

单选题

1. 市场失灵无法由（　　）情况所引发。

A. 商品和服务的不同特点　　B. 外部性

C. 市场的不同特点　　D. 均衡

2. 关于政府内涵的理解，不包括（　　）。

A. 行为主体：负责控制一个地区或一个国家的一群人

B. 活动规则：控制一个国家的特定制度或方法

C. 活动目标：控制一个国家的所期望达到的愿景

D. 行为方式：控制一个国家的活动或方式

3. 政府在市场经济中所行使的主要职能不包括（　　）。

A. 流通职能　B. 分配职能　C. 配置职能　D. 稳定职能

4. 一般认为，基尼系数大于（　　）为高度不平均状态，国际上通常将（　　）作为警戒线。

A. 0.5、0.5　B. 0.6、0.4　C. 0.4、0.6　D. 0.7、0.3

5. 若我们称一种活动具有正外部性，是因为该活动（　　）。

A. 私人成本小于社会成本　　B. 私人成本大于社会成本

C. 私人收益大于社会收益　　D. 私人收益小于社会收益

6. 下列哪一种说法体现了负外部性的含义？（　　）

A. 连天大雨减少了小麦的产量　B. 种植花草有利于空气清新

C. 吸烟有害于自身健康　　D. 吸烟有害于他人健康

7. 负的外部性会引起（　　）。

A. 一种物品的社会成本曲线高于私人成本曲线

B. 一种物品的社会成本曲线低于私人成本曲线

C. 一种物品的社会收益曲线高于私人收益曲线

D. 以上各项都不是

8. 政府应当通过（　　），来使负的外部性内在化（私人企业将外部成本纳入考虑范围）更加有效率。

A. 禁止这类物品的生产　　　　B. 控制这类物品的生产

C. 补贴这类物品的生产　　　　D. 对这类物品征税

9. 干洗店会造成空气污染，因此，干洗行业的均衡价格（　　）。

A. 和产量相对社会最优水平而言都太高了

B. 相对于社会最优水平而言太低，而其产量相对于社会最优水平而言又太高了

C. 相对于社会最优水平而言太高，而其产量相对于社会最优水平而言又太低了

D. 是最优的，但存在过度供给

10. 最有效率的污染控制应该是（　　）。

A. 管制每个生产者所生产的污染物数量

B. 以市场为基础制定税收政策

C. 对环境污染的行为零容忍

D. 规定每个生产者等量减少污染物数量

11. 若某条河流的上游建有一个铝工厂，致使下游的居民河流环境遭受污染，根据科斯定理，（　　），问题就可以得到有效的解决。

A. 不管产权是否明确，只要交易成本为零

B. 只要产权明确，并且交易成本为零

C. 只要产权明确，不管交易成本有多少

D. 不管产权是否明确，不管交易成本有多少

12. 科斯定理存在的一个局限性是（　　）。

A. 当存在大量厂商时最有效

B. 假设存在很大的交易成本

C. 只有当普遍拥有产权时才成立

D. 当交易成本很高时不成立

13. 当市场不能有效地配置资源时，问题的最终来源通常是（　　）。

A. 价格没有高到使人们不过度消费

B. 价格没有低到使企业生产不足

C. 没有很好地确定产权

D. 政府管制

14. 政府可以进行市场干预的理由是（　　）。

A. 税收　　B. 反垄断法　　C. 外部性　　D. 以上全是

15. 外部性导致市场失灵现象的本质在于（　　）。

A. 外部性致使个人决策或企业决策偏离了社会的最有效率点

B. 外部性致使资源配置形式发生了扭曲

C. 外部性引发私人成本、社会成本的差异与分化

D. 外部性引发私人成本、社会成本的重合

16. 微观意义下的市场失灵现象有（　　）。

A. 失业　　B. 通货膨胀

C. 国际收支不平衡　　D. 垄断

17. 市场失灵的表现包括（　　）。

A. 市场机制没能使社会资源的分配达到最有效率的状态

B. 价格机制不能起到有效配置资源的作用

C. 根据价格所做的决策使资源配置发生扭曲

D. 以上都是

18. 从社会角度来看，效率要求（　　）相等。

A. 社会边际收益与社会边际成本

B. 社会边际收益与私人边际收益

C. 社会边际收益与私人边际成本

D. 社会边际成本与私人边际收益

19. 一条河的上游有一家造纸厂，造纸厂生产中所产生的污染物被直接排放到河中，下游有一家渔场。假设造纸厂生产每吨纸的边际成本为 10，但是生产每吨纸所产生的污染物会使渔场的每吨鱼的边际成本增加 2，如果整个经济是完全竞争的，那么该造纸厂生产一吨纸的边际社会成本为（　　）。

A. 10　　B. 2　　C. 12　　D. 8

20. 在第 19 题中，如果不存在污染物市场，政府决定采取措施以使得造纸厂的生产达到帕累托最优的水平，那么政府可以（　　）。

A. 对渔场生产的每吨鱼补贴 1 单位

B. 对渔场生产的每吨鱼补贴 2 单位

C. 对造纸厂生产的每吨纸征收 1 单位的污染税

D. 对造纸厂生产的每吨纸征收 2 单位的污染税

辨析题

1. 洛伦茨曲线的坐标轴分别为：一条轴表示某个收入水平的个人或家庭数，而另一条轴表示这一收入水平所有人口所占的比例。

2. 如果居民收入呈现绝对的或完全的平等分布，其在洛伦茨曲线图上将表现为：很靠近对角线的一条曲线。

3. 洛伦茨曲线和基尼系数，均可作为衡量政府的分配职能对居民收入平均程度的影响的指标。

4. 我们利用洛伦茨曲线的图形，可以较为直观地判断出基尼系数所表征的程度大小。

5. 在计算基尼系数时，上梯形面积法和下梯形面积法的计算方式是一致的。

6. 基尼系数越大，表示收入分配越平均。

7. 收入分配越平均，洛伦茨曲线的弯曲程度越大。

8. 如果个人所得税能使收入差距缩小，那么，基尼系数将会等于 0。

9. 当市场失灵现象出现时，它必然与外部性问题相关。

10. 当市场出现外部性问题后，若想要消除外部性所带来的市场无效率问题，那就需要政府干预才能做到。

11. 对耗油极大的新车征收汽油消耗税，是把负外部性内在化的一种表现。

12. 如果产权能够得到明确的界定，且交易成本为零，那么通过市场机制就能够消除外部性所带来的无效率问题。

13. 只要产权得到明确界定，就一定能解决由外部性所带来的不经济问题。

14. 如果一个市场引起正外部性，社会收益曲线在私人收益曲线之上。

15. 负外部性将会使得市场的社会最优量大于均衡量。

16. 负外部性的存在，意味着边际社会成本小于边际私人成本。

17. 为了使污染减少到某个目标量，如果每家污染企业都等量地减少其污染，这就是最优效率的。

18. 如果小明在餐厅吸烟的评价是 20 元，小红对清洁空气的评价是 25 元，根据科斯定理，只有小红拥有清洁空气的产权，小明才不在餐厅吸烟。

19. 当成为企业家的校友给母校提供资金捐助，以减少贫困学生的学费压力时，这是一种把正外部性内在化的努力。

20. 如果交易成本大于受影响各方对外部性达成协议的潜在利益，就没有私人解决外部性的方法。

简答题

1. 请写出五分法绘制洛伦茨曲线的主要步骤。

2. 你的邻居种植了一片花园的花草，每天花香飘进你的家，让你每天心情都非常好。请问这是正的外部性还是负的外部性？

3. 对外部性的公共政策都有哪些？经济学家更偏爱哪种？为什么？

4. 什么是市场失灵？市场失灵的原因有哪些？

5. 假设一个商业性苹果园在苹果生产中使用防虫剂。在这个过程中，有害的气味飘向附近居民。

（1）这是正外部性还是负外部性的例子？原因是什么？

（2）如果这种外部性没有内在化，市场是过度生产苹果，还是苹果生产不足？一种产品的过度生产或生产不足是什么意思？

（3）为了把这种外部性内在化，政府应该对苹果征税还是补贴？为什么？

应用题

1. 图 11-1 是关于洛伦茨曲线的示意图。试根据图 11-1，说明以下各项的含义。

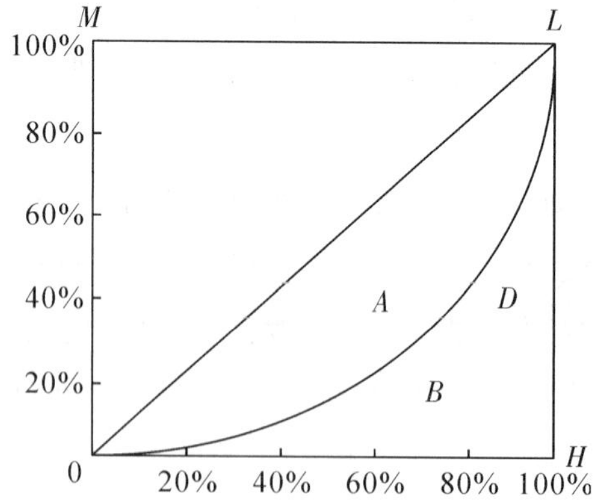

图 11-1 洛伦茨曲线

（1）45°线 OL。

（2）曲线 ODL。

（3）折线 OHL。

（4）不平等面积。

（5）完全不平等面积。

（6）基尼系数。

2. 有边长为1的正方形 OmY_5X_5，如图11-2所示。

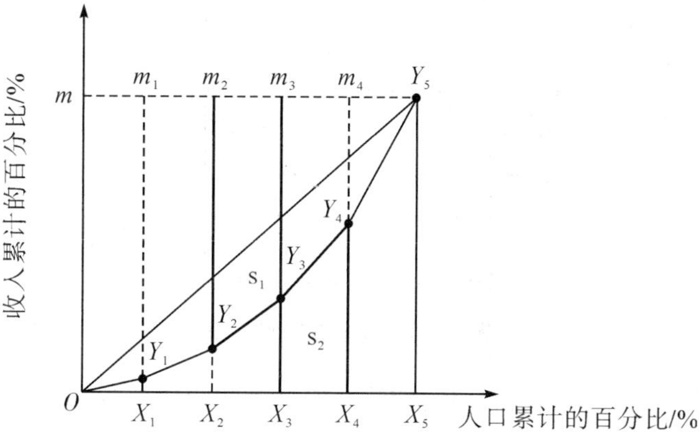

图11-2 某国洛伦茨曲线

（1）利用上梯形面积法和下梯形面积法，给出基尼系数的算法公式。

（2）当 $X_0X_1=X_1X_2=X_2X_3=X_3X_4=X_4X_5=0.2$，$X_1Y_1=0.046$，$X_2Y_2=0.152$，$X_3Y_3=0.317$，$X_4Y_4=0.554$，$X_5Y_5=1$ 时，请利用上梯形面积法和下梯形面积法，分别计算基尼系数。

3. 表11-1提供了一个汽车玻璃水市场的价格和数量关系。

表11-1 汽车玻璃水市场的价格和数量关系

价格/元·升$^{-1}$	需求量/升	供给量/升
10	700	300
20	600	400
30	500	500
40	400	600
50	300	700
60	200	800
70	100	900
80	0	1 000

（1）在图 11-3 中画出汽车玻璃水的供给和需求曲线。

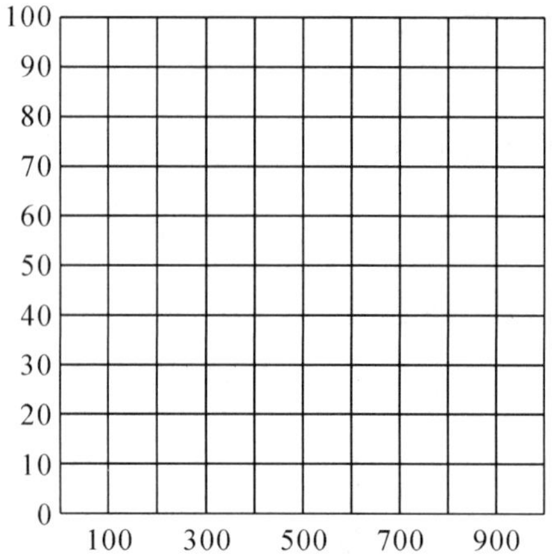

图 11-3　汽车玻璃水市场

（2）市场上买者和卖者引起的均衡价格和数量是多少？

（3）假设汽车玻璃水的生产引起以化学成分溢出为形式的污染，而且污染使所生产的每千克汽车玻璃水增加了 20 元社会成本。在图 11-3 中画出社会成本曲线。

（4）汽车玻璃水生产的最优量是多少？市场是生产了过多汽车玻璃水，还是汽车玻璃水消费不足？

4. 假设你宿舍旁的露天音乐会所发出了嘈杂的音乐声，是可以直接量化的负外部性，表 11-2 为每分贝音乐的边际社会收益和边际社会成本（分贝为音量单位）。请根据表格给出的信息回答以下三个问题。

表 11-2　露天音乐会所的边际社会收益与成本

音量/分贝	每分贝的边际社会收益/元	每分贝的边际社会成本/元
90	—	—
91	36	0
92	30	2
93	24	4
94	18	6
95	12	8
96	6	10
97	0	12

（1）画出音量的边际社会收益曲线与边际社会成本曲线，并根据图表来确定音量的社会最优水平。

（2）只有音乐会参与成员才能从音乐中获得收益，他们没有承担任何成本。他们会选择的音量为多少？

（3）学校对播放的每分贝音乐收取 3 元噪音税。根据你的图形，请确定音乐会现在会选择的音量。

5. 表 11-3 表示钢铁生产企业的总社会收益和总成本。生产一吨钢铁的边际外部性成本为 60 元。

表 11-3　钢铁生产企业的总社会收益和总成本

钢铁量/吨	总社会收益/元	生产者的总成本/元
1	115	10
2	210	30
3	285	60
4	340	100
5	375	150

（1）计算每吨钢铁的社会边际收益和生产每吨钢铁的边际成本，然后计算每吨钢铁的社会边际成本。

（2）钢铁生产的市场均衡量是多少？

（3）钢铁生产的社会最优量是多少？

（4）能够补偿负的外部性引起的问题的最优庇古税是多少？

11.5　真实世界中的经济学

疫情风暴下，野生动物保护何去何从①

人类的发展史，也是一部和病毒抗争的历史。

2020 年春节前夕，湖北武汉暴发新冠疫情，短短时间内造成全国数万人感染。这是 21 世纪，人类继 2003 年 SARS（非典）、2012 年 MERS（中东呼吸综合征）之后，被冠状病毒肆虐的第三次。

虽然至今仍未找到冠状病毒的源头，但科学研究证明，这类疫情都和野生动物有关。因为人类畸形的征服欲望，以及虚荣与贪婪，打破了自然的平衡，自尝苦果。如何才能恢复人与自然的平衡，科学阻断隔离病毒入侵人体的链条？所有人都在寻找答案。

① 佚名. 疫情风暴下，野生动物保护何去何从［J］. 辽宁自然资源，2020（2）：4-7.

【疫情下的风暴】

“我们对大自然要有敬畏之心，否则就跟现在一样，本来是人关动物，反而变成动物把人关进了‘笼子’里。”2020 年 2 月 4 日，记者连线全国“保护森林和野生动植物资源先进个人”、中国最大的野生鸟类摄影门户网站《鸟网》创始人段文科。他说，这个春节，自己就像笼子里的“鸟”一样，大多数时候只是透过窗户看看外面的世界。

这样的呼吁在这段时间格外强烈。

针对此次新冠疫情，2020 年 1 月 22 日，19 名院士学者联名倡议“杜绝野生动物非法贸易和食用，从源头控制重大公共健康风险”；百度在网上发布相关报告，还原过去 10 年“野味”的真实面貌，“拒绝野味管住嘴”的话题受到近 1 亿用户的关注；中南财经政法大学环境资源法研究所等六家机构发出倡议，建立全面、长效的动物防疫法律机制。

疫情持续，打击非法贩卖野生动物的行动，如龙卷风席卷线上线下。2020 年 1 月 21 日以来，中国市场监管总局、农业农村部、国家林业和草原局连续下发《关于加强野生动物市场监管积极做好疫情防控工作的紧急通知》《关于进一步加强野生动物管控的紧急通知》和《关于禁止野生动物交易的公告》等，严厉打击野生动物违法违规交易，明确疫情解除防控期间，全面禁止野生动物交易活动。

记者从国家林业和草原局获悉，各地林草部门迅速行动，开展了联合打击野生动物违规交易、集中排查疫源疫病、暂停自然保护地对游客开放等多项工作，形成防疫和管控“上下一条线、全国一盘棋”。

从农家乐、餐馆到农贸生鲜交易市场、野生动物驯养繁殖基地……凡是野生动物“出没”的地方，一一精准管控到位。

【现实中的困境】

事实上，长期以来我国一直高度重视野生动物保护。目前，已形成了以自然保护区为主体的野外保护体系、野生动物救护繁育体系和一大批陆生野生动物疫源疫病监测防控体系。这三大保护管理体系，由 2750 个自然保护区构成，有效保护了 90%陆地生态系统和 85%野生动物种群。与此同时，300 多种珍稀濒危野生动物建立了稳定的人工繁育种群，对大熊猫、朱鹮、麋鹿、普氏野马、野骆驼、白颈长尾雉等 10 多种濒危野生动物成功实施了放归自然。同时，加强跟踪保护，降低了一些物种的濒危程度（如大熊猫由濒危降为易危），避免了一些物种灭绝（如朱鹮、扬子鳄）。

虽然野生动物保护态势良好，但受利益驱使，非法违规捕猎交易等活动时有发生。即便在当前疫情重压之下，仍有个别人顶风作案：2020 年 1 月 23 日，广东省深圳市执法人员发现一酒楼还在售卖蛇类肉品；2020 年 1 月

28 日，湖南省永州市、县两级林业部门和森林公安在一处非法窝点查获上百只野生动物冰冻体；2020 年 1 月 30 日，福建省南安市森林公安破获一起非法买卖国家二级保护动物猕猴案件。

业内人士指出，现行法律法规滞后，对侵害野生动物的行为惩处力度不足，是非法交易屡禁不止的重要原因。

目前，虽然我国已经建立起一整套野生动物保护的相关制度，但仍有待完善。比如，《中华人民共和国野生动物保护法》的保护范围仅限于珍贵、濒危的陆生、水生野生动物和有重要生态、科学、社会价值（俗称“三有”）的陆生野生动物，对于一般野生动物并没有明确规定。

【探索科学保护之路】

当疫情来临时，没有人是一座孤岛。连日来，围绕如何科学保护野生动物，各界人士纷纷发出了声音。

专家们建议，应尽快修订《中华人民共和国野生动物保护法》《中华人民共和国动物防疫法》《中华人民共和国陆生野生动物保护实施条例》《关于审理破坏野生动物资源刑事案件具体应用法律若干问题的解释》等相关规定。

闫鼎羽认为，打击非法野生动物贩卖一定要发挥好乡镇林业站的作用，“乡镇是野生动物发生交易的源头，乡镇林业站最接近自然环境，而且大部分与当地人是同乡，知根知底，抓好这个关键点就堵住了非法买卖的出口。”经过多年的观察，闫鼎羽发现，一些特殊野生动物的交易场所较为固定，且规模较小，他建议政府应该抓住重点集中整治，打造野生动物“不敢收、没人要”的社会环境。

此外，立法上如何把“野生动物”和“经济动物”区别开来非常关键，同时应该加强“经济动物”检疫。闫鼎羽指出，人工驯养繁殖技术成熟的一批“野生动物”，也就是“经济动物”，在驯养时都经过相关部门的批准，办有养殖证。这些种类的野生动物在人工环境下，多数驯养了 20 年以上，人工繁殖 20 代以上，已经家禽、家畜化。目前，没有证据表明几次疫情病毒源头是家禽、家畜化的、人工驯养的“经济动物”。现实中人工养殖的“经济动物”已经形成比较完整的产业链，并且在带动乡村经济发展方面发挥了很大的作用。比如，在广西野生动物养殖企业就有 2 000 余家，以公司加农户的形式带动了大量的农民就业。

四川省林业和草原局法规督查处处长余蜀峰在接受采访时表示：“立法要兼顾多方面的利益，不能一刀切。单讲保护不讲利用，是保护不了野生动物的。”他进一步阐述，调节某些野生动物过快增长的有限狩猎，事实上起着维持生态平衡的作用。此外，合法地驯养繁殖、观赏，在一定程度上促进了野生动物的繁殖，当然也应该明确法律责任来规范利用行为。

请阅读《疫情风暴下，野生动物保护何去何从》这篇文章并回答以下三个问题：

1. 根据上述新闻报道，你认为人类食用野生动物的行为是否存在外部性？请进行相应解释。

2. 除了法律明确保护的野生动物之外，其他各类野生动物可以被视为经济学中所说的哪种类型的物品或资源？请进行相应解释。

3. 文中提及："我们对大自然要有敬畏之心，否则就跟现在一样，本来是人关动物，反而变成动物把人关进了'笼子'里。"那么，你认为有什么好的办法让人类敬畏自然并解决上述问题（更好地保护野生动物）呢？

第12讲

GDP

12.1 学习目标

本讲主要介绍 GDP 的含义和计算方法，经济增长率、通货膨胀率和失业率的含义及计算方法，从而确定宏观经济政策目标。通过本讲的学习，同学们需要掌握的内容如下：

（1）GDP 的含义和计算方法。

（2）经济增长率的含义和计算方法。

（3）通货膨胀率的含义和计算方法。

（3）失业率的含义和计算方法。

（4）宏观经济政策目标。

12.2 内容概要

（1）名义 GDP 是指按当年价格计算的 GDP。所谓 GDP，是指一个国家（或地区）在一定时期（通常是一年）内生产的全部最终产品和劳务的市场价值。它有三种核算方法：支出法、生产法和收入法。这三种方法核算的 GDP 相等，叫作三面等价原则。

（2）实际 GDP 是指以不变的基年价格计算的 GDP。我们之所以关心实际 GDP，根源在于它与就业量存在正相关性。另外，根据不同时期的实际 GDP，我们可以得到经济增长率。经济增长是宏观经济政策的第三个目标。

（3）名义 GDP 与实际 GDP 的比值乘以 100，叫作 GDP 折实指数。根据不同时期的 GDP 折实指数，我们可以计算通货膨胀率。物价稳定是宏观经济政策的第二个目标。

（4）失业率是非自愿失业人数与劳动力人数的百分比。非自愿失业有三种类型：摩擦性失业、结构性失业和周期性失业，前两种失业统称为自然失业。当只存在自然失业，或者说周期性失业等于零时，就实现了充分就业。充分就业是宏观经济政策的第一个目标。与充分就业相对应的 GDP，就是潜在 GDP。

（5）实际 GDP 对潜在 GDP 偏离的百分比，叫作 GDP 缺口，它分为通货膨胀缺口和衰退缺口。当 GDP 缺口不等于零时，就存在商业周期。解释商业周期的原因和形成机制，并运用宏观经济政策来熨平商业周期，实现充分就业和物价稳定，这是宏观经济学的核心内容。宏观经济学的另一个内容是解释一个国家潜在 GDP 增长的原因和形成机制，并研究可以采用什么措施来促进经济增长。

12.3 重要概念

（1）GDP：是国内生产总值（gross domestic product）的简称，它是指一个国家（或地区）在一定时期（通常是一年）内生产的全部最终产品和劳务的市场价值。

（2）支出法：通过核算在一定时期内整个社会购买最终产品的总支出即最终产品的总卖价来计量 GDP。

（3）生产法：通过加总所有产品的增加值（value added）来计算 GDP。

（4）收入法：通过加总生产要素获得收入来计算 GDP。

（5）名义 GDP：是指以当年价格计算的 GDP。

（6）实际 GDP：是指以不变的基年价格计算的 GDP。

（7）GDP 折实指数：等于名义 GDP 与实际 GDP 之比乘 100。

（8）经济增长率是指一个国家或地区从一个时期到另一个时期 GDP 变动的百分比。

（9）通货膨胀是指一个国家或地区在一定时期内价格水平的持续、显著上涨。

（10）通货膨胀的衡量标准是通货膨胀率，它是指一个国家或地区从一个时期到另一个时期的价格水平变动的百分比。通货膨胀率大于零叫作通货膨胀；通货膨胀率小于零叫作通货紧缩。

（11）失业率：是指失业人数对劳动力人数的百分比。

（12）劳动力：是指一定年龄范围内有劳动能力并愿意工作的人，包括那些已经被雇佣的及未被雇佣但是正在积极地寻找工作的人。

（13）劳动力参与率：是劳动力相对于可劳动人口的比例。

（14）摩擦性失业：是指在生产过程中由于难以避免的摩擦而造成的短期、局部性失业，如劳动力流动性不足、工种转换的困难等所引起的失业，也叫作求职性失业。

（15）结构性失业：是指由于技能或者现有工作空缺与现有的技能或事业岗位搭配不当而引起的失业，通常也叫错配失业。

（16）周期性失业：是指经济周期中的衰退或萧条出现时，因需求下降而造成的失业，这种失业是由整个经济的支出和产出下降造成的。

（17）自然失业：等于摩擦性失业与结构性失业之和。

（18）实际失业：等于自然失业与周期性失业之和。

（19）充分就业：只存在自然失业，或者说周期性失业等于0的情况。

（20）潜在GDP：也被称为潜在产出（potential output）、趋势产出或长期趋势，是指给定一个经济体的要素禀赋，在不会引发通货膨胀的条件下，可能生产的最大产出，也可以认为是充分就业产出或自然产出水平。

（21）GDP缺口：是指实际GDP对潜在GDP偏离的百分比。其中，GDP缺口大于零叫作通货膨胀缺口；GDP缺口小于零叫作衰退缺口。

（22）商业周期：是指存在GDP缺口，或者说名义GDP偏离潜在GDP的情况。

12.4 习题演练

单选题

1. 牧羊农民小李以20元把羊毛卖给织毛衣者小夏。小夏织了两件毛衣，每件的市场价格为40元。小王买了其中一件，另一件仍在小夏的商店货架上等待以后卖出。这里的GDP是（　　）元。

A. 40　　B. 60　　C. 80　　D. 100

2. 如果热狗的价格是4元，而汉堡的价格是8元，那么，30个热狗对GDP的贡献和（　　）个汉堡一样。

A. 5　　B. 15　　C. 30　　D. 60

3. 如果一个鞋匠购买了100元的皮革和50元的线，用它们生产并向消费者出售了价值500元的鞋，对GDP的贡献是（　　）元。

A. 100　　B. 500　　C. 600　　D. 650

4. GDP应该包括以下（　　）。

A. 家务劳动　　B. 非法毒品销售

C. 中间物品销售　　D. 咨询服务

5. GDP不应该包括以下（　　）。

A. 由国内购买者购买的律师服务

B. 由深圳购买的一座新楼

C. 从国外牛仔裤厂购买的棉花

D. 购买了一辆在上海生产的宝马汽车

6. 国内生产总值是以下（　　）的市场价值之和。

A. 中间产品　　B. 正常物品和劳务

C. 低档物品和劳务　　D. 最终物品和劳务

7. 政府支付给工人的工资属于（　　）。

A. 消费　　B. 投资　　C. 政府购买　　D. 转移支付

8. 国内生产总值可以用以下（　　）的总和来衡量。

A. 消费、投资、政府购买和净出口

B. 消费、转移支付、工资和利润

C. 投资、工资、利润和中间生产

D. 最终物品和劳务、中间物品、转移支付和租金

9. 中国的国内生产总值（与国民生产总值相对）是衡量以下（　　）的生产和收入。

A. 中国人及其工厂的生产和收入，无论他们在世界上什么地方

B. 中国境内的人和工厂的生产和收入

C. 只包括国内劳务部门的生产和收入

D. 只包括国内制造业部门的生产和收入

10. 一个经济中的通货膨胀率可以用下列指标来衡量，除了（　　）。

A. GDP 折实指数　　B. CPI

C. PPI　　D. 恩格尔系数

11. 以下最可能引起 CPI 上升高于 GDP 折实指数的是（　　）。

A. 汽车价格上升

B. 军方购买的装甲车价格上升

C. 国内生产并仅卖给巴基斯坦的战斗机价格上升

D. 日本生产并在我国销售的本田汽车价格上升。

12. 经济中正常存在的失业量称为（　　）。

A. 效率工资失业　　B. 摩擦性失业

C. 周期性失业　　D. 自然失业率

13. 根据劳工统计局的规定，选择留在家中并照料家务的丈夫是（　　）。

A. 失业者　　B. 就业者

C. 不在劳动力中　　D. 丧失信心的工人

14. 一位有注册会计师证书的会计师在相当长的时间里找不到工作，以至于她不再找工作，她被认为是（　　）。

A. 就业者　　　　B. 失业者

C. 不在劳动力中　　　　D. 不在成年人口中

15. 以下表述是正确的是（　　）。

A. 妇女的失业率往往与男性相似

B. 男性的劳动力就业率在上升

C. 黑人的失业率低于白人的失业率

D. 大多数失业时间是长期的，但在任何一个时期内观察到的大多数失业是短期的

辨析题

1. 研究一国的失业率和通货膨胀率之间的关系，属于微观经济学的研究范围。

2. 对整个经济来说，收入等于支出，因为卖者的收入必定等于买者的支出。

3. 如果木材林地把10 000元的木材卖给木匠，木匠用木材盖了一个以50 000元出售的房子，则对GDP的贡献是60 000元。

4. GDP核算应该加总所有产品的市场价值。

5. 当学校新建一座教学楼时，GDP中投资的组成部分增加了。

6. 折旧是经济设备和建筑物磨损的价值。

7. 当GDP的长期增长率小于人口增长率时，生活水平将会下降。

8. 更多年轻人毕业后仍然选择继续深造而不去找工作，会使得自然失业率提高。

9. 一个经济体在充分就业状态下的失业率为零。

10. 商业周期期间，经济中产出、消费和就业的变化趋于一致。

简答题

1. 简要说明核算GDP的支出法。

2. 如果2019年的名义GDP大于2018年的名义GDP，实际产量增加了吗？物价上升了吗？

3. 如果你的邻居雇用你为她修剪草坪而不是自己去做，GDP会发生什么变动？为什么？

4. 失业的影响表现在哪些方面？

5. 经济周期各个阶段的特征是什么？

应用题

1. 假设一个小规模经济体比萨尼亚生产三种产品（面包、奶酪和比萨），每种产品均由一个独立企业生产。面包企业和奶酪企业各自生产它们制作面包企业和奶酪所需要的全部投入品；比萨企业利用面包企业所生产的面包和奶酪制作比萨。三家企业都需要雇用工人来帮助它们生产产品，产品销售收入与劳动和投入品的总成本之间的差额就是这些企业的利润。面包企业和奶酪企业生产出来的产品全部出售给比萨企业作为生产的投入品，表 12-1 概括了这三家企业的经营活动状况。

表 12-1 比萨尼亚的经济活动

项目	面包企业	奶酪企业	比萨企业
投入品成本/元	0	0	50（面包） 35（奶酪）
工资/元	15	20	75
产品价值/元	50	35	200

（1）利用生产法计算 GDP。

（2）利用支出法计算 GDP。

（3）利用要素收入法计算 GDP。

2. 请根据表 12-2 提供的数据回答如下问题。

表 12-2 某经济体生产牛奶和蜂蜜的数据

年份	牛奶的价格/元	牛奶量/品脱	蜂蜜的价格/元	蜂蜜量/品脱
2016	1	100	2	50
2017	1	200	2	100
2018	2	200	4	100

（1）把 2016 年作为基年，计算每年的名义 GDP、实际 GDP 和 GDP 折实指数。

（2）计算 2017 年和 2018 年从上一年以来名义 GDP、实际 GDP 和 GDP 折实指数变动的百分比。

（3）在 2017 年和 2018 年，经济福利增加了吗？请做出解释。

3. 请根据表 12-3 提供的数据回答如下问题。

表 12-3　某国经济的总计记录

分类名称	金额/十亿元
耐用消费品	497
非耐用消费品	1 301
服务消费	2 342
企业固定投资	566
住房固定投资	224
存货投资	7
联邦政府购买	449
州和地方政府购买	683
出口	640
进口	670
超出 GDP 的 GNP	7
折旧	658
间接企业税	551
公司利润（包括支付现款后的应付工资）	387
社会保险费	556
净利息	442
股息（包括企业转移支付）	162
政府对个人的转移支付	837
个人利息收入	694
个人税收和非税收支付	645

（1）根据 GDP 核算的支出方法，求出消费支出、投资支出、政府购买及净出口各项数据，并计算该国的 GDP。

（2）根据上表给出消费、投资和政府购买占 GDP 的比重。

4. 假设素食国的居民把他们的全部收入用于购买菜花、西兰花和胡萝卜。在 2018 年，他们用 200 元买了 100 个菜花，75 元买了 50 个西兰花，50 元买了 500 个胡萝卜。在 2019 年，他们用 225 元买了 75 个菜花，120 元买了 80 个西兰花，100 元买了 500 个胡萝卜。

（1）计算每年每种蔬菜的价格。

（2）2019 年的通货膨胀率是多少？

5. 请根据表 12-4 提供的数据回答如下问题。

表 12-4 某国的就业信息 单位：百万人

项目	2018 年	2019 年
人口	223.6	226.5
成年人	169.2	169.5
失业者	7.4	8.1
就业者	105.2	104.2

（1）2018 年和 2019 年的劳动力是多少？

（2）2018 年和 2019 年的劳动参与率是多少？

（3）2018 年和 2019 年的失业率是多少？

（4）从 2018 年到 2019 年，成年人增加了，而劳动力减少了。请解释为什么会出现这种情况。

（5）如果就业国的自然失业率是 6.6%，2018 年和 2019 年的周期性失业是多少？就业国在 2018 年和 2019 年都经历了经济衰退吗？

12.5 真实世界中的经济学

关于绿色 GDP 的思考①

著名经济学家萨谬尔森和诺德豪斯就曾经指出，GDP 是 20 世纪最伟大的发明。GDP 能帮助我们判断经济是处于繁荣过程之中，还是处于萧条过程之中；是处于通货膨胀的威胁之中，还是处于通货紧缩的威胁压力之下。GDP 能够帮助我们制定正确的经济政策，能帮助我们评价经济政策的效果。但是，经济发展势必会消耗资源，经济发展也往往会对环境产生负面影响，而 GDP 无法反映经济发展对资源环境造成的影响。绿色 GDP 能够在这一点上弥补 GDP 的不足，即在目前 GDP 的基础上融入资源和环境的因素，扣除资源消耗的成本和环境损失的代价。绿色 GDP 实质上代表了国民经济增长的净正效应。到目前为止，世界上还没有一个国家正式发布绿色 GDP 数据，其中最主要的原因就是估价十分困难，因为许多资源消耗成本和环境损失代价的估价没有一套客观的价格基础，所以不同的人计算出来的绿色 GDP 数

① 许宪春. 关于绿色 GDP 的思考［EB/OL］.（2018-10-12）［2022-11-21］. http://www.tt65.net/lslt/ltwx/d3j_lszgykxfzg/201810/t20181020_664367.html.

据可能会出现非常大的差异，缺乏客观评判的标准。因此，绿色 GDP 的核算方法还不成熟。

请阅读《关于绿色 GDP 的思考》这篇文章，并结合所学知识，谈谈绿色 GDP 与 GDP 有哪些差异。

第 13 讲

商业周期

13.1 学习目标

本讲建立 AD-AS（总需求-总供给）模型，并运用这个模型，解释经济波动（包括 GDP、失业率和价格水平的波动）。通过本讲的学习，同学们需要掌握的内容如下：

（1）总需求的构成和决定因素。

（2）短期利率决定的利率流动性偏好模型。

（3）总需求曲线的含义与变动。

（4）短期总供给曲线和长期总供给曲线的差异。

（5）AD-AS 模型及其运用。

13.2 内容概要

（1）总需求（aggregate demand）是指经济社会中消费者（家庭）、企业、政府和国外部门对一国最终产品和劳务的需求量，它分别由消费需求、投资需求、政府购买和净出口四个部分构成。我们把政府收支和净出口都看成是外生变量，因此，我们主要讨论家庭消费需求和企业投资需求的影响因素。

（2）影响家庭消费需求的因素有很多，凯恩斯主要强调当年的实际可支配收入对家庭消费需求的影响，并且提出边际消费倾向递减规律，即随着家庭当年的实际可支配收入的增加，消费支出的增加存在递减的倾向。

（3）生产者（企业）的投资需求，主要是指企业购买资本品，如非住宅建筑物、设备和软件以及住宅的行为。企业投资的目的是盈利，企业投资的利润最大化条件是：投资的收益率等于利率。投资的边际效率递减规律，是指随着企业投资量的增加，投资的收益率将出现递减。结合企业投资的利润最大化条件，我们得到的结论是，除非利率下降，否则企业不会增加投资需求。

（4）货币是指任何被普遍接受，为交换媒介、计算单位和价值储藏的物品。货币供给是指一定时点上公众（处于银行系统之外的所有家庭、企业和政府等经济单位）实际持有的现金和支票存款的总和。

（5）从广义上讲，货币需求是指消费者和生产者（简称公众）如何在不同资产之间配置自己的财富，因此，也可以叫作资产组合的选择。在只有货币和政府债券的情况下，居民将在货币的流动性和政府债券收入之间进行权衡取舍。因此，凯恩斯把公众愿意以货币形式持有其财富的需求叫作流动性偏好，它的价格就是放弃债券的收益。货币市场的需求和供给，共同决定市场利率。

（6）总需求曲线反映价格水平与来自消费者（家庭）、生产者（企业）、政府和国外部门对一国最终产品和劳务的需求总量之间的关系。总需求量与价格水平具有反向变动关系的原因在于价格水平变化的利率效应：价格水平上涨，将导致货币需求增加，利率上升；利率上升，将导致企业投资下降，最终导致总需求量下降。价格水平以外的因素发生变化，将导致总需求曲线的移动。

（7）总供给（aggregate supply）是指在每一价格水平下，生产者（企业）愿意提供的最终产品和劳务的市场价值。宏观经济学对于总供给的分析，关键是引入了货币工资刚性的假设。所谓货币工资刚性（rigidity），是指在劳动市场上，货币工资在短期内是不变的，但在长期内是可变的。根据第 7、8 讲的学习，结合货币工资刚性，我们就可以获得短期和长期总供给曲线。其中，长期总供给曲线是一条位于充分就业水平国民收入的垂线，短期总供给曲线是一条从左下方向右上方倾斜的直线。

（8）将总需求曲线、长期总供给曲线和短期总供给曲线结合在一起，就能够得到 AD-AS 模型。由于有两条总供给曲线和一条总需求曲线，因此，AD-AS 模型有三种情况：衰退缺口（当短期总供给曲线与总需求曲线的交点位于长期总供给曲线左边时）、通货膨胀缺口（当短期总供给曲线与总需求曲线的交点位于长期总供给曲右边时）和长期均衡（当短期总供给曲线与总需求曲线的交点正好位于长期总供给曲时）。

（9）运用 AD-AS 模型的三种情况，便可以从需求冲击（总需求曲线发生移动）和供给冲击（总供给曲线发生移动）解释通货膨胀缺口或衰退缺口，即商业周期的成因。

13.3 重要概念

（1）总需求：是指经济社会中消费者（家庭）、企业、政府和国外部门对一国最终产品和劳务的需求量，它由消费需求、投资需求、政府购买和净出口四个部分构成。

（2）货币供给：是指一定时点上公众（处于银行系统之外的所有家庭、企业和政府等经济单位）实际持有的现金和支票存款的总和。

（3）货币需求：是指消费者和生产者（简称公众）如何在不同资产之间配置自己的财富，因此，也可以叫作资产组合的选择。

（4）价格水平变化的利率效应：价格水平上涨，将导致货币需求增加，利率上升；利率上升，将导致企业投资下降，最终导致总需求量下降。

（5）总供给：是指在每一价格水平下，生产者（企业）愿意提供的最终产品和劳务的市场价值。

（6）货币工资刚性：是指在劳动市场上，货币工资在短期内是不变的，但在长期内是可变的。

13.4 习题演练

单选题

1. 总需求曲线 AD 是一条（　　）。

A. 向右下方倾斜的曲线　　B. 向右上方倾斜的曲线

C. 水平的直线　　D. 垂直的直线

2. 根据利率效应，总需求向右下方倾斜是因为（　　）。

A. 低物价增加了货币持有量的价值和消费支出

B. 低物价减少了货币持有量的价值和消费支出

C. 低物价减少了货币持有量，增加了贷款，利率下降，而且投资支出增加

D. 低物价增加了货币持有量，减少了贷款，利率上升，而且投资支出减少

3. 若其他条件不变，下列情况会引起总需求曲线向右移动的是（　　）。

A. 物价水平不变时，利率上升　　B. 货币供给量增加

C. 税收增加　　D. 物价水平下降

4. 凯恩斯的流动性偏好模型表明，决定利率的是（　　）。

A. 可贷资本的供求　　B. 货币的供求

C. 劳动的供求　　D. 总需求和总供给

5. 以下哪一种表述最好地说明了货币供给增加对总需求的影响?( )

A. 货币供给向右移动，利率上升，投资减少，而且总需求向左移动

B. 货币供给向右移动，利率下降，投资增加，而且总需求向右移动

C. 货币供给向右移动，价格上升，支出减少，而且总需求向左移动

D. 货币供给向右移动，价格下降，支出增加，而且总需求向右移动

6. ( ) 会使短期总供给曲线向右移动。

A. 政府军备支出增加　　B. 物价预期上升

C. 石油价格下降　　D. 货币供给减少

7. 总供给曲线右移可能是因为 ( )。

A. 其他情况不变而通过技术进步使劳动生产率增加

B. 其他情况不变而原材料价格上涨

C. 其他情况不变而劳动生产率下降

D. 其他情况不变而所得税增加

8. 以价格为纵轴，收入为横轴的坐标系中，长期供给曲线 AS 是一条 ( )。

A. 与横轴平行的线　　B. 向右上方倾斜的曲线

C. 向右下方倾斜的曲线　　D. 与横轴垂直的线

9. 以下哪一种关于长期总供给曲线的表述是正确的?( )

A. 当自然失业率下降时向左移动

B. 是垂直的，因为所有物价与工资相等的变动并不影响产量

C. 向右上方倾斜，因为价格预期和工资在长期中是固定的

D. 当政府提高最低工资时向右移动

10. ( ) 不是短期总供给曲线向右移动的原因。

A. 货币工作率上升　　B. 大宗商品价格下降

C. 劳动生产率上升　　D. 物价预期上升

11. 长期总供给曲线，始终位于 ( ) 的位置。

A. 没有失业时　　B. 自然投资率时

C. 自然总需求率时　　D. 充分就业时

12. 下列选择属于货币职能的有 ( )。

A. 交换媒介　　B. 计算单位

C. 价值储藏　　D. 包括以上三种职能

13. 假设投资者和消费者的乐观情绪增加了支出，致使现在的产出水平高于长期充分就业下的产出水平。如果决策者选择采用积极的稳定政策，他们应该 ( )。

A. 减少税收，这使总需求向右移动

B. 减少税收，这使总需求向左移动

C. 减少政府支出，这使总需求向右移动

D. 减少政府支出，这使总需求向左移动

14.（　　）是关于商业周期的正确表述。

A. 当实际 GDP 大于潜在 GDP 时，存在衰退缺口

B. 当实际 GDP 小于潜在 GDP 时，存在衰退缺口

C. 商业周期是具有规律性并且可以预测得到一种经济现象

D. 当实际 GDP 小于潜在 GDP 时，存在通货膨胀缺口

15. 假设物价水平下降，由于名义工资在合同中是固定的，企业变得无利可图，并且开始削减产量。这是以下（　　）的证明。

A. 短期总供给曲线的刚性工资理论

B. 短期总供给曲线的刚性价格理论

C. 短期总供给曲线的错觉理论

D. 短期总供给曲线的古典二分法理论

16. 假设经济起初处于长期均衡。再假设由于冷战结束，军费支出减少。根据总需求与总供给模型，短期内物价与产量会怎样的变化？（　　）

A. 物价上升，产量增加　　B. 物价上升，产量减少

C. 物价下降，产量减少　　D. 物价下降，产量增加

17. 当经济经历（　　）时，就发生了滞胀。

A. 物价下降和产量减少　　B. 物价下降和产量增加

C. 物价上升和产量增加　　D. 物价上升和产量减少

18. 根据总供给与总需求模型，在长期中，货币供给增加将引起（　　）。

A. 物价上升，产量增加　　B. 物价下降，产量减少

C. 物价上升，产量保持不变　　D. 物价下降，产量保持不变

19. 假定经济实现充分就业，总供给曲线是长期总供给曲线，减税将（　　）。

A. 提高价格水平和实际产出

B. 提高价格水平但不影响实际产出

C. 提高实际产出但不影响价格水平

D. 对价格水平和实际产出均不产生影响

20. 当总供给曲线斜率为正，单位原材料的实际成本增加时，总供给曲线会（　　）。

A. 向左移，价格水平下降，实际产出增加

B. 向左移，价格水平上升，实际产出减少

C. 向右移，价格水平下降，实际产出增加

D. 向右移，价格水平上升，实际产出减少

21. 短期总供给曲线表明（　　）。

A. 总需求与价格水平同方向变动　　B. 总需求与价格水平反方向变动

C. 总供给与价格水平反方向变动　　D. 总供给与价格水平同方向变动

22. 在总需求不变时，短期总供给的增加会引起（　　）。

A. 国民收入增加，价格水平上升　　B. 国民收入减少，价格水平上升

C. 国民收入增加，价格水平下降　　D. 国民收入减少，价格水平下降

辨析题

1. 利率效应表明，总需求向右下方倾斜是因为物价水平上升使货币需求向右移动，提高了利率，并减少了投资。

2. 货币供给增加使货币供给曲线向右移动，提高了利率，减少了投资，并使总需求曲线向左移动。

3. 假定人们在收入增加后，更加注重休闲，于是劳动供给便会减少，劳动供给曲线就会向左上方移动，由此产生的一个影响便是总供给曲线向右上方移动。

4. 一般来说，长期总供给曲线的形状是一条垂直于 X 轴的直线。

5. 货币政策和财政政策是短期总供给曲线移动的因素。

6. 当实际 GDP 小于潜在 GDP 时，表明存在通货膨胀缺口。

7. 当劳动生产率提高时，边际成本曲线向下移动，短期总供给曲线向左移动。

8. 总需求增加的短期效应使产量增加和物价水平上升。

9. 假设投资者和消费者对未来变得悲观，并削减支出。如果财政决策者采取积极的稳定政策，相应的政策应该是减少政府支出并增加税收。

10. 长期稳定情况下的总供给曲线是一条垂直的直线，这时采取一次性财政扩张政策的效果非常好。

11. 货币供给曲线 m 是一条向右上方倾斜的曲线。

12. 凯恩斯定律是指在没有供给限制的情况下，当年有多大的总需求，就有多大的实际 GDP。

13. 总需求曲线与价格水平具有反向变动关系。

14. 结合货币工资刚性，可以推导出长期总供给曲线。

15. 衰退缺口的出现，意味着实际 GDP 大于潜在 GDP。

16. 通货膨胀缺口的出现，意味着实际 GDP 小于潜在 GDP。

17. 滞胀是指通货膨胀与产量下降同时存在的现象，一般是 AD 曲线向左移动的结果。

18. 在其他条件不变的情况下，价格水平越高，交易过程中所需要的货币量越多；反之，则越少。

19. 政府收入与支出的差额，叫作预算余额（BS）；当 BS 小于零时，叫作预算盈余。

20. 利率的流动性偏好模型认为利率水平是由货币市场中的货币供给和货币需求共同决定的。

简答题

1. 简述总需求的构成及公式表达。

2. 简述货币的三个职能，并给出货币的定义。

3. 列举可能引起总需求曲线向左移动的因素（至少列举四项）。

4. 引起短期总供给曲线移动的因素有哪些？

5. 简述 AD-AS 模型中的衰退缺口、通货膨胀缺口和长期均衡三种情况，并作图说明。

应用题

1. 假设经济处于长期均衡。

（1）请作图说明经济的状态，务必标出总需求、短期总供给和长期总供给。

（2）现在假设股市崩溃导致总需求减少。请作图说明短期中产量和物价水平发生了什么变动，失业率会发生什么变动。

（3）请用总供给的黏性工资理论解释长期中产量和物价水平将发生什么变动（假设政策不变）。在这种调整中，预期物价水平起了什么作用？请作图说明你的分析。

2. 请说明在不同的总供给曲线下，总需求的变动对价格、收入的影响。

3. 假设计算机病毒使全国的自动提款机系统瘫痪，这使用户从银行账户提款更不方便。最终，人们想持有的货币更多，增加了货币需求。

（1）假设美联储并没有改变货币供给。根据流动性偏好理论，利率会发生什么变动。总需求会发生什么变动？

（2）如果美联储想稳定总需求，它应该如何改变货币供给？

（3）如果美联储想运用公开市场操作来完成货币供给的这种改变，它应该如何做？

4. 目前，经济处于高失业和低产量的衰退中。请回答以下问题：

（1）用总需求与总供给图说明当前的经济状况。图中一定要包括总需求曲线、短期总供给曲线和长期总供给曲线。

（2）确定能使经济恢复到自然失业率水平的公开市场操作。

（3）用货币市场图形说明这种公开市场操作的影响，并说明其引起的利率变动。

（4）用 AD-AS 模型图形说明公开市场操作对产量和物价水平的影响，并用文字解释为什么政策具有你在图中说明的影响。

5. 假设在一个经济体中，总量消费函数为 $C = 120 + 0.9Y_d$，其中 Y_d 是可支配收入；投资为 $I = 50$；政府支出为 $G = 200$，收入税的税率为 $t = 0.2$，没有对外贸易。请回答以下问题：

（1）试求均衡的收入水平。

（2）如果在其他件不变的情况下，将投资增加到 80，则新的均衡收入是多少？

13.5 真实世界中的经济学

为全球滞胀到来做好准备[①]

最新一期《新金融评论》（NFR）工作论文《为全球滞胀到来做好准备》认为，全球经济很有可能即将面对“滞胀”的卷土重来，也就是新一轮的“低增长、高通胀”组合。

1965 年 11 月 17 日，英国政治家伊恩·麦克劳德（Iain Macleod）在英国议会发表讲话：“我们现在处于两个世界里最坏的情形——不只是通货膨胀或是经济停滞，而是两个都有。我们处于一种‘滞胀’的情况。在现代语言中，历史真的正在被创造。”伊恩·麦克劳德没有能够活着看到他所创造的“滞胀”一词成为一个流行词汇。他于 1970 年 6 月 20 日就任英国财政大臣，一个月后的 7 月 20 日死于任上，年仅 56 岁，是迄今为止英国在任最短的财政大臣，而受到多数人关注的“滞胀”要到 20 世纪 70 年代中后期才发生。在《为全球滞胀到来做好准备》论文写好时，“滞胀”这个词也正好是 56 岁。但和它的创造者命运恰恰相反，“滞胀”在 56 岁时面对的不是骤然死亡，更可能的是卷土重来。

---

① 王曲石，杨悦珉，朱鹤. 为全球滞胀到来做好准备［J］. 新金融评论，2022（6）：1-31.

根据世界银行数据，20 世纪 70 年代中期至 10 世纪 80 年代前期的“滞胀”时期，全球通货膨胀水平接近 11%的高位，全球经济增速仅为 3%，并且经历过两轮明显的衰退。20 世纪 80 年代中期至 2008 年全球金融危机前的 20 多年间“高增长、低通胀”的“大缓和”阶段，全球通胀水平回落至 6.1%，经济增速则上升至 3.4%。2008 年金融危机至新冠疫情暴发这十年“低增长、低通胀”的长期停滞时期，全球经济平均增速仅为 2.7%，通货膨胀水平进一步回落至 3.2%。在新冠疫情冲击之后，全球经济很有可能即将面对“滞胀”的卷土重来，也就是新一轮的“低增长、高通胀”组合。

文章指出，20 世纪 70 年代全球滞胀的经历表明，供给侧冲击和错误的货币政策是滞胀发生的两个必要条件。当前，全球许多经济体正在经历 40 多年以来最为严重的通货膨胀，且全球经济扩张的势头正在迅速放缓。短期和中长期因素均表明，全球经济面临供给侧冲击的风暴，而主要发达经济体央行的行动严重落后于通货膨胀曲线，并有可能继续在应对通胀上犯错误。虽然当下的全球经济与 20 世纪 70 年代的全球经济有很多不同，但全球性滞胀的风险已经不能忽视。文章强调，全球性滞胀会通过多个渠道对我国产生负面影响，因此必须早做准备，并就此提出五方面的政策建议。

请阅读《为全球滞胀到来做好准备》这篇文章并回答以下三个问题：

1. 结合课本内容说明“滞胀”的具体含义。

2. 试用图形解释“滞胀”的表现形式。

3. 文章提到“全球性滞胀会通过多个渠道对我国产生负面影响”，请问中国应该如何应对这个问题？

第 14 讲

宏观经济政策

14.1 学习目标

本讲运用总供给-总需求模型分析财政政策和货币政策的作用。通过本讲的学习，同学们需要掌握的内容如下：

（1）宏观经济政策和目标。

（2）财政政策和财政政策工具。

（3）联邦储备制度与商业银行创造货币的机制。

（4）货币政策和货币政策工具。

14.2 内容概要

（1）经济政策是指国家或政府为了增进社会福利而制定的解决经济问题的指导原则和措施。根据不同的经济政策目标，我们可以把经济政策分为宏观经济政策与微观经济政策。其中，微观经济政策的目标是实现经济效率，宏观经济政策的目标是实现经济稳定和经济增长。

（2）宏观经济政策是指为了实现宏观经济政策目标而制定的手段和措施。其中，主要目标是充分就业和物价稳定，合称经济稳定；主要手段和措施是财政政策与货币政策。

（3）财政政策是指政府通过收入和支出来影响总需求，进而影响就业和国民收入的政策。主要的政策工具有改变政府购买、转移支付以及税收。当经济存在衰退缺口时，政府需要实行扩张性财政政策：增加政府对产品和服务的购买、减税、增加政府转移支付。当经济存在通胀缺口时，政府需要实行紧缩性财政政策：减少政府对产品和服务的购买、增税、减少政府转移支付。

（4）货币政策是政府货币当局即中央银行通过银行体系变动货币供给量来调节总需求的政策。当经济出现衰退缺口时，中央银行增加货币供给，导致利率下降，投资支出增加，消费增加，总需求增加，表现为总需求曲线向右移动，实现充分就业和价格水平上升；当经济出现通货膨胀缺口时，中央银行减少货币供给，导致利率上升，投资支出减少，消费减少，总需求减少，表现为总需求曲线向左移动，实现充分就业和价格水平下降。

（5）美国的中央银行是联邦储备银行，它由设在华盛顿特区的理事会（或者叫管理委员会或联邦储备委员会）和位于全国一些主要城市的 12 个区域性联邦储备银行构成，它们的关系为理事会管理着由 12 个区域性联邦储备银行构成的系统，而这些联邦储备银行又监督着 6 000 个会员银行的运转。联邦储备银行的主要职能有：第一，管制银行并确保银行体系的正常运转；第二，控制经济中可以得到的货币量，即货币供给，主要由联邦公开市场委员会来完成。

（6）商业银行是通过负债、资产和中间业务赚取利润的企业。负债业务主要是吸收存款，包括活期存款、定期存款和储蓄存款。资产业务主要包括放款和投资业务，前者主要是为企业提供短期贷款，包括票据贴现、抵押贷款等；后者是指购买有价证券而获得利息收入。中间业务是指代为客户办理支付事项和其他委托事项，从中收取手续费的业务。

（7）法定准备金制度，就是指由法律规定商业银行准备金率（存款准备金占存款的比率）的最低限度。部分准备金制度的设立一方面出于对整个银行系统安全性的考虑，另一方面有利于中央银行对货币供给量的控制。法定准备金制度为商业银行创造货币提供了可能。

（8）货币供给是一定时点上公众（处于中央银行系统之外的所有家庭、企业和地方政府等经济单位）实际持有的现金和活期存款的总和。其中，现金数量由中央银行直接提供，而活期存款将由商业银行创造，商业银行体系用每一美元准备金所产生的货币供给量，等于法定准备率的倒数，即货币创造乘数。

（9）美联储控制货币供给的三个主要工具是：公开市场业务、法定准备率和再贴现率。其中，公开市场业务是指美联储向公众包括商业银行和公众买卖政府债券以改变货币供给量。再贴现率是指美联储向商业银行发放贷款的利率。

14.3　重要概念

（1）经济政策：是指国家或政府为了增进社会福利而制定的解决经济问题的指导原则和措施，它是政府为了达到一定的经济目的而对经济活动进行的有意识的干预。

（2）宏观经济政策：是指为了实现宏观经济政策目标而制定的手段和措施。其中，主要目标是充分就业和物价稳定，合称经济稳定；主要手段和措施是财政政策与货币政策。

（3）财政政策：是指政府变动税收和支出以便影响总需求进而影响就业和国民收入的政策。当经济出现衰退缺口时，实施扩张性财政政策；当经济出现通货膨胀缺口时，实施紧缩性财政政策。

（4）货币政策：是政府货币当局即中央银行通过银行体系变动货币供给量来调节总需求的政策。当经济出现衰退缺口时，实施扩张性货币政策；当经济出现通货膨胀缺口时，实施紧缩性货币政策。

（5）法定准备金制度：是指由法律规定商业银行准备金率（存款准备金占存款的比率）的最低限度。

（6）货币创造乘数：银行体系用每一美元准备金所产生的货币供给量，它等于法定准备率的倒数。

（7）公开市场业务：是指美联储向公众（包括商业银行和公众）买卖政府债券以改变货币供给量。

14.4 习题演练

单选题

1. 财政政策是指（　　）。
   A. 操纵政府支出和税收以稳定国内产出、就业和价格水平
   B. 操纵政府支出和税收使得收入分配更公平
   C. 改变利息率以改变总需求
   D. 政府支出和税收的等额增加会起到紧缩经济的作用
2. 一个国家老龄化人口的增加影响财政政策的最直接的原因是（　　）。
   A. 老人通常不被要求交税
   B. 政府向老人提供津贴和医疗保健
   C. 老人期望高利率的储蓄
   D. 随着老人所占比例的增加，政府会在教育上花更多的钱
3. 政府转移支付包含（　　）。
   A. 公务员工资
   B. 贫困救济和各种补贴等方面的支出
   C. 军费开支
   D. 对商品和劳务的购买

4. 扩张性财政政策对经济的影响是（　　）。

A. 缓和了经济萧条但增加了政府债务

B. 缓和了经济萧条也减轻了政府债务

C. 加剧了通货膨胀但减轻了政府债务

D. 缓和了通货膨胀但增加了政府债务

5. 以下哪一项正确描述了紧缩性财政政策的影响？（　　）

A. 政府支出使总支出增加；税收使可支配收入增加，并由此使消费增加

B. 政府支出使总支出减少；税收使可支配收入增加，并由此使消费增加

C. 政府支出使总支出增加；税收使可支配收入减少，并由此使消费减少

D. 政府支出使总支出减少；税收使可支配收入减少，并由此使消费减少

6. 减税通过增加对企业的激励来提高（　　），并通过提高家庭的可支配收入来扩大（　　）。

A. 货币流通速度，对可贷资金的需求

B. 对可贷资金的需求，货币流通速度

C. 总需求，总供给

D. 总供给，总需求

7. 假设投资者和消费者的乐观情绪增加了支出，致使现在的产量水平高于长期自然率。如果决策者选择采用稳定政策，他们应该（　　）。

A. 减少税收，这使总需求向右移动

B. 减少税收，这使总需求向左移动

C. 减少政府支出，这使总需求向右移动

D. 减少政府支出，这使总需求向左移动

8. 以下哪一项关于税收的表述是正确的？（　　）

A. 税收只影响总需求

B. 税收既影响总供给也影响总需求

C. 税收增加使总需求曲线向右移动

D. 税收减少使总需求曲线向左移动

9. 某年在现行价格水平上的社会总需求量依次为消费 1 000 亿元，投资 400 亿元，净出口 100 亿元，政府购买支出 200 亿元。充分就业的 GDP 为 1 200 亿元，在此条件下，为使价格水平保持稳定，政府应该（　　）。

A. 提高税率，并减少政府支出

B. 通过降低政府债券的利息率来减少私人储蓄

C. 增加政府支出

D. 通过降低企业所得税率来鼓励私人投资

10. 如果当年政府债务没有变化，那么当年（　　）。

A. 经济处于长期均衡　　B. 政府预算必须是平衡的

C. GDP 必定等于自然产出水平　　D. 每个工人的资本是常数

11. 政府预算赤字是（　　），政府债务是（　　）。

A. 进口超过出口的量；政府支出超过政府收入的量

B. 政府支出超过政府收入的量；进口超过出口的量

C. 政府支出超过政府收入的量；政府过去借款量的积累

D. 政府过去借款量的积累；政府支出超过政府收入的量

12. 最广义的货币供给是（　　）。

A. M0　　B. M1　　C. M2　　D. M3

13. 100 元现金存到银行，M1 立马会（　　）。

A. 减少 100 元　　B. 增加 100 元

C. 没有变化　　D. 增加 100 多元

14. 什么时候货币创造发生？（　　）

A. 一个人把现金存入银行

B. 一个人把他的工资支票存入他的支票户头

C. 银行向借款人发放贷款

D. 联邦储备系统提高法定准备金率

15. 如果最低准备金率是 20%，货币乘数是多少？（　　）

A. 5　　B. 20　　C. 0.2　　D. 0.8

16. 假设一家银行有 200 万美元存款，法定准备金率为 25%，总准备金是 60 万美元。那么它有多少超额准备金？（　　）

A. 10 万元　　B. 20 万元　　C. 30 万元　　D. 50 万元

17. 假设美联储通过买进 10 亿元价值的债券增加银行系统的超额准备金，如果法定准备金率是 25%，货币供给的潜在增加量最多为（　　）亿元。

A. 10　　B. 25　　C. 40　　D. 50

18. 美联储最常用的政策工具是（　　）。

A. 变动贴现率　　B. 买卖债券

C. 变动法定准备金率　　D. 外汇操作

19. 如果美联储想要降低货币供给，它可以采取以下哪种工具？（　　）

A. 提高贴现率　　B. 提高最低准备金率

C. 在公开市场上卖出债券　　D. 以上都正确

20. 假设法定准备率是 100%，商业银行没有超额储备，公众不持有现金，某人将一笔 100 万元的初始货币存入一商业银行，则最终会导致多少的货币供给？（　　）

A. 100 万元　B. 200 万元　C. 500 万元　D. 800 万元

21. 假设法定准备率是 20%，商业银行没有超额储备，公众不持有现金，某人将一笔 100 万元的初始货币存入一商业银行，则最终会导致多少的货币供给？（　　）

A. 100 万元　B. 200 万元　C. 500 万元　D. 800 万元

22. 当经济出现较大的负缺口，即经济萧条、通货紧缩、失业严重的经济过冷时，国家应采取的政策组合为（　　）。

A. 扩张性财政政策和扩张性货币政策组合

B. 紧缩性财政政策和紧缩性货币政策组合

C. 扩张性财政政策和紧缩性货币政策组合

D. 紧缩性财政政策和扩张性货币政策组合

23. 当经济出现停滞同时又存在通货膨胀（即滞胀）时，国家应采取的政策为（　　）。

A. 扩张性财政政策和扩张性货币政策组合

B. 紧缩性财政政策和紧缩性货币政策组合

C. 对企业与居民减税

D. 紧缩性财政政策和扩张性货币政策组合

24. 如果经济陷于严重衰退，正确的货币政策和财政政策应该是（　　）。

A. 卖出政府债券，提高准备金率，降低再贴现率，出现财政盈余

B. 购买政府债券，降低准备金率，降低再贴现率，出现财政赤字

C. 购买政府债券，降低准备金率，提高再贴现率，出现财政盈余

D. 购买政府债券，提高准备金率，提高再贴现率，出现财政盈余

25. 下列哪项不是货币政策的常用工具？（　　）

A. 法定准备金政策　B. 公开市场业务

C. 再贴现政策　D. 税收

26. 在货币需求不变的情况下，货币供给量上升将导致（　　）。

A. 利率上升　B. 利率下降　C. 利率不变　D. 以上都不是

27. 下列货币政策中，能使货币供应量增加的是（　　）。

A. 提高法定准备金率　B. 提高再贴现率

C. 降低再贴现率　D. 中央银行卖出债券

28. 中央银行降低法定准备金率时，商业银行（　　）。

A. 可贷资金量减少　　B. 可贷资金量增加

C. 可贷资金量不受影响　　D. 可贷资金量不确定

29. 中央银行在公开市场上大量抛售有价证券，意味着货币政策（　　）。

A. 放松　　B. 收紧　　C. 不变　　D. 不一定

30. 以下哪一种表述最好地说明了货币供给增加后，总需求的移动情况？（　　）

A. 货币供给向右移动，利率上升，投资减少，而且总需求向左移动

B. 货币供给向右移动，利率下降，投资增加，而且总需求向右移动

C. 货币供给向右移动，价格上升，支出减少，而且总需求向左移动

D. 货币供给向右移动，价格下降，支出增加，而且总需求向右移动

辨析题

1. 如果通货膨胀的速度加快，应采取的财政政策是减少税收。

2. 内需不足时可通过紧缩性的财政政策拉动经济增长。

3. 假设投资者和消费者对未来变得悲观，并削减支出。如果财政决策者采取积极的稳定政策，回应的政策应该是减少政府支出并增加税收。

4. 一般在经济繁荣时期，总需求大于总供给，经济中存在通货膨胀，政府通过紧缩性的财政政策来压抑总需求，可以实现物价稳定。

5. 政府支出多余收入意味着正在经历贸易赤字。

6. 如果银行选择持有超额准备金，则贷款减少，货币供给减少。

7. 如果央行购买了100 000元的政府债券，而且，法定准备金是10%，那么，货币供给的最大增加量就是10 000元。

8. 如果央行想紧缩货币供给，它可以做以下的任何一件事：出售政府债券、提高法定准备金和提高贴现率。

9. 法定准备金提高增加了货币乘数并增加了货币供给。

10. 扩张性的货币政策是通过影响一般物价水平来影响总需求的变化。

11. 货币供给增加使货币供给曲线向右移动，提高了利率，减少了投资，并使总需求曲线向左移动。

简答题

1. 在现实经济生活中存在哪些影响斟酌使用的财政政策作用发挥的限制因素？

2. 根据宏观经济学理论，分析封闭经济情况下政府不同的融资渠道对执行扩张性财政政策刺激总需求的影响。

3. 如果美联储想用公开市场操作增加货币供给，它应该怎么做？

4. 什么是贴现率？当央行提高贴现率时，货币供给会发生什么变动？

5. 什么是法定准备金？当央行提高法定准备金率时，货币供给会发生什么变动？

6. 为什么中央银行不能完全控制货币供给？

7. 列举可能引起总需求曲线向左移动的因素（至少列举四项）。

8. 简述货币政策工具主要有哪些。

9. 简述扩张性货币政策对总需求的作用机制。

10. 简述紧缩性货币政策对总需求的作用机制。

应用题

1. 图 14-1 表现的是阿尔巴尼亚当前的宏观经济形势。你已经被聘为该国的经济顾问，请帮助该国经济实现潜在产出水平 y_P。

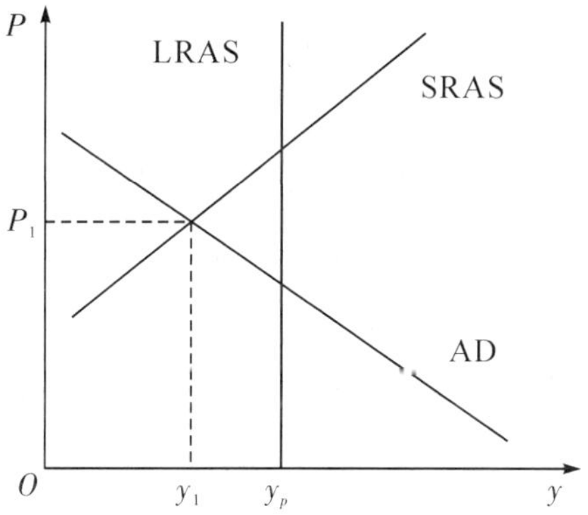

图 14-1　阿尔巴尼亚当前的宏观经济形势

（1）阿尔巴尼亚现在存在的是衰退缺口还是通货膨胀缺口？

（2）采用扩张性还是紧缩性财政政策可以帮助阿尔巴尼亚经济实现潜在产出水平 y_P？请举出实现这一政策的一些事例。

（3）请画图表示成功实施财政政策后阿尔巴尼亚的宏观经济情况。

2. 图 14-2 表现的是布列塔尼亚当前的宏观经济形势，实际 GDP 是 y_1，总价格水平是 P_1。你已经被聘为该国的经济顾问，帮助该国经济实现潜在产出水平 y_P。

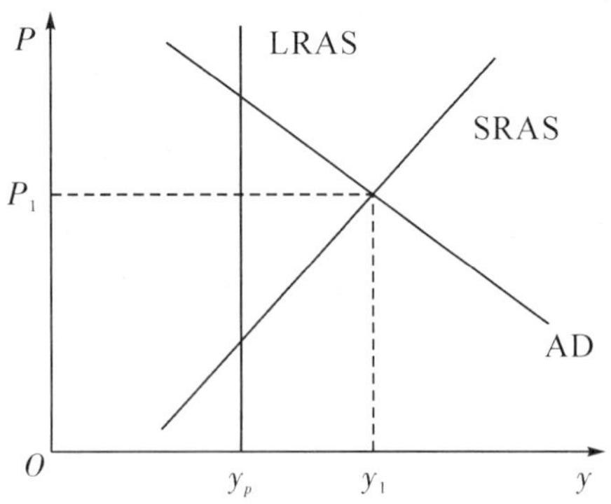

图 14-2　布列塔尼亚当前的宏观经济形势

（1）布列塔尼亚现在存在的是衰退缺口还是通货膨胀缺口？

（2）采用扩张性还是紧缩性财政政策可以帮助布列塔尼亚经济实现潜在产出水平 y_P？请举出实现这一政策的一些事例。

（3）请画图表示成功实施财政政策后布列塔尼亚的宏观经济情形。

3. 当一个经济体处于长期宏观均衡时，发生如下的冲击。冲击之后该经济体将会面对哪一类缺口：通货紧缩缺口还是通货膨胀缺口？哪种类型的财政政策可以帮助该经济体实现潜在产出水平？

（1）股票价格上涨提高了居民持有股票的价值。

（2）公司越来越相信衰退可能在不久后出现。

（3）预期到战争爆发的可能性，政府增加了对军备的购买。

（4）经济中的货币数量减少，利率提高。

4. 假设银行体系总准备金为 1 000 亿元。再假设法定准备金率是支票存款的 10%，而且银行没有超额准备金，家庭也不持有通货。

（1）货币乘数是多少？货币供给是多少？

（2）如果现在央行把法定准备金率提高到存款的 20%，准备金会有什么变动？货币供给会有什么变动？

5. 假设法定准备金率是 20%。再假设银行并不持有超额准备金，而且公众也不持有现金。央行决定要扩大货币供给 4 000 万元。

（1）如果央行使用公开市场操作，那么它要购买还是出售债券？

（2）为了达到这一目的，央行要购买或出售多少债券？解释之。

6. 当 A 国存在衰退缺口时，如图 14-3 所示。为了消除这个缺口，中央银行应该采用扩张性的货币政策还是紧缩性的货币政策？当中央银行采取消除衰退缺口的货币政策时，利率水平、投资支出、消费支出、实际 GDP 和总价格水平会发生怎样的变化？

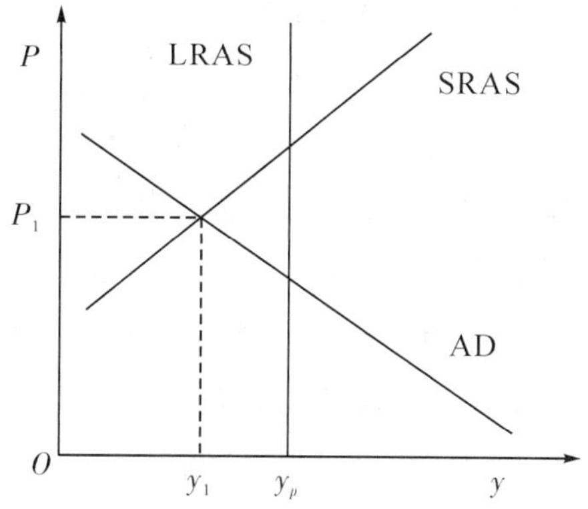

图 14-3　A 国存在衰退缺口

7. 当 A 国存在通货膨胀缺口时，如图 14-4 所示。为了消除这个缺口，中央银行应该采用扩张性的货币政策还是紧缩性的货币政策？当中央银行采取消除通货膨胀缺口的货币政策时，利率水平、投资支出、消费支出、实际 GDP 和总价格水平会发生怎样的变化？

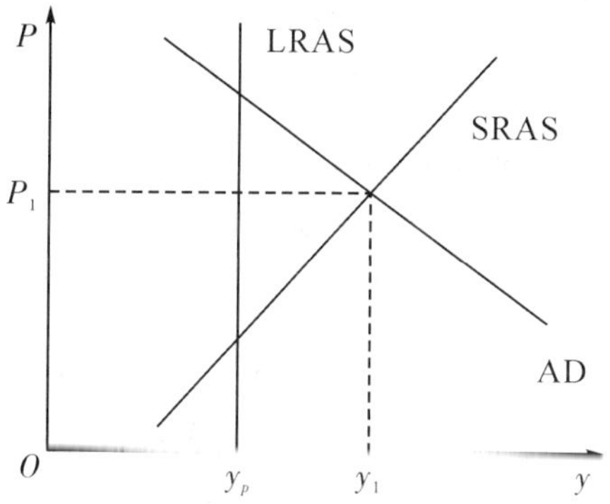

图 14-4　A 国存在通货膨胀缺口

14.5　真实世界中的经济学

中央银行的利率会高到什么程度？①

美联储主席杰罗姆·鲍威尔曾将设定利率比作天体的导航。如今，随着通货膨胀率飙升，人们越来越感觉到美联储迷失了方向。看起来它似乎即将通过快速收紧货币政策突然改变路线。这种预期重创了股市，并导致许多公

① 大卫·史坦恩. 中央银行的利率会高到什么程度？[J]. 经济学人，2022（2）：10-15.

司和房主怀疑低利率时代是否会永远结束。

现实情况更为复杂。在短期内，美联储确实需要控制住局势。但是从长远来看，世界人口老龄化将限制利率上升。这意味着将要面临令人不快的金融紧缩，而不是回到20世纪70年代的经济状态。

利率上升令人生畏，因为世界上大部分地区已经习惯了资金几乎免费的时代。10多年来，没有一家G7央行将利率设定在2.5%以上。而在1990年，它们都将其设在5%以上。廉价融资似乎已成为富裕经济体典型的特征。它让政府出现巨额赤字，将资产价格推至高位，并迫使政策制定者寻求其他工具，例如购买债券和发放支票，以在经济放缓期间刺激经济。

这就是为什么在过去的18个月里，价格的飙升对美联储和其他央行来说是如此的突然。在美国，消费者价格指数已经上涨7%，而且随着账单将上涨的信念被纳入家庭和公司的预期，通货膨胀远非暂时性的，这将影响到工资水平。美国私营部门的工资和薪水在一年内增长了5%。2021年12月，美国消费者预期物价中值将在12个月内上涨6%。世界各地都在感受到其中的趋势：全球通货膨胀率现已达到6%。

因此，各国央行焦躁不安。2021年，12名新兴市场政策制定者提高了利率。英格兰银行也这样做了，它在2021年2月3日再次提高利率，并且可能会出现更大程度的利率上升。投资者甚至预计，即使是10多年来没有加息的欧洲央行今年也会两次加息。然而，所有的目光都集中在美国和鲍威尔身上。这既是因为它们在世界金融体系中发挥着主导作用，又因为美国的通货膨胀率很高而美联储的反应落后于现实情况。几个月来，它一直通过购买债券并将利率维持在0~0.25%来刺激本来已经过热的经济。

美联储表示，它计划到2024年将利率恢复到2%左右，与大多数人对其中性水平的估计相差不远，从理论上讲，中性利率既不会刺激经济，又不会阻碍经济发展。但随着美联储的拖延，通货膨胀走得更远的风险也在增加。较高的通货膨胀预期使提高价格的冲动更难消除。对于任何名义利率，它们也会降低借款人支付的实际利率，从而抵销美联储收紧政策的影响。现在，五年内借款的实际成本仍低于2020年年中的水平。

因此，最有可能的情况是美国利率在一年或更长时间内的上升幅度将超过美联储迄今所暗示的水平。一些预测者估计，它将在2022年加息1.75个百分点，这将超过2005年以来的任何一年。

那长期怎么办？毕竟，大多数房主和公司都寻求在数年或数十年内获得借款。要找到答案，你必须超越鲍威尔先生，看看推动经济的力量。货币政策以中性利率为基础，即平衡全球储蓄意愿和投资意愿所需的货币价格。这是中央银行几乎无法控制的基本变量。

在过去的 20 年里，随着储蓄和投资失控，这个潜在的中性利率稳步下降。最初，亚洲经济体囤积资金，引起全球储蓄增加，这意味着大量资金追逐回报，无论回报多么微薄。与此同时，在全球金融危机后遭受重创的公司不愿再投资。

上述驱动力量是否发生了变化？一方面，它们也许并没有什么变化。商业投资可能正在进入一个新阶段。自新冠疫情以来，它们的恢复速度比金融危机后要快。这在一定程度上要归功于新冠疫情的刺激，不过该激措施的效果现在正在减弱。但这也反映了对推动知识产权支出的技术进步的乐观情绪。目前，这类投资占美国商业投资的五分之二以上。与此同时，清洁能源转型正在创造占发达国家 GDP 60% 的投资需求。如果技术乐观主义持续下去，并且全世界都认真对待应对气候变化，那么 21 世纪 20 年代的投资可能会比 20 世纪初的投资更强劲。另一方面，世界的储蓄意愿不太可能减弱。自从鲍威尔的前任之一本·伯南克首次注意到"全球储蓄过剩"以来，亚洲经济体的储蓄增长已经有所放缓，一些政府的债务增加。但到 2100 年，世界 50 岁以上居民的比例预计将从 25% 上升到 40%，鉴于印度和中国最近的生育率下降，这个数据可能还会继续攀升。经验表明，老龄化会导致更多的储蓄，因为预期寿命的延长会让居民为退休储蓄更多资金，而退休人员往往会慢慢耗尽他们的资产。

这些因素构成了利率变化的地图。从长远来看，任何向上的转变都可能很小，并且在一定程度上反映了投资的回升，这是值得庆幸的。然而，从现在到那时，利率可能会急剧上升，而且可能会令人痛苦。世界债务已达到 GDP 的 355%，这使得企业和家庭对即使是小幅加息也非常敏感。很少有中央银行在抑制通货膨胀时而不让经济陷入衰退的例子。上一次美国通货膨胀率从 5% 以上下降而没有出现衰退还是在 70 多年前。对抗通货膨胀可能会使世界陷入经济低迷。如果是这样，利率有一天会再次回落的前景将只是一些安慰。

请阅读《中央银行的利率会高到什么程度?》这篇文章并回答以下四个问题：

1. 查阅相关资料，结合材料阐述欧美国家引发这轮通货膨胀的起因?
2. 结合材料说明为什么长期看全球储蓄会过剩? 这将产生什么结果?
3. 美联储提升利率的政策工具有哪些?
4. 用图形表示美联储提高利率对产出的具体作用机制，并用文字说明。

习题演练的参考答案

第1讲　引言

无论时世事洞明，还是人情练达，都意味着掌握了为人处世的方法，方法在手，一通百通。学习经济学课程也是如此，在学习经济学的过程中，同学们需要掌握学习的方法。

第2讲　经济

单选题

1. B。“经世济民”即组织社会，救济民众，或者说组织社会生产，解决百姓生计。

2. D。现代汉语经济一词包含经济活动，经济制度和节俭、节约三个含义。

3. D。资本主义私人部门遵循私有财产制、契约自由原则和自我负责原则。

4. C。“经济实惠”一词中“经济”包含节俭、节约两个含义。

简答题

1. 古代汉语“经济”一词是“经世济民”的缩写，它的一般含义是指组织社会，救济民众；它的特定含义是指按照儒家伦常所规定的道德规范（尊卑男女老幼），去组织社会生产，解决百姓生计。

2. 黄仁宇认为中国传统社会是由上层（文官集团）和下层（没有有效组织的成千上万的农民）构成，其组织原则是尊卑男女老幼。金观涛和刘青峰认为中国传统社会由上、中、下三个层次构成。上层是以王权为核心的大一统官僚机构，中层是县以下绅士乡村自治，下层为宗法家族组织。这三层组织原则是儒家的意识形态。

3. 现代汉语“经济”一词的一般含义有三个：①指一个国家或地区的生产、交换、分配和消费活动的统称，简称经济活动；②是指组织一个国家或地区社会生产活动的规则，简称经济制度；③是指节俭、节约。它的特定含义是指资本主义或称自由企业制度。

4. 资本主义是指以营利为目的的私人所有者而非政府控制和推动一个国家的生产和交换活动的经济系统。其三个层面包括：①社会经济生活的基本理念的层面，资本主义强调“对于个人自由的尊重”和“对于公利的重视”；②经济制度的层面，资本主义强调“三个原则”——私有财产制、契约自由原则和自我负责原则；③经济活动（或经济运行）的层面，资本主义表现为企业、家庭和政府三个部门，通过市场交换活动相互作用，生产、交换、分配和消费私财（私人产品）和公财（公共产品），而所有这些经济活动，就构成了资本主义的国民生活。

应用题

（1）“经济”即经邦济世，治国理民；“经济学问”专指儒家伦常所规定的道德规范。

（2）知识是没有有用和无用的区别的，因为无用知识和有用知识是可以相互转化的。“积之既久，一旦事权到手，随时举而措之”。知识只有学懂和没学懂的区别，我们在平时就要注意知识的积累。

（3）任何知识的学习都需要时间的积累和努力。学习的过程既是知识的获取又是品质的磨炼过程。

真实世界中的经济学

1. “经济”即经邦济世，治国理民；“经济学问”指治国平天下之道。

2. 知识是没有有用和无用的区别的，因为无用知识和有用知识是可以相互转化的。“积之既久，一旦事权到手，随时举而措之”。知识只有学懂和没学懂的区别，在平时就要注意知识的积累。

3. 任何知识的学习都需要时间的积累和努力。学习的过程既是知识的获取过程也是品质的磨炼过程。

第 3 讲　经济学

单选题

1. B。所谓稀缺性，就是指一种资源，在数量上少于个人对它的需要，在用途上有多种形式，个人对不同的用途有不同的评价，相对于它的需要而言，稀缺性具有相对性。

2. B。人们在进行决策时，必须做出某种选择，这是因为资源的稀缺性。

3. C。经济学的研究主题是协调问题，微观经济学对应资源配置，宏观经济学对应资源利用问题。C 选项中的中国传统文化的现代化问题，不属于经济学研究的问题。

4. D。每一个人的时间和金钱都是有限的，但是欲望是无限的，所以 A、B、C 三个选项都涉及了权衡取舍。

5. B。失业率的上升或下降是宏观经济学研究的内容。

6. B。理性经济人假定是西方经济学家在做经济分析时关于人类经济行为的一个基本假定，意思是作为经济决策的主体均充满理性，即所追求的目标都是使自己的利益最大化。

7. D。微观经济学研究的基本问题是①怎样生产；②生产什么，生产多少；③为谁生产。

8. A。微观经济学是以个别居民与厂商，即以个体为研究对象的经济学理论。

9. B。宏观经济学是以整个国民经济为研究对象的经济学理论。

10. D。D 项是微观经济学研究的内容。A、B、C 三项是宏观经济学研究的内容。

11. D。失业率应该降低到 8% 属于规范经济学的命题。实证经济学研究现实经济体系是怎样运行的，它对经济行为做出有关的假设，根据假设分析和陈述经济行为及其后果，并试图对结论进行检验。规范经济学试图从一定的社会价值判断标准出发，根据这些标准，对一个经济体系的运行进行评价，并进一步说明一个经济体系应当怎样运行，从而为此提出相应的经济政策。“应该与不应该”涉及价值判断标准，因此 D 项是属于规范经济学的命题。

12. B。收入分配中有太多的不公平现象属于规范经济学研究的命题，其他选项是实证经济学研究的命题。规范经济学试图从一定的社会价值判断标准出发，根据这些标准，对一个经济体系的运行进行评价，并进一步说明一个经济体系应当怎样运行，从而为此提出相应的经济政策。“公平与否”涉及价值判断，因此 B 项属于规范经济学研究命题。

13. A。科学家更多地使用实证的方法做出有关的假设，根据假设分析和陈述其后果，并试图对结论进行检验。其他选项涉及主观价值判断，属于规范分析范畴，因此选 A。

辨析题

1. 正确。所谓稀缺性，就是指一种资源，在数量上少于个人对它的需要，在用途上有多种形式，个人对不同的用途有不同的评价。经济学的前提假设就是人们都是在稀缺性这个约束条件下寻求自身利益的最大化，如果没有稀缺性，也就不会产生经济学。

2. 错误。稀缺性在任何国家与地区都存在，这是人类共同面临的问题。落后国家的生产力不足，其供给短缺的情况通常更多。不过，供给不足是相对于需求而言的，任何国家在某些时间或在某些产品上都可能存在供给的短缺现象。

3. 错误。微观经济学解决的是资源配置问题；宏观经济学解决的是资源利用问题。

4. 正确。经济学研究的主要问题是“协调问题”，“协调问题”在微观经济学中表现为资源配置问题，具体为①生产什么，生产多少；②怎样生产；③为谁生产。

5. 错误。这是规范经济学研究的命题。规范经济学试图从一定的社会价值判断标准出发，根据这些标准，对一个经济体系的运行进行评价，并进一步说明一个经济体系应当怎样运行，从而为此提出相应的经济政策。“应该”涉及价值判断标准，因此它是规范经济学研究的命题。

6. 正确。规范经济学从一定的社会价值判断标准出发，根据这些标准，对一个经济体系的运行进行评价，并进一步说明一个经济体系应当怎样运行，从而为此提出相应的经济政策。规范经济学要解决“应该是什么”的问题，“每个大学生都应该学一门经济学课程”涉及价值标准，因此其是规范经济学研究的命题。

7. 错误。相反，实证经济学要解决“是什么”的问题，规范经济学要解决“应该是什么”的问题。

简答题

1. 答：①稀缺性是指人们的欲望总是超过了能用于满足欲望的资源的状态。这里的稀缺既不是指这种资源是不可再生的或者可以耗尽的，也不是指这种资源的绝对量是稀少的，而是指在给定的时间内，与人类需要相比，其供给量总是不足的。

②稀缺性是客观存在的。人类之所以有经济行为，之所以要从事生产、分配、交换、消费的经济活动，是由于人类的欲望和由此引起的对物品和劳务的需要是无限多样且永不停止的。可是，用来满足这些无限需要的手段即用来提供这些物品和劳务的生产资源是稀缺的。由于稀缺性是任何社会和任何时期人们都会面临的一个基本事实，它反映了欲望的无限性和资源的有限性的矛盾，正是这种矛盾引起了人类的各种各样的经济活动，并产生大量的

经济问题。

③稀缺性带来的经济问题主要有以下几个：第一，生产什么。面对稀缺的经济资源，人们需要权衡各种需要的轻重缓急，确定生产什么物品、生产多少、何时生产，以满足比较强烈的需要。第二，如何生产。由于各种生产要素一般都有多种用途，各种生产要素之间也大多存在一定的技术替代关系，所以同一种产品的生产往往可以采用多种方法，经济社会必须在各种可供资源组合中，选择成本最低、效率最高的生产方法。第三，为谁生产。因为存在稀缺性，没有人能获得他想要的一切，每个社会都必须建立某种机制来为其成员分配产品。上面三个问题被称为资源配置问题，正是为了解决这些问题，才产生了经济学。

2. 答：由于资源的稀缺性和提高经济效率的必要性，人类社会必须决定如何利用现有的资源去生产“经济物品”来更有效地满足人类的需要，这就是经济学所谓的“选择”。

经济学的“选择”所要解决的三个基本经济问题如下：

①生产什么（what）物品和劳务，生产多少。资源的稀缺性决定了人类社会不可能完全满足自身的全部需要。因此，人们必须对生产什么物品和劳务及其生产多少做出必要的选择。

②如何（how）生产。确定了生产什么、生产多少以后，就存在如何生产的问题。如何生产就是要解决生产方式、生产效率问题，例如，是用石油发电还是用煤炭发电，或是用水力发电？而同样的产品生产方式在不同的外部环境下，也会有不同的劳动生产率。因此，人们必须决定这种资源如何进行有效组合，才能提高经济效率。

③为谁（for who）生产这些物品和劳务。为谁生产即如何分配的问题。生产的经济物品怎样在社会成员之间进行分配？根据什么原则？采用什么机制进行分配？分配的数量界限如何把握？等等。

3. 答：①微观经济学和宏观经济学具有相同的具体研究领域（资本主义经济运行）、研究主题（协调问题）和哲学基础（实证主义科学观）。②微观经济学与宏观经济学的根本区别在于，前者认为，经济只是独立存在的个人行为的简单加总（或结果），简言之，个人在先，而整个经济如何运作取决于并反映个人的行为。后者认为整个经济在先，个人的行为取决于并反映结构法则。二者之间的这种学术差别，表现在微观经济学中，采用经济理性假设，并与方法论个人主义结合生成经济理性主义，派生出最优化和均衡分析，用于解释市场机制的资源配置功能；表现在宏观经济学中，采用资本主义的结构性假设，使用非均衡分析，用于解释政府在资源利用中的作用。

4. 经济学的研究对象是资本主义的经济运行，研究主题是“协调问题”。“协调问题”在微观经济学和宏观经济学中，分别叫作资源配置问题和资源利用问题。资源配置问题可以进一步分解为：①生产什么？生产多少？②如何生产？③为谁生产？资源利用问题可以进一步分解为：①一个国家的长期经济增长由什么因素决定？②一国的经济波动因何而起？③失业由何引起？④价格因何上涨？⑤成为全球经济的一部分如何影响各国的经济？⑥政府政策能否用于改善一国的经济表现？

应用题

1. 答：一般情况下，空气并非稀缺的，因为为了得到空气，你不必放弃任何东西。但在有些情况下，清新的空气则是稀缺的，大气污染等原因可能会造成新鲜空气不足的问题。污染越严重，则新鲜空气的数量越少，其稀缺性也就越强。

在这种情形下，要获得更多的新鲜空气，就需要进行大气污染治理和空气净化等工作，使得你需要付出相应代价（如治理设备、治理技术的运用等），因而你无法在不付出相应代价的情况下，想获得多少新鲜空气，就获得多少新鲜空气。

2. 答：你的时间和精力是稀缺的。

①当你做是否考研的决策时，你面临着是继续读书还是去工作的选择。这时你需要对读研和工作各自的成本和收益进行权衡。若你选择继续读书，那么你将放弃未来工作中所获得的收入以及其他一些非货币性的收益，这构成你继续读书的成本；若你选择工作，那么你将放弃研究生教育带来的知识、能力以及由于接受研究生训练所带来的未来职业发展的收益，这是你工作的成本。

②在大学里，你需要对不同的专业进行选择，比如经济学和法律。这时，你需要对学习经济学和法律各自带来的成本和收益进行权衡。若你选择学习经济学，那么法律的专业知识以及未来的职业发展是学习经济学的成本；同理，经济学的专业知识和未来的职业发展也是学习法律的成本。

③周末你会面临着是去度假还是去图书馆看书的决策，这时你需要对这两项活动的成本和收益进行权衡。度假所带来的身心放松是去图书馆看书的成本，而去图书馆看书所学到的知识则是度假的成本。

真实世界中的经济学

1. 党的二十大报告明确指出：“从现在起，中国共产党的中心任务就是团结带领全国各族人民全面建成社会主义现代化强国、实现第二个百年奋斗目标，以中国式现代化全面推进中华民族伟大复兴。”我国之所以提出“中华民族伟大复兴”的构想，关键就在于“复兴”一词，意味着我们国家曾经在世界上具有举足轻重的地位。从这则材料便可看出，“中国直到19世纪中叶还是全世界最大的经济体，而且在之前的17—18世纪将近两千年的时间里，中国也一直是全世界最大最强的经济体”“麦迪森通过对各种历史数据的推算，认为当时中国的人均收入水平与罗马帝国不相上下”。以上表述也为中国的经济规模曾经在世界上是首屈一指提供了相应的佐证。因此，“复兴”说的是我国曾经处于世界领先的地位，我们现在期待回到过去的位置上，找回中华民族过去的荣光。

2. 在这则材料中，涉及微观经济学的概念主要有：交易、劳动分工、市场规模；涉及宏观经济学的概念主要有：人均收入水平、生产力水平、经济规模、经济发展水平。

第4讲　市场的力量

单选题

1. B。根据需求定律可知，需求曲线是一条向右下方倾斜的曲线。

2. D。需求曲线是在其他条件不变时，根据消费者对某种商品在各种可能的价格水平上与相应的需求量之间的组合点在坐标平面中描绘出来的一条曲线，仅与该商品自身价格有关。

3. C。根据需求定律可知。

4. B。需求曲线的移动是指市场价格以外的其他因素变化引起的需求量变动，而商品自身价格的变化只会引起需求量的变化，而不会引起需求曲线移动。

5. C。如果手表电池与手表是互补品，手表电池价格下降，根据需求定律，手表电池的需求量将增加，从而导致对手表的需求量增加，表现在图形上，手表的需求曲线向右移动。

6. C。需求量随着消费者收入增加而增加的商品叫作正常品。

7. B。乒乓球和乒乓球拍是互补品，互补品价格上升将导致消费者对原有商品的需求减少。

8. B。滴滴车和公共汽车是替代品，替代品价格下降将导致消费者对原商品的需求减少。

9. C。导致需求变化的因素有：消费者的收入、相关商品的价格、消费者的偏好、消费者对未来价格的预期、消费者的数量。

10. A。根据供给定律可知。

11. C。供给变动是市场价格以外的其他因素引起的，与商品自身的市场价格无关。

12. A。商品自身市场价格的变化将引起该商品的供给量变化，表现为供给曲线上点的移动。

13. D。供给曲线是在其他条件不变时，根据生产者对某种商品在各种可能的价格水平上与相应的供给量之间的组合点在坐标平面中描绘出来的一条曲线，仅与该商品自身价格有关。

14. A。当生产者预期商品价格在未来某个时间会下降，将抛售该商品，增加当前供给。

15. B。生产成本上涨，商品供给减少，供给曲线向左移动。

16. B。在需求不变的条件下，供给增加，则均衡价格下降，均衡数量增加；反之，供给减少，则均衡价格提高，均衡数量减少。即需求不变，供给变动将引起均衡价格反方向变动，均衡数量同方向变动。

17. D。在需求增加的条件下，供给增加，则均衡数量增加，但均衡价格的变动方向难以确定。

18. B。当需求增加，供给减少时，则均衡价格提高，但均衡数量的变动方向不确定。

19. B。如果一种物品的市场价格高于均衡价格，则出现供过于求，产品过剩，在生产者竞争过程中，价格将下降。

20. D。短期中，价格的调节作用在于调节供给量与需求量。

辨析题

1. 正确。

2. 错误。需求的变动是指在其他条件不变的情况下，市场价格以外的其他因素变化引起的需求量变动，表现为需求曲线的移动。

3. 正确。

4. 错误。如果消费者预期鞋的价格将上涨，那么当前对鞋的需求会增加。

5. 正确。替代品价格上升将导致消费者对原商品的需求增加。因此，可口可乐价格上升将引起百事可乐的需求增加，百事可乐需求曲线右移，市场均衡价格上升，均衡数量增加。

6. 正确。

7. 正确。

8. 错误。某商品的生产成本增加，将导致该商品的供给减少。

9. 错误。在其他条件不变的情况下，供给的变动会引起均衡价格的反方向变动和均衡数量的同方向变动。

10. 正确。

11. 错误。供给不变，需求的变动会引起均衡价格和均衡数量的同方向变动。

12. 正确。需求曲线和供给曲线均往左移，引起均衡数量将下降，均衡价格的变化不确定。

13. 错误。某商品的市场价格高于均衡价格时，将出现供过于求、产品过剩的情况。

14. 正确。根据均衡价格的定义可知。

15. 正确。市场机制的定义。

简答题

1. 答：①需求定律。一般而言，某种商品的价格越高，消费者愿意并且能够购买的该商品数量就会越少；反之，价格越低，消费者愿意并且能够购买的该商品数量就会越多。如果一个消费者对一种特定商品的需求满足需求定律，则在其他条件不变的情况下，需求量与价格呈反方向变动关系，需求曲线向右下方倾斜。

②供给定律。一般而言，在其他条件不变的情况下，某种商品的价格越高，生产者对该商品的供给量就越大；反之，商品的价格越低，供给量就越小。如果供给定律成立，那么在其他条件不变的情况下，供给量与价格之间呈同方向变动关系，供给曲线向右上方倾斜。

2. 答：①需求表指一个表示某种商品的各种价格水平和与各种价格水平相对应的该商品的需求数量之间关系的数字序列表。从需求表中，我们可以清楚地看到商品价格与需求量之间的函数关系。需求曲线是指用几何图形表示的，在其他条件不变的情况下商品需求量与其价格之间的数量关系。这里的“其他条件不变”是指消费者的收入、偏好及其他商品的价格不变。在这样的假定下，我们可利用无差异曲线、预算线及效用最大化条件推导出在各种不同价格水平下消费者对某种商品的需求量，在坐标系中将这些点连接起来即可得到该商品的需求曲线。

②需求表和需求曲线之间的关联：需求表和需求曲线的关系是需求曲线将需求表用图形的形式表现出来，商品的需求曲线是根据需求表中商品不同的价格，即需求量的组合在平面坐标图上所绘制的一条曲线。

③需求曲线向右下方倾斜的原因：根据需求定理，需求曲线是向右下方倾斜的。需求定理是有关物品价格与需求量之间关系的定理。该定理的内容是：在其他条件不变的情况下，某商品的需求量与价格之间呈反方向变动关系，即需求量随着商品本身价格的上升而减少，随商品本身价格的下降而增加。以价格为纵轴，需求量为横轴，那么需求曲线一定是向右下方倾斜的。

3. 答：价格在市场经济中起着极其重要的作用，主要体现在以下几个方面：

①传递信息。均衡价格综合了影响供给曲线和需求曲线的各种要素信息，并把它们简化为一种信息——价格，将它传达给对这种商品感兴趣的生产者和消费者，调节市场供求，实现市场均衡。

②提供激励。如果不能激励人们见机行事，价格即便传递了信息也是徒劳的。价格体系的另外一个重要的特点是，它在传递信息的同时，还激励了人们见机行事，指明了人们如何见机行事。例如在铅笔涨价的时候，价格还会激励人们寻找替代品，同时还指明在钢笔和毛笔中哪种更划算。

③改变收入分配。如果某商品价格上涨了，消费者却增加对该商品的消费，他将支出更多的货币，可支配收入将减少；生产者却减少产量，他将出现亏损。因此，价格变动将让按照价格涨落调节生产和消费的人，获得更多收入的支配权，使违背价格涨落的人被自发地淘汰。

4. 答：①市场均衡是指市场供给等于市场需求的一种状态。

②当市场价格偏离均衡价格时，市场上会出现超额需求或超额供给的不均衡状态：当市场价格高于均衡价格时，出现超额供给，需求不足；当市场价格低于均衡价格时，出现超额需求，供给不足。

③市场的超额需求或者超额供给会迫使价格回归到均衡状态，从而决定均衡价格和均衡数量。经济学把供求随价格变动而自动趋向均衡的情形看成是市场机制的自发调节。

5. 答：供求变动是指在其他条件不变的情况下，需求变动分别引起均衡价格和均衡数量的同方向的变动；供给变动分别引起均衡价格的反方向的变动和均衡数量的同方向的变动。具体来讲，存在以下四种情况：

①在供给不变的条件下，需求增加，则均衡价格提高，均衡数量增加；反之，需求减少，则均衡价格下降，均衡数量减少。

②在需求不变的条件下，供给增加，则均衡价格下降，均衡数量增加；反之，供给减少，则均衡价格提高，均衡数量减少。

③在需求增加的条件下，供给增加，则均衡数量增加，但均衡价格的变动方向难以确定；反之，供给减少，则均衡价格提高，但均衡数量的变动方向不确定。

④在需求减少的条件下，供给增加，则均衡价格降低，但均衡数量的变动方向难以确定；反之，供给减少，则均衡数量减少，但均衡价格的变动方向不确定。

应用题

1. 解：（1）自行车的供给曲线和需求曲线如图 1 所示。

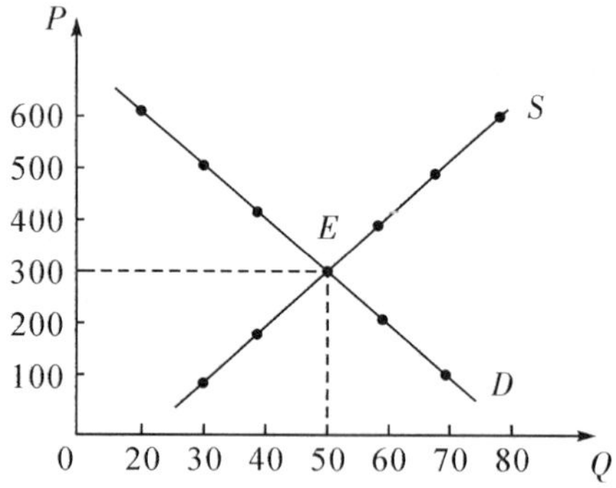

图 1　自行车的供给曲线和需求曲线

（2）300 元。50 辆自行车。

（3）短缺，70−30=40（单位），价格将上升。

（4）过剩，60−40=20（单位），价格将下降。

2. 答：粮食价格的提高将使猪肉的供给曲线向左上方移动。因为粮食价格提高将使猪的饲养成本上升，进而在任何价格水平下，生产者愿意并且能够提供的猪肉量随之减少。

猪肉价格提高将增加猪肉的销售量。因为在其他因素不变的情况下，猪肉价格提高意味着增加猪肉这种商品的供应量将变得更加有利可图。因此生产者将提高产量，这表现为猪肉供给曲线上点的位置的移动。但猪肉价格提高本身并不会对供给曲线的变动产生影响。

3. 答：当城市公共交通设施条件有了显著改善，人们的收入水平有了相当大的提高后，一方面，人们将增加对改善公共交通的需求，另一方面，将更多地购买小汽车来替代自行车作为交通工具。这两者都将减少在任一价格水平下对自行车的需求量，自行车需求曲线由此向左下方移动。如图 2 所示，原来对自行车的需求曲线为 D，若干年后，由于上述原因，需求曲线 D 向左下方移到了 D_1，在任意价格水平下（如 P_0）对自行车的需求量减少了，由 Q_0减少到 Q_1。

当人们收入有了显著提高后，增强了的购买力将使人们对丝绸的需求随之增加，其需求曲线将向右上方移动。如图 3 所示，原来对丝绸的需求曲线为 D_2，收入变化后则向右上方移动为 D_3，此时与任意价格水平相应的需求量增加了，如在价格等于 P_1 时，相应的对丝绸需求量由 Q_2 增加到 Q_3。

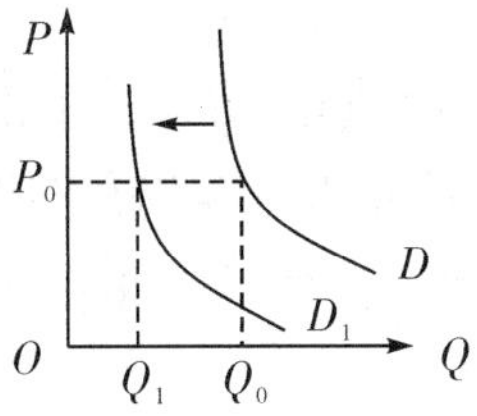

图 2　自行车需求曲线变化情况

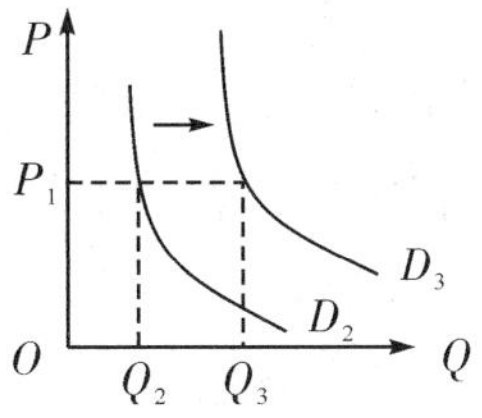

图 3　丝绸需求曲线变化情况

4. 解：当达到市场均衡时，$Q_d=Q_s$，即 $5\,000-20P=2\,000+10P$，故市场均衡价格 $P=100$，市场均衡数量 $Q=3\,000$，如图 4 所示。

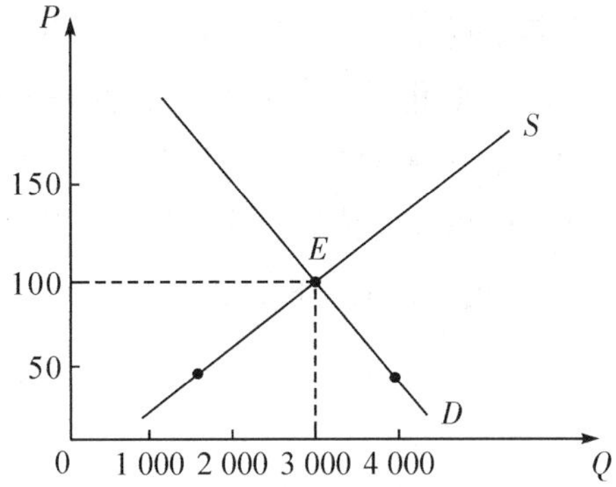

图 4　某公司 A 产品的市场均衡

5. 答：（1）此种情况下，该蘑菇的需求曲线会向左移动。因为世界卫生组织发布的该蘑菇会致癌的报告会使得人们普遍产生对食用此种蘑菇的恐惧心理，并减少对它的需求，从而在任意价格水平下，消费者会大大减少对它的需求量。

（2）此种情况下，该蘑菇的需求曲线会向右移动。因为各个品种的蘑菇属于相互替代的关系，是替代品。当另一种蘑菇的价格上涨后，人们会减少对涨价蘑菇的需求量，并通过多消费另一种蘑菇来实现替代。因此，在任意价格水平下消费者将增加对题干中蘑菇的需求量，需求曲线会向右移动。

（3）此种情况下，该蘑菇的需求曲线会向右移动。因为消费者的收入增加意味着他们的购买力增强，这将使他们增加对这种蘑菇在内的正常商品的需求量，并且在任意价格水平下都是如此，因此该蘑菇的需求曲线会向右移动。

（4）此种情况下，如果不考虑培育蘑菇的工人作为消费者对此种蘑菇的需求的影响时，该蘑菇的需求曲线不发生变动。因为培育蘑菇的工人工资增加只影响蘑菇的供给成本进而影响蘑菇的供给曲线，而不会对需求曲线产生影响。

真实世界中的经济学

1. 市场均衡价格由供求背后的许多因素共同决定，单个消费者和生产者都是市场价格的接受者，不是市场价格的决定者，他们只能按照市场均衡价格出售或购买产品。作者母亲的执拗，使其索要的价格高于市场均衡价格，因此没有将米卖出去。

2. 成本增加了，且市场已经发生变化；供求也生了变化，均衡也变化了，所以市场价格也发生改变。因此，作者父亲的评价并不客观。

3. 市场上的每一个个体是相对理性的经济人，家庭是相对感性的、有温度的单元。市场中的每一个个体都追求理性最优选择，所以相对家庭而言，缺乏温度，但也有其市场原则。通过这篇文章，我们应该更客观地看待市场，在市场中根据市场的变化进行理性判断，回归理性，维护自身的利益；同时，在生活中做一个有温度的人，保持善良、积极、乐观的心态，多看到生活中的美好，弘扬中华优秀传统文化，努力生活，为国家和社会发展贡献自己的微薄力量。(其他言之有理的观点也可)

第 5 讲　市场的供求弹性

单选题

1. C。需求价格弹性又被称为需求弹性。

2. A。根据需求价格弹性的定义，需求价格弹性指的是需求量变动对价格相对变动的反应程度。

3. B。根据弹性的计算公式可知，题中描述的弹性系数相同。

4. A。根据需求价格弹性的五种类型进行判断。

5. B。根据需求价格弹性计算公式可以计算出该结果。

6. D。根据需求价格弹性计算公式可以计算出该结果。

7. D。必需品的需求曲线是价格缺乏弹性的，需求量对价格相对变动的反应不敏感。

8. B。收入弹性小于 1，因此该商品属于正常商品。

9. A。根据需求收入弹性公式计算得到的弹性小于 1，因此该商品是必需品。

10. A。收入弹性小于零，因此该商品是低档商品。

11. C。商品收入弹性大于 1，因此该商品是奢侈品。

12. B。根据需求的交叉弹性系数定义可知此题中的弹性系数为负。

13. D。根据交叉弹性的系数大小，因此该商品是互补品。

14. C。根据交叉弹性的系数大小判断该商品是互补品。

15. B。根据交叉弹性的系数大小判断该商品是替代品。

16. A。根据商品价格和厂商销售收入之间的关系，可知该商品富有弹性。

17. B。根据商品价格和厂商销售收入之间的关系，可知该商品缺乏弹性。

18. C。单位价格弹性，一种物品价格上升对市场总收益无影响。

19. A。食物的需求缺乏弹性，供给右移，会减少农民的总收益。

20. B。可结合图形以及弹性的系数大小和税收负担的关系分析，供给和需求都富有弹性的情况下，税收负担会更多地落到卖者身上。

辨析题

1. 错误。二者是两个紧密联系却又不相同的概念。需求曲线在某点的斜率为 $\mathrm{d}P/\mathrm{d}Q$，而需求的点弹性不仅取决于斜率的倒数值 $\mathrm{d}Q/\mathrm{d}P$，还取决于 P/Q。

2. 错误。点弹性表示当需求曲线上两点之间的变化量趋于无穷小时，需求的价格弹性。也就是说需求的价格点弹性表示需求曲线上某一点上的需求量变动对于价格变动的反应程度。

3. 正确。因为运输的需求的价格弹性为 1.2，说明运输的需求是富有弹性的。富有弹性的商品的价格与销售收入呈反方向变动。因此要增加收入必须降价。

4. 错误。交叉价格弹性是指某种商品的供需量对其他相关替代商品价格变动的反应灵敏程度。其弹性系数定义为供需量变动的百分比除以另外商品价格变动的百分比。交叉弹性系数可以大于 0、等于 0 或小于 0，它表明两种商品之间分别呈替代、不相关或互补关系。可替代程度越高，交叉价格弹性越大。

5. 错误。需求弹性是指在一定时期内商品需求量的相对变动对于该商品价格的相对变动的反应程度，用途广泛与否与弹性没有直接关系。

6. 正确。需求弹性是指在一定时期内商品需求量的相对变动对于该商品价格的相对变动的反应程度。一种商品的消费支出在预算支出中所占比越大，需求弹性就越大。

7. 正确。一种商品的替代品越多，该商品的需求量变化对价格变化的敏感程度就越高，需求弹性就越大；反之，就越小。

8. 错误。交叉价格弹性是指某种商品的供需量对其他相关替代商品价格变动的反应灵敏程度。其弹性系数定义为供需量变动的百分比除以另外商品价格变动的百分比。交叉弹性系数可以大于 0、等于 0 或小于 0，它表明两种商品之间分别呈替代、不相关或互补关系。

9. 错误。交叉弹性系数可以大于 0、等于 0 或小于 0，它表明两种商品之间分别呈替代、不相关或互补关系。可替代程度越高，交叉价格弹性越大。

10. 正确。根据点弹性的计算公式可知，若线性供给曲线的延长线与坐标横轴相交的交点位于坐标原点的左边，供给量变化的程度大于价格变化的程度。

简答题

1. 答：需求价格弹性表示商品的需求量变化对商品价格变化的反应敏感程度。通常，需求价格弹性主要由以下几个因素决定：

①相似替代品的可获得性。有相似替代品的物品往往富有需求弹性，因为消费者从这种物品转向其他物品较为容易。

②必需品与奢侈品。必需品倾向于需求缺乏弹性，奢侈品倾向于需求富有弹性。

③市场的定义。范围小的市场的需求弹性往大于范围大的市场，因为范围小的市场上的物品更容易找到相近的替代品。

④时间框架。物品往往随着时间变长而需求更富有弹性，因为在长期中人们有充分的时间来改变自己的消费偏好和消费结构。

2. 答：商品的需求弹性表示商品需求量的变化率对于商品价格的变化率的反映程度。商品的需求弹性和提供该商品的厂商的销售收入之间存在着密切的关系。这种关系可归纳以下三种情况：

①对于富有弹性的商品，降低价格会增加厂商的销售收入；提高价格会减少厂商的销售收入。商品的价格与厂商的销售收入呈反方向变动。

②对于缺乏弹性的商品，降低价格会减少厂商的销售收入；提高价格会增加厂商的销售收入。商品的价格与厂商的销售收入呈同方向变动。

③对于单一弹性的商品，降低价格或提高价格对厂商的销售收入都没有影响。

3. 答：交叉弹性是一种商品的价格变动对另一种商品需求量的影响程度，或者是此商品需求量的变动对彼商品价格变动的反应程度。它是此商品需求量变动的百分比与彼商品价格变动百分比的比值。如果该比值大于零，表明此商品与彼商品是替代商品，因为此商品价格上升，此商品需求量减少，致使彼商品需求量增加。如果该比值小于零，表明此商品与彼商品是互补商品，因为此商品价格上升，此商品需求量减少，彼商品的需求量也减少，此商品与彼商品共同消费才能满足人们的欲望。如果该比值等于或趋向于零，表明此商品与彼商品之间没有什么关系。对企业来说，如果它的商品与别的企业的商品的交叉弹性小于零，表明它的商品与别的企业的商品是互补商品，它们可以联合起来走共同发展的道路。如果这个企业的商品与别的企业的商品的交叉弹性大于零，表明这两个商品是替代商品，这两个企业将面临激烈的竞争，该企业要警惕别的企业抢占它的商品的市场份额。

4. 答：禁毒可以减少毒品供给，造成原先的毒品市场平衡被打破，新的均衡价格上涨，均衡数量下降。但由于毒品的需求曲线缺乏弹性，即毒品价格上涨引起的毒品需求量减少的比例很小，因此总收益增加。所以，增加了吸毒者为毒品支出的总货币量。那些已经以行窃来维持吸毒习惯的瘾君子为了更快地得到钱，会变本加厉地犯罪。因此，禁毒会增加与毒品相关的犯罪。

应用题

1.（1）$[(30-20)/25]/[(6-5)/5.5]=2.2$（美元）

（2）$[(18-8)/13]/[(6-5)/5.5]=4.2$（美元）

（3）正常物品，因为需求收入弹性为正。

（4）奢侈品，因为需求收入弹性大（大于 1）。在这种情况下，收入增加 18%会引起需求量大幅增加。

2. 答：①由于电力需求的长期价格弹性为 1.2，因此，电力价格上升 1%，将使电力消费减少 1.2%。

②由于电力与天然气需求的交叉弹性为 0.2，两者又是替代品，因此，天然气的价格上升 1%，将导致电力的消费量增加 0.2%。所以，天然气的价格只有上升 6%，才能抵消电力价格上升而减少的电力消费 1.2%。

3. 解：$S_1=P_1\times Q_1=3\ 000\times 100=300\ 000$（元）

$P_2=3\ 000\times$（1 10%）$=2\ 700$（元）

$Q_2=100\times$（1+20%）$=120$（台）

$S_2=P_2\times Q_2=2\ 700\times 120=324\ 000$（元）

$S_2-S_1=24\ 000$（元）

因此，价格下调 10%，该商品的销售收入增加 24 000 元。

4. 解：$S_1=P_1\times Q_1=0.5\times400=200$（元）

$P_2=0.5\times(1+20\%)=0.6$（元）

$Q_2=400\times(1-10\%)=360$（千克）

$S_2=P_2\times Q_2=216$（元）

$S_2-S_1=16$（元）

因此，价格上升 20%，该商品的销售收入增加 16 元。

原因：该商品为需求缺乏弹性的，对于需求缺乏弹性的商品来说，价格与销售收入是同方向变化的，因此，价格上升使得商品的销售收入增加了。

5. 解：$E_i=\frac{\Delta Q}{Q}\div\frac{\Delta I}{I}=\frac{dQ}{dI}\div\frac{Q}{I}=\frac{dQ}{dI}\times(\frac{I}{Q})=0.2\times5\ 000/2\ 000+0.2\times5\ 000=0.33$

$E_i=\frac{\Delta Q}{Q}\div\frac{\Delta I}{I}=\frac{dQ}{dI}\div\frac{Q}{I}=\frac{dQ}{dI}\times(\frac{I}{Q})=0.2\times15\ 000/2\ 000+0.2\times15\ 000=0.6$

$E_i=\frac{\Delta Q}{Q}\div\frac{\Delta I}{I}=\frac{dQ}{dI}\div\frac{Q}{I}=\frac{dQ}{dI}\times(\frac{I}{Q})=0.2\times30\ 000/2\ 000+0.2\times30\ 000=0.75$

6. 答：①中国有句古语叫“谷贱伤农”，意思是谷物丰收了，农民的收入反而减少了。为什么越是丰收，收入却越少了呢？这一问题可以用经济学中需求价格弹性理论来解释。所谓的需求价格弹性是指价格的变动会引起需求量的变动，但不同商品需求量的变动对价格变动的反映程度是不同的。

②需求价格弹性根据弹性系数的大小可分为三类：第一类是需求富于价格弹性，即 $E_d>1$ 的情况，这时需求量的变动幅度大于价格的变动幅度；第二类是需求缺乏价格弹性，即 $E_d<1$ 的情况，这时需求量的变动幅度小于价格的变动幅度；第三类是需求具有单元弹性，即 $E_d=1$ 的情况，这时需求量的变动幅度等于价格的变动幅度。一般认为，农产品属于生活必需品，需求缺乏弹性，$E_d<1$。当丰收时，农产品价格下跌，并不会使需求量同比例增加，从而使农民收入减少。“谷贱伤农”的道理也就在于此。

③具体分析如图 5 所示。

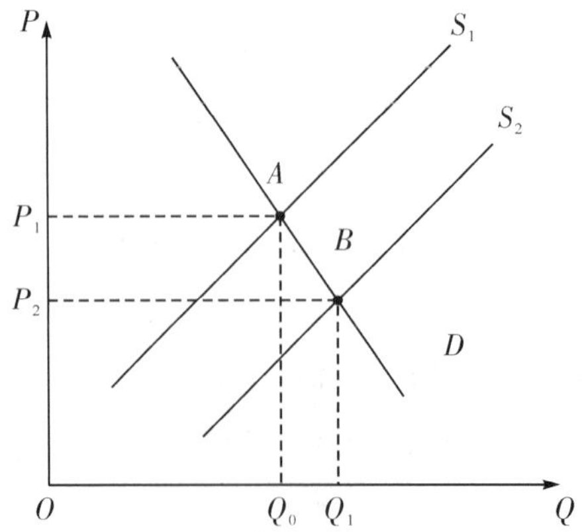

图 5 “谷贱伤农”的需求弹性分析

图 5 中农产品的需求曲线 D 是缺乏弹性的。农产品的丰收使供给曲线 S_1 的位置向右平移至 S_2 的位置，农产品的均衡价格大幅度地由 P_1 下降为 P_2。由于农产品均衡价格的下降幅度大于农产品的均衡数量的增加幅度，最后致使农民总收入大量减少。总收入的减少量相当于图中矩形 OP_1AQ_0 和 OP_2BQ_1 的面积之差。由以上分析可见，“谷贱伤农”的产生是建立在两个基本假设基础上的：一个是农产品的需求弹性系数是小于 1 的，也即 $E_d<1$；另一个是农产品需求曲线位置不变。

真实世界中的经济学

1. 这篇文章中提及的犹太人认为，一种商品在社会上流行的情形可分为两类：一类是先流行于高收入的阶层，即富翁，然后渐次普及于大众；另一类是突如其来爆炸性地流行于大众，但很快就会销声匿迹，这两种情形分别对应为“薄利多销”和“厚利多销”。薄利多销，是指用低利低价卖出去商品来增加总收益的销售策略；“薄利多销”中的“薄利”就是降价，降价就能“多销”，“多销”就能增加总收益。厚利多销，是指先少量在高收入阶层高价卖出商品，当低收入阶层也开始购买商品，商家就会增加收益；“厚利多销”中的“厚利”就是提价，提价能够“多销”，“多销”就能增加总收益。

2. 日本商人藤田认为，在富人心里，越贵的东西，才越能显示自己的身份和地位高于别人；比如舶来品，当商品价格越高时，把舶来品上的标签售价定高，顾客反而乐于抢购，商人便厚利多销了。以国内上流阶层最有钱的人为对象，输入一流的昂贵服饰品，让高收入阶层的人选购。不久，次一层收入的人为了上流阶层的人看齐，也争相抢购。如此一来，顾客数目便增至原先预想的 2 倍。依此类推，陆续增至 4 倍、8 倍、16 倍……终至扩大到社会大众。很多人特别相信高价货物，认为价格越高，货物自然越好。要是商品价格很低，即使商品外观再美，推销者把商品吹得再好，问津者也寥寥无几。这是世界各国大多数顾客的心理。

3. “薄利多销”的商品是富有弹性的商品，其价格的微小变化会引起消费量的巨大变化。“薄利多销”是指通过降价来增加消费量，获取收入，但针对的人群是低收入人群。“厚利多销”的商品缺乏弹性，其价格的变化对消费量的影响较小。厚利多销主要针对高收入人群，从高收入人群入手，引发低收入人群对商品的购买，进而增加销售量，获取收入。二者针对的消费人群和销售策略不同，因此并不矛盾。

第6讲　消费者理论

单选题

1. A。无差异曲线是偏好的图形表达，因此无差异曲线的形状取决于消费者偏好。

2. B。偏好不变则无差异曲线不变。

3. B。在同一无差异曲线上的商品组合表示效用相同的商品组合，但是两种商品的组合比例不同。

4. C。边际替代率递减说明在保持效用不变的前提下，随着对一种商品的增加，减少的另外一种商品的数量是递减的，因此A正确。边际替代递减规律是序数效用论的内容，边际效用递减规律是基数效用论的内容，指的是随着对某种商品消费的增加，该商品的边际效用递减。因此边际替代率递减可以替代边际效用递减，B正确。边际替代率递减规律并不适用于所有商品组合，C错误。边际替代率递减规律决定了无差异曲线凸向原点，D正确。

5. A。效用是消费者对商品的主观感受，A正确，B、C错误。基数效用论可以计算效用，序数效用论只能对效用进行排序，D错误。

6. A。预算线表示在收入和商品价格既定的条件下，消费者用全部收入所能购买到的各种商品的不同数量的组合点的轨迹。因此预算线反映的是消费者的收入约束。

7. B。在商品价格不变的前提下，收入增加将导致预算线向右平移。而预算线的斜率表示为两种商品价格之比。

8. A。消费者消费低于预算线，表达为$P_XX+P_YY\leq m$，说明消费者没有用完全部收入。

9. D。平移表示斜率不变，选项A、B、C都会使预算线斜率发生改变。

10. C。由于$P_XX+P_YY=m$，当两种商品价格与收入同一比率同方向变化，则预算线不变。

11. B。预算线和横轴交点逆时针转动，表示在商品X价格和收入不变的情况下，商品Y的数量减少，说明商品Y价格上升。

12. A。参考图6-1中的C点。无差异曲线的斜率MRS_{XY}大于预算线斜率P_X/P_Y。

13. A。参考图 6-1 中的 C 点。为了使消费者达到最满足，则需要使 $MRS_{XY}=P_X/P_Y$，即增加 X，减少 Y。

14. C。已知 $MRS_{ml}=\Delta l/\Delta m=1/3$，消费者的理性选择需满足 $MRS_{ml}=P_m/P_l=1/3$。

15. B。已知 $MRS_{pj}=2$，$P_p/P_j=3$，说明 $MRS_{pj}<P_p/P_j$，位于图 6-1 中的 D 点，在其他条件不变的情况下，应该减少苹果增加橘子。

16. B。已知 $MRS_{XY}=0.5$，$P_x/P_y=5/7$，位于图 6-1 中的 D 点，在其他条件不变的情况下，应该减少 X 增加 Y。

17. D。B 点 $MRS_{XY}<P_x/P_y$，消费者会增加商品 Y 的消费。

18. B。消费者剩余是消费者对某商品的最高支付意愿超出实际支付价格部分，是消费者的主观感受。

19. B。MRS_{XY}直线上的点反映的是价格与需求量之间的对应关系，可以认为 MRS_{XY}直线表示为消费者的个人需求曲线，因此消费者剩余为需求曲线以下，均衡价格以上部分。

20. C。消费者剩余是消费者对某商品的最高支付意愿超出实际支付价格的部分。

辨析题

1. 正确。偏好与消费者对某产品的欲望、需要、愿望或愿意购买等概念等价。

2. 错误。无差异曲线属于序数效用论的内容。

3. 错误。无差异曲线表示在既定偏好条件下，给同一消费者带来相同满足程度的商品的不同数量组合。

4. 错误。无差异曲线的斜率不随两种商品价格变化而变化，是在效用水平保持不变的条件下，一种商品数量增加对另外一种商品的替代。

5. 错误。同一个消费者对不同商品的效用大小可以比较。但由于效用是主观价值判断，所以同一商品对不同的消费者来说，其效用的大小是不可比的。

6. 正确。效用是人们的主观感受，因此因时、因地、因人而异。

7. 正确。效用是人们的主观感受，不同的人对于同一种产品偏好及评价不同。

8. 正确。消费者理性选择是指在收入和商品价格既定的条件下，消费者试图选择使得自身效用最大化的商品数量组合。

9. 正确。无差异曲线的形状凸向原点主要由于边际替代递减规律。

10. 错误。消费者理性选择的约束条件是预算（收入）。

11. 错误。只有在收入变动，商品价格不变，预算线发生平移时，预算线的移动才表示消费者的收入发生了变化。

12. 正确。预算线表示在收入和商品价格在既定的条件下，消费者用全部收入所能购买到的各种商品的不同数量的组合点的轨迹。

13. 正确。消费者理性选择点是预算线与无差异曲线相切的点。

14. 错误。“愿意购买”用无差异曲线表示，“能够购买”用预算线表示。

15. 正确。个人需求曲线上的每一点都对应着无差异曲线与预算线的切点。

16. 错误。因为市场需求曲线是个人需求曲线的水平加总，因此即使个人需求曲线是直线，市场需求曲线不一定是直线，也有可能是曲线。

17. 正确。也可以表达为价格效应是收入效应和替代效应之和。

18. 正确。替代效应是指价格下降引起消费者用价格便宜的商品替代价格昂贵的商品，从而引起需求量的增加额。

19. 错误。可以用消费者剩余来衡量消费者参加市场交换活动“赚得的”价值。

20. 错误。当人们对某商品的最高支付意愿低于市场价格时，则不会产生交易，也不会存在消费者剩余，因此消费者剩余为0元。

简答题

1. 答：消费者的偏好是指消费者对任何两个商品组合所做的一个排序。

基本假设：①完备性。消费者对任意两个商品组合都能进行排序。②传递性，如果消费者认为商品组合 $A>B>C$，则有 $A>C$。③单调性。在其他商品数量相同的条件下，消费者更偏好数量大的数量组合。④无差异曲线是凸性的，即偏好多样性的数量组合。

2. 答：无差异曲线是用来表示消费者偏好相同的两种商品的所有组合的。

无差异曲线具有以下三个基本特点：①由于通常假定效用函数是连续的，所以在同一坐标平面上的任何两条无差异曲线之间，可以有无数条无差异曲线。所有这些无差异曲线之间的相互关系是：离原点越远的无差异曲线代表的效用水平越高，离原点越近的无差异曲线代表的效用水平越低。②对同一消费者而言，在同一坐标平面图上的任何两条无差异曲线不会相交。③无差异曲线是凸向原点的。这就是说，无差异曲线不仅向右下方倾斜，即无差异曲线的斜率为负值，而且无差异曲线是以凸向原点的形状向右下方倾斜的，即无差异曲线的斜率的绝对值是递减的。这取决于商品的边际替代率递减规律。

3. 答：边际替代率递减规律，是指在维持效用水平不变的前提下，随着一种商品消费数量的连续增加，消费者为得到每一单位的这种商品所需要放弃的另一种商品的消费数量是递减的。

4. 答：需求定律是指在其他条件不变的情况下，价格与需求量之间的反向变动关系。需求定律的产生可以用价格效应来解释。价格效应是指价格下降引起的需求量增加额，但价格下降引起需求量增加的原因有两个：一是收入效应，即当价格下降引起实际收入增加，从而引起对正常品需求的增加；二是替代效应，即价格下降导致消费者用价格便宜的商品替代价格昂贵的商品，从而引起需求量的增加。

5. 答：满足两个条件，如图 6 中的 E 点。

①均衡点 E 位于预算线；②该预算线与商品组合点所在的无差异曲线相切，二者斜率相等。

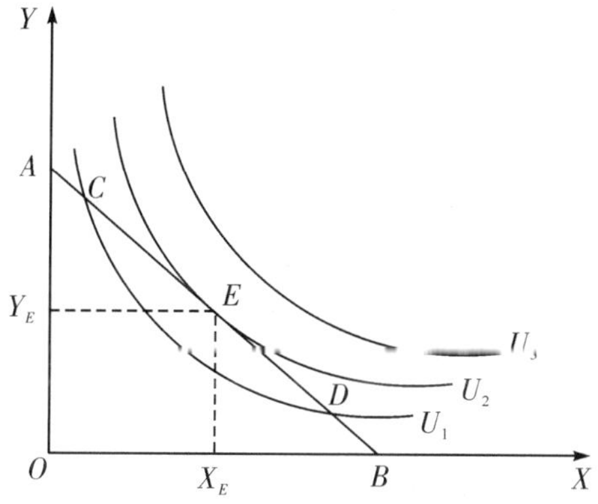

图 6

应用题

1. 答：(1) 现在无论香蕉和苹果的消费量是多少，消费者宁可增加一个香蕉，也不要增加一个苹果，原因在于苹果对香蕉的边际替代率大于预算线斜率，如图 7 的 C 点，位于 U_1上。为了达到消费者的效用最大化，消费者可以通过减少苹果消费，增加对香蕉的购买，达到无差异曲线 U_2上的 E 点，最终实现消费者的理性选择，即边际替代率等于预算线的斜率。

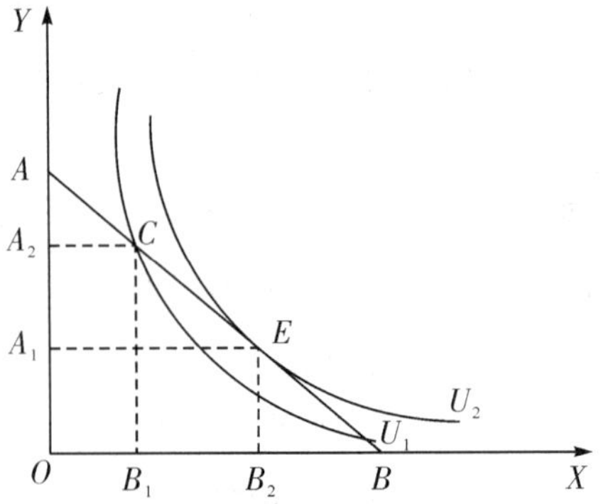

图 7

（2）在现有价格下，消费者实现消费者均衡，即 E_1 点。当苹果价格下降，消费者预算线 I_1 将绕着与横轴的交点 B 顺时针旋转至 I_2，消费者为了实现效用最大化，将会同时增加苹果的消费，无差异曲线从 U_1 变为 U_2，如图 8 所示。

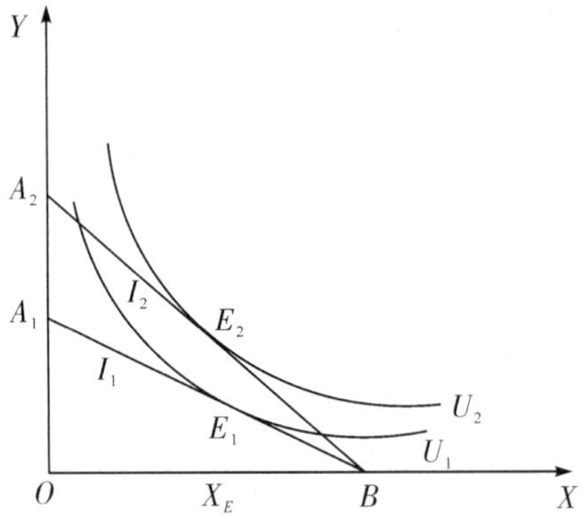

图 8

2. 答：（1）甲原来的商品组合为（4，6）。现在交换后，蛋糕剩下 1 块，而牛奶却增加到 15 杯，即商品组合为（1，15）。由此可比较两种不同商品组合的效用。

交换前：$U_1 =（4+2）\times（6+6）= 72$

交换后：$U_2 =（1+2）\times（15+6）= 63$

可见，（4，6）组合提供的效用比（1，15）组合大，因此，甲拒绝交换是明智的。

（2）$MRS_{XY} = \Delta Y/\Delta X = -2$，表示甲愿意以 2 杯牛奶换 1 块蛋糕。因此甲肯定愿意为了 3 杯牛奶而放弃 1 块蛋糕。

3. 答：（1）无差异曲线 BC 段的 $MRS_{XY} = \Delta Y/\Delta X =（15-20）/（30-20）= -1/2$，小明愿意以 1 单位 Y 交换 2 单位 X。

无差异曲线在 C 点右侧 MRS_{XY} 为 0，说明小明对 X 的消费有无限需求，因此在（20，20）商品组合的情况下，放弃每单位 Y 来换得 1 单位 X，小明不愿意。

（2）无差异曲线 AB 段的 $MRS_{XY}=\Delta Y/\Delta X=(27.5-20)/(5-20)=-1/2$，小明愿意以 1 单位 Y 交换 2 个单位 X。

无差异曲线在 A 点以上的 MRS_{XY} 趋近于无穷大，即 Y 的消费已达到饱和状态。故在 AB 段，放弃每单位 X 换来 1 单位 Y，他愿意；而在 A 点以上，他就不愿意了。

（3）为了使小明保持现行的消费水平，交换只能在 AC 段进行，因为 AC 段的 $MRS_{XY}=-1/2$，故 X 与 Y 的交换比率为 1∶2。

4. 答：鸡蛋的价格下降使得小红增加了对其的购买，这是由于替代效应和收入效应共同发生作用的结果。首先，因为小红在一定的预算约束下，猪肉价格不变而鸡蛋价格下降，这意味着在不减少猪肉消费的情况下，能够增加对鸡蛋的购买，即鸡蛋价格下降引起小红实际收入的增加，从而增加鸡蛋的消费，这就是收入效应。其次，当猪肉的价格不变，而鸡蛋价格下降将促使小红把原来准备购买猪肉的钱用于购买鸡蛋，即因为鸡蛋价格的下降使得小红用鸡蛋替代猪肉的购买，从而引起她对鸡蛋的需求增加，这就是替代效应。最后，收入效应和替代效应的同时作用，导致了鸡蛋价格下降，使得小红增加了对鸡蛋的需求。

5. 答：（1）图 6-7 中的横截距表示消费者的收入全部购买商品 1 的数量为 30 单位，且已知 $P_1=2$（元），所以消费者的收入 $I=2\times30=60$（元）。

（2）图中的纵截距表示消费者的收入全部购买商品 2 的数量为 20 单位，且由（1）已知收入 $I=60$（元），所以商品 2 的价格 $P_2=I/20=60/20$（元）$=3$（元）。

（3）由于预算线方程的一般形式为：$P_1X_1+P_2X_2=I$。

所以，根据（1）、（2）可将预算线方程具体写为：$2X_1+3X_2=60$。

（4）将（3）中的预算线方程进一步整理为 $X_2=-2/3X_1+20$，显然，预算线的斜率为 $k=-2/3$。

真实世界中的经济学

1. 一般来说，如果一个击球手什么球都打，每次都全力以赴。这需要很强大的力量和体格，很多人甚至靠服用禁药来增加力量，这会很大程度影响击球手的击球质量。但是泰德知道自己不可能击打每个球，这样会分散注意力，反而可能使自己平时擅长击打的球都出现失误。专注自己擅长区域即“甜蜜区”的球会让自己集中精力打好每一个球，这样相比那些每个球都打的击球手可以得到更好的成绩。

2. 泰德知道如果什么球都打，需要很强大的力量和体格，但是一个运动员的力量是有限的，不可能长时间维持在最好的状态，即泰德知道自己做决策的约束条件是什么。

巴菲特在投资的时候也很清楚自己熟悉什么行业，对于不熟悉的行业即便正处于风口，他也不为所动。这对于我们消费者而言也是一样，我们在做消费决策的时候一定要搞清楚我们的“约束条件是什么”“有多少资金”“多少时间”。将有限的金钱和时间花到能使我们获得更多效用的产品和劳务上不失为一种理性的消费选择。

3. 人生中的诱惑太多了，就像不时飞来的棒球以及不断涌现的高科技公司，但是我们要不要击打？要不要投资？泰德只打“甜蜜区”的球，而巴菲特只投资高价值、可迭代、有“护城河”的公司，他们都知道自己做决策时面临的约束条件，不可能什么都做。就像我们的人生抉择一样，我们要清楚我们要达到的目标，同时也要知道自己面临的约束条件。想要践行泰德和巴菲特这样的理念，需要“一颗强大而冷静的心”，坚定不移，不为外界所动。

第 7 讲　技术与成本

单选题

1. D。总产量与边际产量的关系。当边际产量大于零时，总产量上升；当边际产量为零时，总产量最大；当边际产量为负时，总产量下降。

2. A。只要边际产量为正，总产量就增加；只有边际产量为负时，总产量开始下降，故 A 正确。边际产量减少时，只要仍是正值，总产量仍在增加，B 错误。MP 曲线在下降阶段与 AP 曲线相交于最高点，C 错误。第一阶段中，MP 减少，AP 仍在增加，D 错误。

3. C。当平均产量曲线与边际产量曲线相交时，平均产量最大。

4. C。在总产量曲线达到最高点时，边际产量为零，即边际产量曲线与横轴相交。

5. B。当边际产量大于平均产量时，平均产量递增；当边际产量小于平均产量时，平均产量递减。根据边际收益递减规律，当产量到达一定值时，边际产量呈递减趋势。

6. A。劳动的边际产量与平均产量的关系有：第一，当边际产量大于平均产量时，平均产量将上升；第二，当边际产量等于平均产量时，平均产量达到最大值；第三，当边际产量小于平均产量时，平均产量将下降。

7. B。当边际产量等于平均产量时，平均产量达到最大值。

8. C。边际产量是指，增加一个单位的劳动投入所带来的总产量的增加量。当边际产量等于零时，总产量达到最大值。

9. A。机会成本，是指将稀缺资源用于某一用途而放弃的其他用途中最有价值的那种用途的价值。

10. B。1 000-400-700=-100（元）。

11. B。隐成本是指企业自己所拥有并被用于该企业生产的那些投入品的总价格，这些成本并没有表现在账目上，因此是“看不见的（implicit）”成本。

12. A。经济成本包含隐成本和显成本。经济利润表现为销售收入与经济成本的差额，企业利润最大化是指经济利润而不是会计利润最大化，因为会计利润包含了隐成本。

13. B。边际成本与平均成本的关系有：第一，当边际成本低于平均成本时，平均成本将下降；第二，当边际成本等于平均成本时，平均成本最小；第三，当边际成本大于平均成本时，平均成本上升。

14. B。边际产量递减，边际成本递增，边际成本是总成本曲线切线的斜率。

15. B。边际产量递减，边际成本递增，边际成本曲线成 U 形。

辨析题

1. 错误。生产函数表示在一定时期内，在技术水平不变的情况下，生产中所使用的各种生产要素的数量与所能生产的最大产量之间的关系。生产函数不是表示投入品价值与产出价值的关系，而是要素投入数量与产量的关系。

2. 错误。边际产量递减意味着为了生产相同的产量增量，要求越来越多的投入量，因此，总成本以递增的比率增加。

3. 正确。当 MP>AP>0 时，总产量随着投入的增加而增加，平均产量随着投入的增加而增加；当 AP>MP>0 时，总产量随着投入的增加而增加，平均产量随着投入的增加而减少。

4. 错误。如果边际产量减少但是大于零，则总产量增加；如果边际产量减少且小于零，则总产量减少。

5. 错误。边际产出递减规律的原因在于：要素投入之间存在一个最佳数量组合比例。要素投入不同步增加并非必然导致要素组合偏离最佳组合比例，从而边际产量并不必然递减。

6. 错误。机会成本是一种无形的成本，不能反映到会计报表中。

7. 错误。他所付出的机会成本是他在继续上学过程中，所放弃的参加工作的收入。

8. 错误。这里考察显成本与隐成本的概念。工资和薪水是生产的显成本的例子，因为企业有货币支出。

9. 正确。会计利润=总收益-显性成本=100-50=50（元）。

10. 错误。边际产量递减意味着为了生产相同的产量增量，要求越来越多的投入量，因此，总成本以递增的比率增加。

11. 正确。如果每单位的投入增加带来的产出增加小于初始的增加量，则边际产量递减，为了生产等量的额外产出，厂商需要更多的投入，也就是说，边际成本增加。

12. 错误。当边际成本大于平均总成本时，平均总成本一定会上升。

13. 错误，边际成本曲线与平均总成本曲线在平均总成本曲线的最低点相交。

14. 错误。当 MC<AC 时，AC 递减，此时边际成本可能递增，也可能递减；当 MC>AC，AC 递增，此时边际成本递增。以上分析表明，在边际成本递增时，如果 MC<AC，则 AC 递减；如果 MC>AC，则 AC 递增。

15. 正确。边际成本的变化总是比平均成本的变化更快。当生产要素的配置达到最佳状态后，边际产量开始下降，边际成本开始上升，但平均产量仍在上升，于是平均成本也仍在下降，一直到边际产量上升交于平均产量的最低点，平均成本才转而进入上升阶段。

简答题

1. 答：边际报酬递减规律有一个基本的前提条件是生产技术不变，即是在一定技术水平下的边际报酬递减规律。生产技术进步会优化资源配置、提高经济效率，但是边际报酬递减规律并不会失效。

2. 答：私营企业的显成本一般包括雇佣劳动力的工资、购买原材料和半成品的支出、贷款利息和租用土地及建筑物时支付的租金等。隐成本包括企业主为其他人工作所能挣得的最高工资，他自身拥有并使用的资源，如资本、土地和其他生产要素。在企业购买或租借生产要素时，它所支付的价格至少应当等于同样的投入在其他最好用途中所能挣得的收益，这就是所谓的“机会成本”。

3. 答：会计利润不变，经济利润减少。因为随着隐成本的增加，你投资货币的机会成本和你的时间的机会成本增加了。你更不可能继续经营你自己的企业，因为更加无利可图了。

4. 答：总成本曲线反映了生产函数。当一种投入表现为边际产量递减时，由于投入增加量增加的产量越来越少，生产函数越来越平坦。相应地，随着生产量增加，总成本曲线越来越陡峭。

5. 答：当边际成本低于平均总成本时，平均总成本曲线必定下降。当边际成本高于平均总成本时，平均总成本曲线必定上升。因此，边际成本曲线与平均总成本曲线在平均总成本最小时相交。

应用题

1. 答：这种做法是明智的，原因如下：

①该教授充分利用了经济成本的概念，经济成本也就是经济学里的机会成本，机会成本是指将一定的资源用于某项特定用途时所放弃的该项资源用于其他用途时所能获得的最大收益。机会成本的存在需要三个前提条件：第一，资源是稀缺的；第二，资源具有多种生产用途；第三，资源的投向不受限制。从机会成本的角度来考察生产过程时，厂商需要将生产要素投向收益最大的项目，而避免带来生产的浪费，以达到资源配置的最优。在本题中，教授写书的机会成本是在写书的时间里去图书馆收集资料的代价。而如果他不付钱让学生去图书馆收集资料而是自己放弃一部分写书的时间亲自到图书馆去收集资料，那么他收集资料的机会是拿这些时间写书的代价。对教授来讲，用同样的时间用来写书所获得的收益要远远大于用来收集资料所能带来的收益。所以，对他来讲，收集资料的机会成本要比写书的机会成本大，所以他会选择写书，而付钱让学生来收集资料。

②从付钱的角度来讲，他付这笔费用一定会小于他用这些时间写书所能获得的收益，也就是他很好地应用了成本−收益分析方法，即用最小的成本获取最大的收益，也充分体现了他是一个理性的经济人，以效用最大化来作为自己的目标。

③从学生的角度讲，学生无论写书还是去图书馆收集资料的速度都比教授要慢。所以，对学生而言，用同样的时间来收集资料和替教授写书所获得的效用或收益是差不多的，即写书和收集资料的机会成本相当的。教授这样安排，也充分利用了资源，使资源达到最优配置。

2. 答：这里的“代价”是指会计利润，这是厂商做财务报表时使用的标准概念。会计利润计算进去的是历史成本，即生产要素最初被购买时的价格；经济利润计算进去的是经济成本，即要素现在被购买时的价格。而沉淀成本是不能通过变卖回收的成本，因此它属于历史成本，但不属于经济成本，可以认为它的现值为0。本题中，在现有的劳动合同下，汽车制造商如果不开工就要支付更多的工资，这意味着公认的工资是合同规定的沉淀成本。会计利润要减去工资的支出，但经济利润则不减，因为这是沉淀成本。

因此汽车制造商在现有的销售水平下，即使会计利润是亏损的，却仍有可能获得经济利润。

3. 答：表 1 为某汽车生产商的总成本、边际成本和平均成本。

表 1　某汽车生产商的汽车总成本、边际成本和平均成本

汽车的数量/辆	总成本/元	边际成本/元	平均总成本/元
0	500 000	—	—
1	540 000	40 000	540 000
2	560 000	20 000	280 000
3	570 000	10 000	190 000
4	590 000	20 000	147 500
5	620 000	30 000	124 000
6	660 000	40 000	110 000
7	720 000	60 000	102 857
8	800 000	80 000	100 000
9	920 000	120 000	102 222
10	1 100 000	180 000	110 000

4. 答：（1）劳动边际产量如表 2 所示。劳动边际产量下降的原因是边际报酬递减规律。

表 2　“漂亮新娘”的边际产量

劳动力的人数（工人人数）	鲜花预订量	劳动边际产量（MP_L）	总成本/元	边际成本/元
0	0	—	100	—
1	5	5	150	10
2	9	4	200	12. 5
3	12	3	250	16. 67
4	14	2	300	25
5	15	1	350	50

（2）如表 2 所示，最初的 5 个鲜花预订中每个预订的边际成本（MC）是 10，第 6 个到第 9 个鲜花预订的边际成本是 12. 5 元。边际成本随着产出的增加而增加是因为边际报酬递减规律，因此鲜花预订的数量增加，每个鲜花预订的成本会增加。

真实世界中的经济学

1. 如图 9 所示，坐标轴的纵轴表示开心果数量，横轴表示人数。随着吃开心果人数的增加，劳动的总产量、平均产量和边际产量都将随之增加，边际产量最先到达最高点，随后平均产量到达最高点，最后总产量到达最高点。

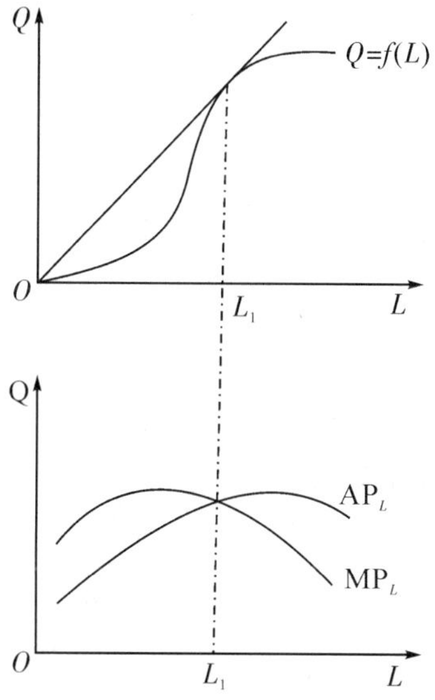

图 9　总产量、平均产量和边际产量之间的关系

2. 机会成本。机会成本是指将稀缺资源用于某一用途而放弃的其他用途中最有价值的那种用途的价值。仓库里的开心果越来越少，果壳越来越多；随着果壳的增加，大家发现开心果越来越难找，为了几颗免费的开心果，放弃掉那么多的时间是不值得的，机会成本会大大增加。随着吃开心果的人数越来越多，边际产量递减，边际成本递增，如图 10 所示。

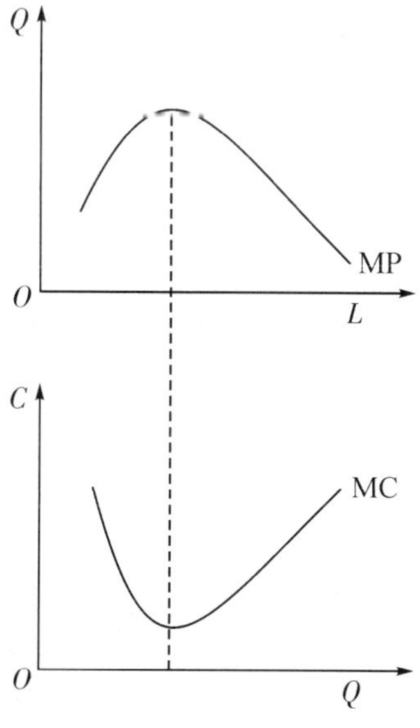

图 10　边际产量和边际成本及其相互关系

3. 边际报酬递减规律。随着吃开心果人数的增加，劳动的总产量、平均产量和边际产量都将随之增加，边际产量最先到达最高点，随后平均产量到达最高点，最后总产量到达最高点，并分别依次开始下降。我们把这种趋势叫作报酬递减规律。

第 8 讲　完全竞争企业决策

单选题

1. C。完全竞争企业是价格的接受者，竞争对手之间不存在激烈的价格竞争。

2. D。市场结构的划分标准主要包括企业的数量、产品的替代性、企业进入市场的难易程度。

3. D。寡头市场偏离完全竞争市场的“许多”企业条件，只有几家企业，根据企业市场环境采取相应的策略行事。

4. D。垄断竞争市场是有很多的厂商生产和销售有差别的产品的市场。小麦市场类似于完全竞争市场，自来水和原油市场主要为寡头垄断或垄断市场，软饮料市场最适于垄断竞争市场。

5. C。只有一个卖方的市场叫垄断市场。

6. B。厂商根据市场变化来改变自己的产量，意味着厂商不能影响价格，而是市场价格的接受者。

7. D。完全竞争市场的特征。

8. C。农产品市场最接近完全竞争市场。

9. A。完全竞争企业的边际收益等于企业所售的该物品的市场价格。

10. D。企业面临的需求曲线和市场需求曲线的区别在于：第一，市场需求曲线的主体是消费者，企业面临的需求曲线的主体是企业；第二，市场需求曲线的理论基础是消费者行为理论，企业面临的需求曲线的理论基础是市场结构理论。第三，市场需求曲线用于刻画消费者行为，企业面临的需求曲线用于刻画市场结构。

11. A。完全竞争企业的边际收益曲线和平均收益曲线，与完全竞争企业面临的需求曲线，重合于市场价格的水平线，这是完全竞争市场的另一种表达。

12. A。完全竞争条件下，在 MC 的递增区域出现 $P = \mathrm{MC}$，则这一厂商正好处于利润最大化位置。

13. C。完全竞争企业是市场价格的接受者，将以市场价格来销售其产品。若高于市场价格，则销售不出去；若低于市场价格，则收益受损，厂商也没有必要降低价格。

14. A。完全竞争企业的最优产出原则是 $P=\mathrm{MC}(Q)$。

15. C。只有在 MR>MC 时，每多生产一单位产品，利润将不断增加，此时厂商会继续扩大生产，增加产出。

16. A。$P=\mathrm{AC}$ 时，$P\times Q=\mathrm{AC}\times Q$，即 TR=TC，厂商的总收益等于总成本，该点是厂商的收支相抵点。

17. A。厂商的停产原则是 $P<\min\mathrm{AC}$。

18. B。随着市场价格的变动，完全竞争企业的均衡点将沿着 MC 曲线变动。完全竞争企业均衡点变动的轨迹所对应的市场价格与企业均衡产量的组合，就是完全竞争企业的供给曲线，是 MC 曲线的一部分。

辨析题

1. 正确。市场竞争程度的强弱即市场参与者数量的多少，通常我们只考虑企业的数量，因为企业的数量是市场结构划分的重要标准之一。

2. 错误。需求交叉弹性为无穷大的产品叫作同质产品；需求交叉弹性介于（0，+∞）的产品叫作差别产品。

3. 错误。生产者的行为目标是利润最大化。

4. 错误。完全竞争市场的产品无差别的。

5. 正确。同质产品是指商标、专利、品牌等均无差异的产品。

6. 正确。完全竞争厂商是市场价格的接受者。

7. 错误。在完全竞争行业中，企业的需求曲线是水平的，企业的 MC 曲线是向右上方倾斜的。

8. 错误。完全竞争厂商利润最大化时，$P=\mathrm{MR}=\mathrm{MC}$。但当 MR=MC 时，如果 $P\neq\mathrm{MR}$，则此时不完全竞争厂商实现利润最大化，而不能推出完全竞争厂商实现利润最大化。

9. 正确。完全竞争企业是市场价格的接受者，将以市场价格来销售其产品。若高于市场价格，则销售不出去；若低于市场价格，则收益受损，厂商也没有必要降低价格。

10. 错误。完全竞争厂商的供给曲线就是其相应的边际成本曲线等于或大于平均成本最低点的部分。

11. 错误。完全竞争市场的供给曲线是向右上方倾斜的。

12. 错误。完全竞争厂商所面临的需求曲线是一条水平线，它表示完全竞争厂商只能被动地接受现行的市场价格。

13. 正确。市场供给曲线是通过水平加总完全竞争企业的供给曲线获得的，或者说是通过“加量不加价”的方法获得的。

14. 正确。生产者剩余的定义。

15. 正确。市场结构划分类型。

简答题

1. 答：根据市场结构划分的三个标准：企业数量、产品的替代性和进入市场的难易程度，我们可以将市场结构划分为四种类型：完全竞争市场、垄断竞争市场、寡头市场和垄断市场。同时，后三种市场结构也统称为不完全竞争市场。

2. 答：完全竞争市场必须具备以下四个条件：

①市场上有大量的买者和卖者，每一个消费者或每一个厂商都是价格的接受者。

②市场上每一个厂商提供的产品都是同质的。

③所有的资源具有完全流动性。所有资源可以在各厂商和各行业完全自由地流动，不存在任何障碍，这也意味着厂商可以自由进出一个行业。

④信息是完全的。市场上的每一个买者和卖者都掌握了与自己的经济决策有关的一切信息。

3. 答：①完全竞争又称为纯粹竞争，是指不存在任何阻碍和干扰因素的市场情况，亦即没有任何垄断因素的市场结构。完全竞争市场具有以下几个特点：市场上有无数的买者和卖者；同一行业中的每一个厂商生产的产品是完全无差别的；厂商进入或退出一个行业是完全自由的；市场中的每一个买者和卖者掌握与自己的经济决策有关的商品和市场的全部信息。

②不能认为完全竞争在现实中很难存在就没有实际意义。实际上，对完全竞争的研究具有重要的理论意义和实际意义。这主要体现在以下几个方面：第一，完全竞争市场理论为经济学比较分析实际部门的特征提供了标准，这一理论分析模式说明了非完全竞争市场中各个变量之间的关系，为认识实际情况提供了非常有用的基本思想、理论和分析工具。第二，完全竞争市场为比较市场效率提供了一个标准。在完全竞争市场中，商品价格等于生产商品的平均成本和边际成本，因此消费者只需要支付最低价格；在长期中不存在经济利润，所有厂商都运营于平均成本最低点，资源得到最充分配置，即资源配置最优化和净社会福利最大化。完全竞争市场结果为比较其他类型的市场提供了比较标准，可以衡量其他类型市场的效率。

③根据完全竞争市场必须满足的假设条件，我们可以获得一些有关这种

市场上的需求和价格决定等方面非常有意义的信息。如果上述条件都得到满足，那么必然的结果是：市场价格完全由整个行业的供求关系（市场机制）决定；但对个别的市场参与者来说，可能的价格只有一个，那就是市场价格。正是因为完全竞争市场具有重要的理论意义和实际意义，经济学家在分析市场时首先从完全竞争市场开始。

4. 答：市场结构是否为完全竞争，并不依据市场竞争的激烈程度。完全竞争的一个重要特征在于市场的参与者都是价格的接受者，不能影响价格。家电产品存在产品差别，厂商可以影响价格，所以不是完全竞争行业。

5. 答：由于在完全竞争条件下，每个厂商可以按照市场决定的价格销售任何数量的商品。此时厂商的需求曲线是一条水平线，它与横轴之间的距离等于商品的售价。而市场需求曲线是由所有消费者的商品的个人需求加总得来的，当商品的价格上升时，需求就会减少；当商品的价格下降时，需求量会增加，故整个市场面临的需求曲线是向右下方倾斜的曲线。

应用题

1. 解：(1) 表格填写如表 3 所示。

表 3　某品牌口罩制造厂的收入和成本信息　　金额单位：元

Q	TR（$P=3$）	TC	π	MR	MC
0	0	1	-1		
				3	1
1	3	2	1		
				3	2
2	6	4	2		
				3	3
3	9	7	2		
				3	4
4	12	11	1		
				3	5
5	15	16	-1		

(2) 最优生产是每单位时间里生产 2 个或 3 个口罩，这个生产水平使利润最大（2 元），判断标准是 MR = MC 时的产量水平，实现了最大利润。

2. 解：已知厂商的成本函数为 $TC=0.1Q^3-3Q^2+10Q$，则边际成本 $MC=dTC/dQ=0.3Q^2-6Q+10$，又知市场价格 $P=100$，根据利润最大化条件 $P=MC$，得 $100=0.3Q2-6Q+10$，解方程得：$Q_1=30$，$Q_2=-10$（舍去），所以厂商的短期均衡产量为 $Q=30$，利润 $\pi=TR-TC=100\times30-(0.1\times30^3-3\times30^2+10\times30)=2\ 700$。

3. 解：已知 $MC=0.6Q-10$，$TR=38Q$，则 $P=MR=38$，利润最大化时，$MC=MR$，即 $0.6Q-10=38$，解得 $Q=80$，即当 $Q=80$ 时该厂的利润最大化。

4. 解：(1) 由 TC 求出 MC，根据利润最大化条件：$P=MC$ 列方程求得 $Q=6$，利润为 216 元。

(2) 又根据 $P=MC$，得 $Q=4$，此时利润为 $TR-TC=4\times30-88=32$，不亏损。

(3) 退出行业的条件是 $P<\min AC$。由 $TC=Q^3-6Q^2+30Q$，进而推出 $AC=Q^2-6Q+30$，求 AC 的最小值（对 Q 求导等于 0），解得 $Q=3$，$AC=21$。所以，只要价格 $P<21$，厂商就会停产。

5. 解：(1) 厂商的供给函数为 $P=MC$，故 $P=0.2Q+1$ 或 $Q=5P-5$ $(P\geqslant1)$。行业中有 100 个厂商，所以行业的供给函数为 $Q_s=500P-500$ $(P\geqslant1)$。

(2) 根据 $Q_s=Q_d$，均衡时 $P=5$，$Q=2\ 000$。

真实世界中的经济学

1. 竞争性的市场。企业数量多，产品同质化程度高，其他企业进入市场的门槛低。

2. 会，因为配送人员流失会导致配送供给减少。同时，为保障更多的配送人员，企业会增加配送费用，因此成本增加，供给曲线左移，均衡价格会上涨，所以各企业也会选择涨价。

3. 不能。本文指出快递行业存在产品同质化程度高、其他企业进入市场的门槛低等特征，这些都导致市场竞争激烈，不易维持垄断；但是，各个快递企业可能存在串谋行为。

4. 不认同。在快递市场中，产品同质化程度高，其他企业进入市场的门槛低，这些都将导致市场竞争激烈，不易维持垄断。

第 9 讲　市场的效率

单选题

1. C。社会剩余是消费者剩余和生产者剩余之和，从图形上看，正好是在既定价格水平上，需求曲线以下和供给曲线以上的面积之和。

2. B。小明对该自行车的预期价格 400 元就是他愿意支付的最高价格，实际支付 300 元，400－300＝100（元）就是小明的消费者剩余。卖者生产一辆自行车的成本 200 元，是他愿意接受的最低价格，实际收入 300 元，则 100 元（300－200）是生产者剩余。社会剩余为 100+100＝200（元）。

3. B。消费者为了寻求效用最大化，一定会使其消费的任何两种商品的边际替代率等于其价格。在红茶和咖啡的价格相对于 A、B 两人来说是相同的情况下，两人的边际替代率相等。

4. D。在完全竞争市场中，生产者和消费者为了各自的利益自由竞争，市场均衡使得社会剩余最大化，经济系统就实现了经济效率。在该状态下，任意改变都不可能使至少一个人的状况变好而又不使任何人的状况变坏，则称这种资源配置状态为帕累托最优状态，又称为帕累托效率。

5. A。经济学通常以帕累托最优标准来评价经济效率，实现了帕累托最优，就达到了经济效率。B 选项基尼系数和 C 选项洛伦兹曲线用于衡量贫富差距。

6. C。该题所描述的情况意味着资源在甲、乙之间进行了重新分配，分配的结果是甲的所得大于乙的损失，则甲的状况变好，而乙的状况没有变坏，意味着社会剩余得到了增加，即是帕累托改进。

7. D。在完全竞争市场均衡点 E，消费者实现了效用最大化，企业也实现了利润最大化。在这样的状态中，有关该经济事物的各方面的经济行为者的愿望都得到了满足。市场把物品的供给分配给对这种物品评价最高的买者，物品的需求分配给能以最低成本生产这些物品的卖者，市场均衡使得社会剩余实现最大，经济系统实现了经济效率。

8. B。看不见的手的定理也叫作福利经济学第一定理，即指市场均衡时，社会剩余实现最大，实现了经济效率。而效率并不意味着实现了平等，通常情况下两者是不可兼得的，因此 C 选项错误。

9. D。福利经济学的第一基本定理是指完全竞争的市场均衡产量，是具有经济效率的产量，或者说，竞争均衡满足帕累托最优，或者说，完全竞争市场是有效率的。该定理也叫作看不见的手的定理。

10. C。帕累托最优指对于某种既定的资源配置状态而言，不可能在不降低他人状况的条件下改善某个人的福利状况。A、B 选项的情况只提及了消费者和生产者各自的均衡，没有考虑市场均衡，因此错误。D 选项是帕累托改进。

辨析题

1. 正确。福利经济学以帕累托最优为标准，可以对资源配置状态的任意变化做出“好”与“坏”的判断，属于规范经济学。

2. 错误。福利经济学第一定理只是说，完全竞争市场的资源配置是帕累托最优的；福利经济学第二定理只是说，任何一个帕累托最优的资源配置均可通过完全竞争市场来达到，但是并没有提到其他的资源配置的方式。

3. 错误。在市场均衡时，市场已经实现了经济效率，社会剩余达到最大化。如果此时再增加生产，会带来无谓损失，反而使得社会剩余减少。

4. 错误。除了经济效率以外，经济决策者还应该关心公平。

5. 错误。公平和效率，在通常情况下是不可兼得的，企业要权衡二者的关系。

6. 错误。福利经济学第二定理是指可以通过改变消费者的初始禀赋，实现人们希望的（公平的）具有帕累托效率的资源配置，而不是指政府可以控制或改变商品的价格，甚至放弃市场机制来实行计划经济。

7. 错误。只有在完全竞争的市场结构中，在一定理论假设条件下能够实现帕累托最优状态。

8. 错误。帕累托改进是指资源配置状态的改变，至少使一个人的状况变好而没有使任何其他人的状况变坏的状态。

9. 正确。帕累托最优则意味着社会剩余达到最大，一个人更多的受益只有通过他人受损而获得。一个人受益而没有使其他人状态变坏的情况，说明存在帕累托改进的可能，则意味着还没有实现帕累托最优。

10. 错误。帕累托有效是指在不使一方受损的情况下，就不能使另一方受益，它是一种无可改进的状态。因为不同的人偏好不同，初始平均分配的社会资源未必是帕累托有效的，还存在重新配置以达到更有效状态的可能。

简答题

1. 答：每一个市场参与者都会尽力追求自己的利益，看不见的手指引他们在相互竞争中达到一个并非他们想要达到的目的，这就是市场均衡点。

在该点上，消费者剩余和生产者剩余总和实现最大化，整个社会福利达到最大。

2. 答：①在完全竞争的条件下，所有消费者享有同样的价格。同样的价格水平，才可能使全体消费者之间实现任意一组产品的边际替代率相等，才可能实现帕累托最优。

②在完全竞争的条件下，所有生产者可以面对同样的要素价格，所以每个生产者达到利润最大化标准，一定也使社会实现了帕累托最优。

③在完全竞争的条件下，所有消费者和生产者均面对同样的价格，因此可以实现帕累托最优。

3. 答：①根据阿罗定理，在非独裁的情况下，不可能存在适用于所有个人偏好类型的社会福利函数。

②阿罗定理意味着，不能从不同个人的偏好当中合理地形成所谓的社会偏好。换句话说，一般意义上的社会福利函数并不存在。这表明，西方经济学没有彻底地解决资源配置问题。

4. 答：当经济效率不能以现有可供使用的资源使得社会成员获得更多福利时，即社会剩余实现最大，经济系统就实现了经济效率。经济学通常以帕累托最优标准来评价经济效率。实现了帕累托最优，就达到了经济效率。

应用题

1. 答：福利经济学第一定理认为，在一定的条件下，任何的竞争性市场均衡都是帕累托最优的，或者说，任何的竞争性市场都将导致资源的帕累托有效配置。

关于这个定理，有两点需要注意。第一是它成立的条件，其中包括完全竞争、完全信息、没有外部性、没有规模经济等。如果没有这些条件，则定理的结论就不一定能够成立，或者说，市场机制就不一定能够导致资源的帕累托有效配置。第二是它的结论，即使所要求的条件都能够得到满足。根据福利经济学第一定理，所得到的结果也只是帕累托意义上的资源有效配置，即得到的是这样一种资源配置，对该配置的任何改变都不会使某个人的状况变好也不会使其他人的状况变坏。但是帕累托意义上的资源有效配置，并不一定就是真正意义上的“社会最优”，因为后者还要考虑许多其他因素，如收入的分配状况等。例如，帕累托有效配置并不一定意味着“公平”的收入分配。实际上，存在着无穷多种可能的帕累托有效配置，其中包括了极不公平的收入分配情况，如果竞争性的市场导致的是极不公平的帕累托有效配置，则它显然就不是社会真正需要的结果。

2. 答：福利经济学第二定理的结论的意义是，效率和公平可以分开考虑。要达到公平的分配，完全可以通过改变初始禀赋，而不是改变价格的方式来达到，这样可以避免效率的损失。从福利经济学第二定理的政策推论出发，政府如果想促进平等的分配，那么，正确的政策就应该是改变不同的人的禀赋，而不是扭曲价格。教育补贴和买房补贴等虽然都是改变禀赋的方式，但更为根本的政策措施应该从有效控制全社会的收入差距入手，这才是更为直接的改变消费者资源禀赋的手段。

当然，实施针对特定商品的征税和补贴也有一定的合理之处，这类政策的针对性往往更强。以教育为例，如果政策的目标是增加低收入家庭的教育支出，那么提高他们的收入水平并不一定能保证这个目标，但针对性更强的教育券就可能实现这个目标。

3. 答：这样的看法是不正确的。从表面上看，经济学家主要关心的是效率问题，但是公平对效率的影响，在经济学中也经常被讨论。在最近十多年的研究里，经济学研究的一个非常重要的进展就是从理论和实证角度讨论了收入不平等的影响，虽然这一研究仍然是一个存在争论的问题，但大多数学者都认为收入差距对社会发展产生了多方面的负面影响。

4. 答：(1) 如图 11 所示，消费者剩余为图中阴影部分的上方的面积，生产者剩余为消费者剩余下方的三角形。

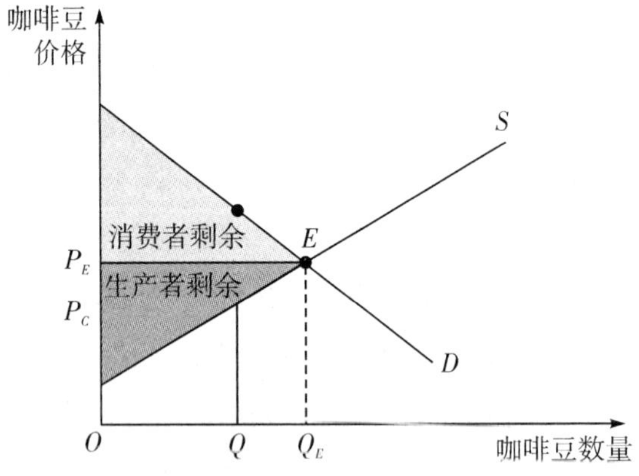

图 11　咖啡豆市场的生产者剩余和消费者剩余

(2) 如图 12 所示，消费者剩余为图中梯形部分的面积，生产者剩余为消费者剩余下方的小三角形。

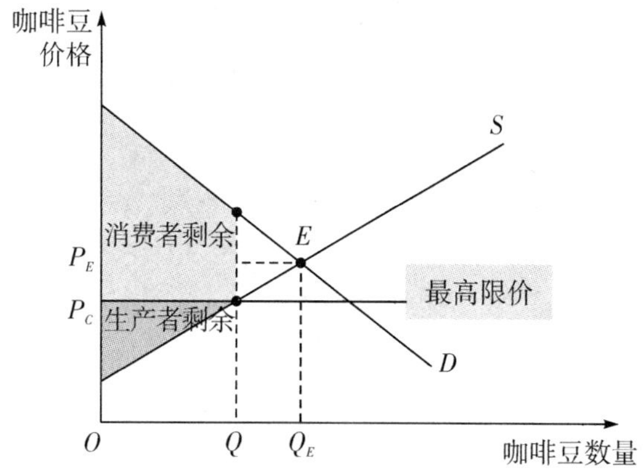

图 12　价格控制的咖啡豆市场的生产者剩余和消费者剩余

（3）如图 13 所示，阴影矩形的面积为实施最高限价后，生产者剩余转移给消费者的部分。

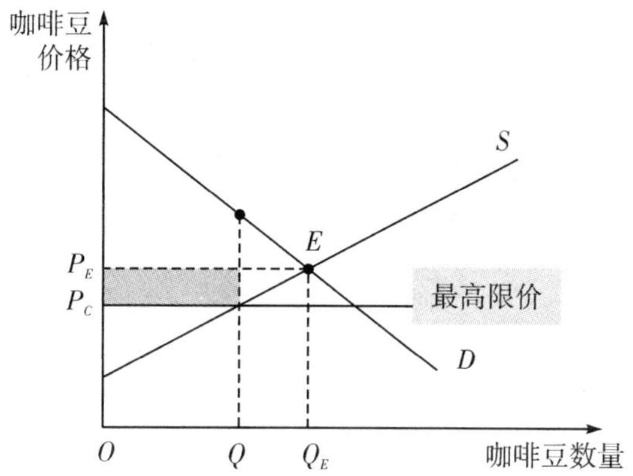

图 13　价格控制的咖啡豆市场的福利转移

（4）如图 14 所示，图中的阴影部分为无谓损失。

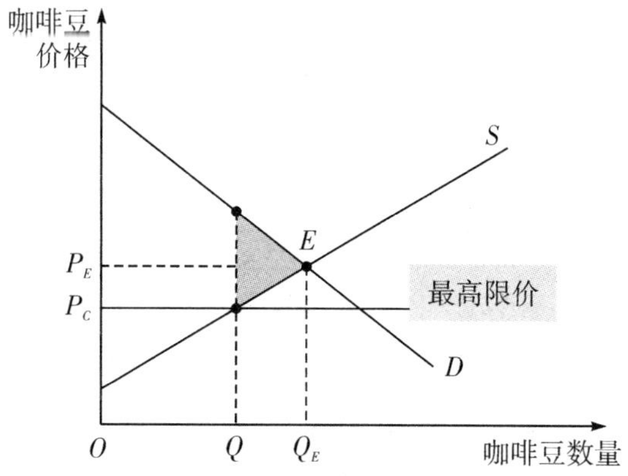

图 14　价格控制的咖啡豆市场的无谓损失

5. 答：（1）如图 15 所示，在没有政府干预的情况下，均衡月租金为 1 000 元，均衡数量是 200 万套。

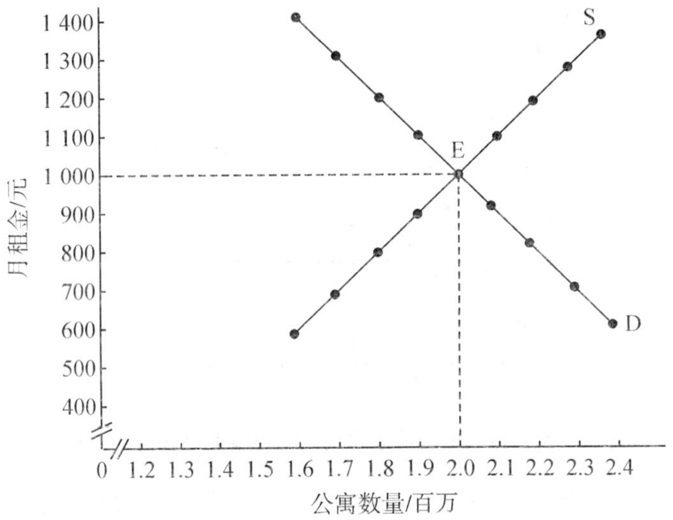

图 15　公寓市场的均衡

（2）如图 16 所示，垂线代表 170 万套公寓的配额限制。由于公寓数量有限，消费者在需求曲线上的 *A* 点，需求价格为每套 1 300 元。供给者对应供给曲线的 *B* 点，每套公寓价格为 700 元，造成的买方付出的价格比卖方获得的价格高为 1 300−700＝600 元，其中，*ABE* 三角形的面积为配额带来的无谓损失。

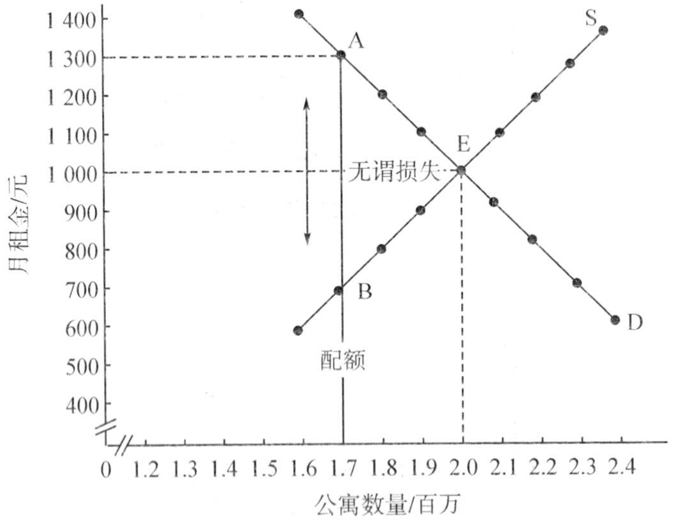

图 16　公寓出租市场上配额的影响

（3）买方付出的价格比卖方获得的价格高出的 600 元由房地产中介或者公寓的现有业主获得。

真实世界中的经济学

1. 作者并不反对援助穷国家。他提及："马克·扎克伯格捐出的资产如果变现，大概能帮助全球 1/3 的极度贫困人口脱贫。而剩下的部分，只要中国和美国所有过得不错的中产阶级每人每天捐出 2 美元，就能把这个缺口补足。"但是他认为援助不能只是资金援助，因为不同的地方接受资金援助的收效是不同的。

2. 根据经济学家彼得·鲍尔的观点来看，最穷的那些地方接受援助的收效是最差的。不具备脱贫条件的地区援助资金的流入将是非生产性的、无效的，因为资金援助容易引发政府腐败和资源分配不当现象，破坏经济激励水平，反而提高被资助国家的贫困水平。根据世界银行 2010 年的统计，人均接受援助排名前三的国家是萨摩亚、汤加、佛得角。其中萨摩亚每人每年获得的援助是 802 美元，但其没有摆脱贫困，反而年年都需要国际捐款来脱贫。

3. 根据福利经济学第二基本定理，在消费者偏好为凸假设的情况下，我们不用改变商品的价格，或者说放弃市场机制，只需要通过改变消费者的初始禀赋（包括初始财产、初始人力资本等），就可以实现人们希望的（即公平的）具有帕累托效率的资源配置。资金援助虽然也是改变消费者初始禀赋的方式之一，但是其发挥作用必须具备一定的条件，从而促进经济增长。对于不具备发展条件的国家，除了资金援助以外，更应该帮助其建立有效的税收制度，落实产权保护政策，树立公众信心等，但是不能干涉被资助国的政治事务。

第 10 讲　垄断市场

单选题

1. C。垄断企业是市场上独一无二的生产者，它生产的产量在市场上的占有率为 100%。

2. D。垄断形成的原因有：只有一家企业生产或销售某种产品；该企业生产或销售的产品没有任何近似替代品；其他任何企业进入该行业都极为困难或不可能。

3. B。自然垄断是技术壁垒导致的，其他三个选项都是人为壁垒导致的垄断。

4. A。垄断形成的原因有：资源垄断、政府创建的进入壁垒和规模经济。垄断利润不是垄断行业的壁垒。

5. B。可乐市场不止可口可乐公司一家，还有它最大的竞争对手百事可乐公司及其他小型可乐公司。其他选项均为市场上的唯一供给者，都是垄断者。

6. A。垄断企业是市场的唯一供给者，因此垄断企业面临的需求曲线就是市场需求曲线。

7. B。垄断企业需求曲线的斜率是收益曲线斜率的1/2，所以当对所有消费者收取相同价格时，价格水平高于边际收益，且垄断厂商要按 MR－MC 的原则确定利润最大化的产量。

8. D。在垄断的情况下，市场价格大于边际收益。另外，在完全垄断的情况下，企业的需求曲线就是所有个人市场的需求曲线，它是一条向右下方倾斜的曲线。

9. D。完全垄断企业按照 MR＝MC 的原则确定最优产量。

10. D。垄断企业利润最大化的条件是 MR＝MC，在图 10－1 中，根据 MR＝MC，边际收益曲线与边际产量曲线相交决定的产量 Q^* 对应的价格水平为 5 元，平均成本 AC 为 3，边际成本 MC 为 2。

11. A。企业有效实施价格歧视的条件包括以下三个：①厂商有一定的市场力量，自身行为能在市场上对价格产生影响；②市场必须尽可能分割，产品倒卖非常困难，否则消费者自己就存在套利的机会；③消费者的偏好必须不同，即需求弹性不同，而且厂商可以采取各种方式将不同偏好的消费者区分开来，这样就能保证对其索取不同的价格。

12. A。一级价格歧视又叫完全价格歧视。

13. C。价格歧视是垄断企业凭借垄断势力对同一种商品以不同的价格进行销售。不同商品的价格不同不构成价格歧视。

14. D。一级价格歧视是对每一单位商品都按消费者都愿意支付的最高价格来销售，消费者剩余为 0。

15. B。三级价格歧视是对价格反应不敏感（或缺乏需求价格弹性）的消费者制定较高的价格，对价格反应敏感即需求富有弹性的消费者制定较低的价格。

辨析题

1. 错误。垄断者生产的产品的产量在市场上占有率为 100%，所以它是价格的制定者。

2. 错误。垄断企业要按照 MR＝MC 的原则确定利润最大化产量的价格，因此不能随意定价。

3. 正确。垄断企业在市场上的占有率为 100%。

4. 错误。拥有关键资源是进入壁垒最少见的来源。

5. 正确。资源垄断是把关键性的资源所有权作为其市场进入壁垒的垄断。如塞西尔·罗兹创造出的戴比尔斯垄断就是通过控制世界上大部分钻石矿山来实现的。

6. 正确。垄断企业的边际收益曲线总是位于需求曲线之下，所以边际收益总是低于价格。

7. 错误。垄断企业的边际收益为 $MR=\frac{\Delta TR}{\Delta Q}=P\left(1-\frac{1}{E_d}\right)$，因此垄断企业的平均收益曲线与边际收益曲线不是同一条曲线。

8. 错误。垄断企业不存在供给曲线。

9. 错误。对于不同的需求价格弹性的市场，垄断企业将通过在需求价格弹性大的市场降低价格，在需求价格弹性小的市场上提高价格来增加销售收入。

10. 错误。二级价格歧视将部分消费者剩余转化为生产者剩余，一级价格歧视将消费者剩余全部转化为生产者剩余，而三级价格歧视同时增加消费者剩余和生产者剩余。

11. 正确。有的人对价格敏感，愿意扫码，商家就给出低价格。有的人对价格不敏感，不愿意扫码，商家就给出高价格，这是根据不同的消费群体进行差别定价，也是一种价格歧视。

简答题

1. 答：第一，资源垄断。如果某种产品的生产必须要有某种关键性的资源，而这种关键性的资源又为某个企业所独有，该企业则可以垄断相关产品的生产。第二，政府创建的进入壁垒。政府把生产某种产品的权利给予某个企业，而不允许任何其他企业染指。如许多公用事业企业就是这种类型的垄断企业。某个企业拥有生产某种商品的专利权。第三，规模经济。自然垄断的产生常常与规模经济有关。

2. 答：存在差异。完全竞争企业所面临的需求曲线是一条水平的需求曲线，因为单个的完全竞争企业无法影响商品的市场价格（价格接受者）；由于垄断企业是行业内唯一的供给者，它的需求曲线就类似于市场需求曲线（向右下方倾斜），它要出售更多的产品就必须降低价格，通过减少产量来提高价格。

3. 答：存在差异。①主体存在差异。垄断企业所面临的需求曲线所强调的主体是生产者（企业），而市场需求曲线所强调的主体是消费者。②理论基础存在差异。垄断企业所面临的需求曲线的理论基础为市场结构理论，而市场需求曲线的理论基础是消费者（理性）选择理论。③用途存在差异。垄断企业所面临的需求曲线主要是用于进行企业的利润最大化分析，而市场需求曲线主要是用于进行市场均衡分析。

4. 答：垄断企业利润最大化的原则是 MR = MC，如图 17 所示，垄断企业的边际成本曲线与边际收益曲线的交点是 E，过 E 点做垂线，它与需求曲线的交点 A 对应的价格是垄断市场的均衡价格；与横轴的交点 Q^* 对应的产量，是垄断市场的均衡产量；与平均成本曲线的交点 B 对应的成本 C，是垄断企业的平均成本。垄断企业的总收益是四边形 P^*AQ^*O 的面积，总成本是四边形 CBQ^*O 的面积，总利润或者说垄断利润是四边形 P^*ABC 的面积。

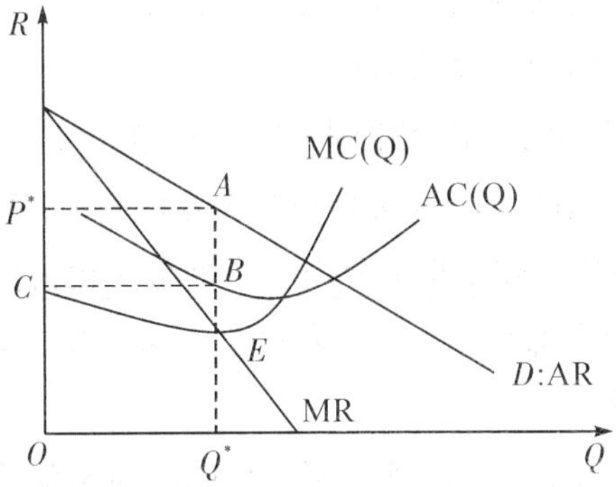

图 17　垄断市场的均衡产量与市场价格

5. 答：价格歧视的分类如下：①一级价格歧视。垄断企业对每一单位的产品都按照消费者愿意接受的最高价格来出售，即将价格总是定在消费者的意愿支付水平上。②二级价格歧视。二级价格歧视是指垄断企业对消费者的不同消费数量段规定不同价格的行为。③三级价格歧视。垄断企业对同一产品在不同市场上（或对不同的消费群）收取不同价格的行为。特别地，对需求价格弹性较大的消费群体收取较低的价格，对需求价格弹性较小的消费群体收取较高的价格。

应用题

1. 答：①有利：虽然美国铝公司控制了美国原铝生产的 90%，但再生铝同样也占市场上全部铝供给的 30%，且再生铝占铝总供给很大的比例也是可能的。因此，对美国铝公司原铝需求的价格弹性比预期的要高得多。其他金属，如铜和钢也是铝的有效替代品。这样，美国铝公司面临的需求弹性就不高，也就无法构成垄断了。②反对：潜在的供给总量是有限的，因而美国铝公司可以通过控制产量保持高价而获取垄断利润。再者，由于美国铝公司原来也生产再生金属，它也构成了对再生铝市场的价格影响。因此，将其行为界定为垄断也是合理的。

2. 答：这种说法只能说不完全正确。所谓不完全，一方面确实有其合理性，垄断者作为价格的制定者，其他企业无法进入该行业，其产品没有替代品。但是我们必须考虑以下几点：

①垄断厂商面临的是整个市场的需求，因此如果它漫无目的地抬高自己的价格，其需求量必然会下降，那么其总利润也会下降，因此随意提价对它并不是最有利的，垄断厂商也必须遵循 MR＝MC 的最优化原则。

②虽然垄断厂商通过设置各种壁垒阻碍了竞争者的进入，但是高价格带来的利润也会抵销掉壁垒的高成本，相似替代品和竞争者迟早会进入这个市场，那么这种垄断利润也就无法一直维持下去。

③政府会对垄断做出相应的管制，如通过征税或者限价等措施，任意定价也是不可能的。

3.（1）因为外国游客的需求弹性比国内游客要小，对需求价格弹性较大的消费群体收取较低的价格，对需求价格弹性较小的消费群体收取较高的价格。采用差别价格政策能使该景点获得更多的利润。

（2）要使得施行这种政策有效必须具备以下三个条件：

第一，企业之间不存在竞争，该景点全国仅此一家，没有第二家与它竞争。即

使收取高一点价格，外国游客也不会放弃到此一游的机会。

第二，必须要把不同市场或市场的各个部分有效地分割开来。该景点可以根据

国籍、肤色、语言的不同来区分国内游客和外国游客，对他们实行价格歧视。

第三，各个市场必须有不同的需求弹性，国内游客和外国游客的需求弹性不同，国外距旅游景点较远，对该旅游景点的需求弹性要比国内游客的需求弹性小得多，因而入场券价格定高一点并不会使外国游客的人数减少很多。

真实世界中的经济学

1. 价格歧视是指为追求利润最大化而对不同的消费者尽可能按其最高出价意愿收取不同价格的行为。实施价格歧视的条件如下：第一，生产者之间不存在产品的竞争；第二，消费者之间不存在产品的转售。一级价格歧视，又叫完全价格歧视，是指垄断企业对每一单位的产品都按照消费者愿意接受的最高价格来出售，即将价格总是定在消费者的意愿支付水平上。二级

价格歧视，是指垄断企业把全部的产品分成若干，对每一“堆”产品按消费者的边际意愿支付来定价。三级价格歧视，是指垄断企业对不同的需求价格弹性的消费群体收取不同的价格。特别地，垄断企业对需求价格弹性较大的消费群体收取较低的价格，对需求价格弹性较小的消费群体收取较高的价格。

2. 本文中提及的药店开药的原则是：穷汉子，你不能把他吓跑；富汉子，也不能放过。“对于穷人，不仅不能在他身上赚钱，必要时还要贴钱，要让他看得起病，拿得起药。”“一些有钱的人，特别是达官贵人，他们往往蔑视不值钱但能治病的普通草药，对此坐堂先生心如明镜，要为他们开一些较为贵重的中药材。”针对同一种病，药店把药分成若干“堆”，对每一“堆”产品按消费者的边际意愿支付来定价，这就是药店实施的二级价格歧视。

此外影响药品的需求价格弹性的因素主要有两个：一是替代品的多少，二是该商品支出占总支出的比重。根据第一点，药店把看病的人区分为两类：穷人与富人；根据第二点，我们知道穷人比富人对药价更富有弹性，因为相对于富人来说，药品占总支出的比重更小。药店把看病的人分为穷人和富人并对他们收取不同的价格，这是三级价格歧视。

第 11 讲　市场失灵

单选题

1. D。市场失灵可分为由商品和服务的特点产生的市场失灵、由市场的特点产生的市场失灵两种类型。其中，由商品和服务的特点产生的市场失灵，具体包括外在性、公共产品；由市场的特点产生的市场失灵，具体包括不完全竞争市场、不充分信息、时滞、高交易成本，故选 D。

2. C。关于政府的内涵，可以从行为主体、活动规则和行为方式三个方面来理解，分别强调控制一个地区或国家的人、制度和方式，所以不包括选项 C。

3. A。政府在市场经济中所行使的主要职能包括三项：分配职能、配置职能和稳定职能。分配职能的主要目的在于调整收入再分配，从而增进社会公平；配置职能的主要目的在于提高经济效率、解决负外部性等问题；稳定职能的主要目的在于促进宏观经济的稳定和增长。所以，不包括选项 A。

4. B。一般认为，基尼系数小于0.2为高度平均，大于0.6为高度不平均，国际上通常将0.4作为警戒线，故选B。

5. D。正外部性是因为社会收益高于私人收益，社会收益与私人收益之间的差额，便是正外部性的部分，故选D。

6. D。外部性是一个人的行为对一个旁观者福利的无补偿影响。如果这种影响是不利的，就称为负外部性。所以，负外部性强调的是对他人或其他主体的负面影响，故选D。

7. A。负外部性是因为社会成本高于私人成本，社会成本曲线与私人成本曲线之间的差额，便是负外部性的部分，故选A。

8. D。以生产为例，外部性产生的原因，本质上是私人企业在生产过程中只考虑了自身的生产成本（私人成本），并未考虑其引发的社会成本。那么，社会成本与私人成本之间的差额即为外部成本，如果将这部分外部成本通过征税的方式纳入私人企业的生产成本中，这样就能使得社会成本与私人成本对等，既解决了外部性问题又使得市场更有效率。这一过程也被称为负外部性的内在化，故选D。

9. B。如《经济学基础》第178页的图11-7所示，我们将纸张市场替换为干洗行业市场，其社会最优水平点为a点，其对应的最优价格为P_a、最优产量为Q^*；而干洗行业的市场均衡点为b点，其对应的均衡价格为P_e，产量为Q_e。从该图可知，最优价格P_a>均衡价格P_e、最优产量Q^*<均衡产量Q_e，故选B。

10. B。污染作为一种负外部性事件，是客观存在的现象，但关键在于我们如何有效地减少这种负外部性的发生，并同时让市场尽可能保持在有效率的水平上。所以，A、C、D项对污染物进行管控的方式，是一种传统“堵”的方式，往往“治标不治本”，故选项B以市场机制来确定税收政策（将外部成本内在化），是更为有效的一种方法。

11. B。科斯定理是以一种观点，认为如果私人各方可以无成本（交易成本为零）地就资源配置进行谈判，他们就可以自己解决外部性问题。换言之，无论最初的权利分配如何（产权如何），利益各方总可以达成一个使每个人状况都变好而且结果有效率的协议。故选B。

12. D。尽管科斯定理给出了外部性的私人解决方案，但是其也存在前提条件的约束。因为，私人各方往往由于交易成本而不能达成有效的协议，交易成本是各方在达成并执行协议中产生的成本。如果交易成本大于协议潜在的利益，就不会有私人解决方法。故选D。

13. C。科斯定理告诉我们，当产权界定清晰时，如果私人各方可以无成本（交易成本为零）地就资源配置进行谈判，他们就可以自己解决外部性问题（市场有效配置）。因此，当产权并未清晰界定时，市场将可能无法有效配置资源。故选 C。

14. C。当市场出现外部性时，表明市场是偏离了最有效率的点，可以通过政府调控的方式（如征税、环保标准和排污许可等）加以解决，故选 C。

15. A。尽管选项 B、C、D 的说法，也是外部性会导致的情况，但这些均为表面现象，其本质在于，外部性致使个人决策或企业决策偏离了社会的最有效率点。故选 A。

16. D。失业、通货膨胀和国际收支不平衡，均为宏观经济学中的现象。在微观经济学中，垄断现象会导致市场失灵现象。故选 D。

17. D。市场失灵的根本特征是没能使社会资源的分配达到最有效率的状态，但 B、C 两个选项也是市场失灵的不同表现。故选 D。

18. A。在经济学中，“效率”的含义是指资源配置使所有社会成员得到的总剩余达到最大，其表现为社会边际收益与社会边际成本相等。故选 A。

19. C。本题考察读者对边际社会成本的理解。边际社会成本是指，生产某产品的边际成本，加上由于该产品的生产而给其他产品的生产所带来的边际成本。因为造纸厂生产每吨纸的社会边际成本为：边际成本 10 加上生产每吨纸所产生的污染物而使渔场的边际成本增加 2，等于 12。故只有选项 C 正确。

20. D。本题考察读者对可能的纠正生产的负外部性方法——庇古税的理解。只有对造纸厂生产的每吨纸征收 2 单位的税收，才能够使其生产的边际成本（我们这里把污染税也看作造纸的边际成本）等于社会边际成本，从而使造纸厂的生产达到帕累托最优的水平，因此只有选项 A 正确。

辨析题

1. 错误。洛伦茨曲线的一条轴表示人口百分比（20%、40%等），另一条轴表示收入最低的 20%、40%等的人口所得到的总收入比例。

2. 错误。如果居民收入呈现绝对的或完全的平等分布，在洛伦茨曲线图上应表现为：45°对角线。

3. 正确。洛伦茨曲线和基尼系数，是衡量政府的分配职能对居民收入平均程度的影响的两个常用指标，分别由美国统计学家洛伦茨（Max Ott Lorenz）和意大利统计学家基尼（Corrado Gini）提出。

4. 正确。如《经济学基础》第 172 页的图 11-2 所示，基尼系数 G 可以表示为 $G=S_1/(S_1+S_2)$，因此可以直观地从洛伦茨曲线的图形，对基尼系数的程度大小进行判断。

5. 错误。如《经济学基础》第 172 页的图 11-2、第 173 页的图 11-3 所示，在计算基尼系数时，上梯形面积法是计算 S_2的面积，而下梯形面积法则是通过计算扇形 OmY_5Y_3面积、进而求得 S_1的面积。

6. 错误。基尼系数的数值越大，表明收入分配的不平均程度越高。

7. 错误。如《经济学基础》第 172 页的图 11-2，如果洛伦茨曲线的弯曲程度越大，表明其越接近完全不平均线 OWL，收入分配也就表现得越不平均。

8. 错误。如果个人所得税能使收入差距缩小，那么基尼系数将会对应较小，但并不会降为 0。因为基尼系数为 0 是一种理想状态，表示社会的收入分配完全平均、人人都一样，但这是不现实的。

9. 错误。根据市场失灵的分类，它包括两种类型：一是由商品和服务的特点产生的市场失灵；二是由市场的特点产生的市场失灵。前者包括外部性、公共产品两种情况，后者包括不完全竞争市场、不充分信息、时滞、高交易成本等。因此，市场失灵现象，并非必然与外部性问题有关。

10. 错误。当市场出现外部性问题时，有两种解决方案可消除外部性所带来的市场无效率问题。一是通过政府解决。政府可以通过其配置职能，例如政府可以通过控制污染来提高其经济效率。二是通过私人解决。科斯定理认为，如果产权界定清晰、私人各方可以无交易成本地就资源配置进行谈判或是协商，同样也可解决外部性问题。

11. 正确。针对负外部性问题，征税是一种政府调控的解决方式，重点在于将外部成本内在化进行考量。

12. 正确。科斯定理所提及的两个前提条件均已满足：一是产权能够清晰界定，二是交易成本为零。在这种情况下，外部性所产生的无效率问题能够通过市场各方进行协商、谈判或交易进行解决。

13. 错误。产权得到明确界定，不一定就能够解决外部性问题，因为科斯定理要成立，需要同时满足两个前提条件，除了产业得到明确界定外，还需要交易成本为零才可行。

14. 正确。市场的正外部性，在经济学图形上表现为社会收益曲线高于私人收益曲线，两者之间的差额面积，便是正外部性。

15. 错误。如《经济学基础》第 178 页的图 11-7 所示，负外部性将会使得市场的社会最适量（Q^*）小于均衡量（Q_e），偏离社会最有效率的点（A 点）。

16. 错误。如《经济学基础》第 178 页的图 11-7 所示，负外部性的存在意味着边际社会成本高于边际私人成本。正外部性是指某个经济行为主体的活动使社会收益，而受益者又无须花费代价。正外部性表明社会收益大于私人收益。负外部性是指某个经济行为主体的活动使社会受损，而该经济行为主体又没有为此承担成本。负外部性表明社会成本大于私人成本。

17. 错误。一方面，每个污染企业污染的程度是有差异的，如果每个污染企业都等量地减少其污染，不一定就能解决无效率的问题。另一方面，要回到最优效率状态，应根据不同产量条件下所对应的外部成本大小，来对应控制污染的产量。

18. 错误。科斯定理表明，不论产权如何分配，在交易成本为零的情况下，私人各方总能解决外部性问题，并且结果能达到市场最有效率的状态。

19. 错误。学生受教育是一种正外部性的表现，企业家校友提供资金支持其实是把正外部性内在化的努力。

20. 正确。当交易成本过大时，特别是大于解决外部性所能带来的潜在利益的情况下，私人解决外部性的方法也就不成立了。

简答题

1. 第一步：将所调查的个人（或家庭）按照收入水平由低到高划分成5个等级，每个等级的人口占所调查人口的20%。

第二步：计算出每个等级人口的总收入，再除以所有调查人口的总收入，得到每20%人口的收入占总收入的百分比。

第三步：计算出人口累计的百分比与收入累计的百分比。

第四步：以人口累计的百分比为横轴，以收入累计的百分比为纵轴，绘制出一个正方形图形，并将对角线连接起来，如图18所示。

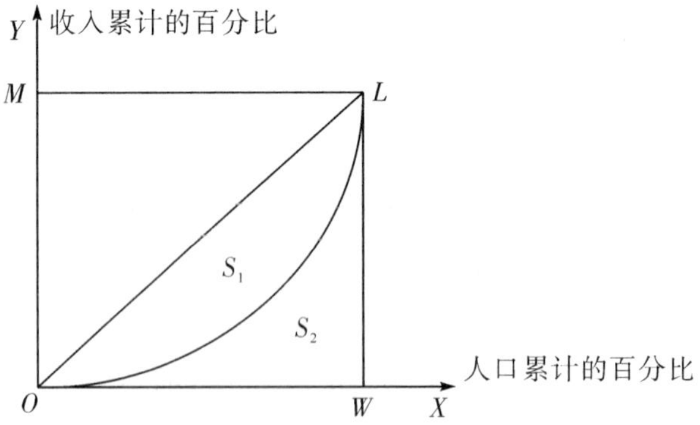

图18　某国家的年度居民收入洛伦茨曲线

第五步：将人口累计的百分比与收入累计的百分比标注到坐标上，并用一条曲线将它们连接起来，就得到对应的洛伦茨曲线。

2. 这是正的外部性，因为邻居种花的花香让你心情非常好，带来了正的效应。

3. ①环境标准；②排放税；③排放许可；④税收、补贴；⑤企业合并；⑥规定财产权。经济学家更偏爱以市场为基础的税收与补贴，以及可交易的污染许可证等，因为这些政策更加有效率，对生产污染物的厂商有激励作用。

4. 市场失灵是指一些不受管制的市场不能有效地配置资源的现象。①外部性。其包括正的外部性和负的外部性，正的外部性如公共物品，由于公共物品的提供不能获得收益或私人成本太高，因此只能由政府部门提供；负的外部性使得社会成本高于私人成本，例如过度捕杀珍稀动物就是负的外部性的表现。②市场势力。市场的不完全竞争和信息不完全流通，致使市场主体单方面处于优势地位，如垄断等。

5.（1）负外部性。因为生产苹果的社会成本大于生产苹果的私人成本。

（2）过度生产。在过度生产时，该苹果园生产了真实成本大于真实价值的产量。生产不足是没有生产出真实价值大于真实成本的产量。

（3）对苹果征税，因为要使这种外部性内在化，就要使苹果的供给曲线一直向上移动到等于真实社会成本曲线时为止。

应用题

1.（1）45°线 OL 是完全平等的洛伦茨曲线。

（2）曲线 ODL 是一般（既非完全平等亦非完全不平等）的洛伦茨曲线。

（3）折线 OHL 是完全不平等的洛伦茨曲线。

（4）A 是不平等面积。

（5）$A+B$ 是完全不平等面积。

（6）基尼系数为 $G=A/(A+B)$。

2.（1）根据基尼系数的公式为：$G = S_1/(S_1+S_2) = 2S_1 = 1-2S_2$，$S_1$ 和 S_2 为面积。

上梯形面积法：$S_1 =$ 三角形 $m_4Y_5Y_4$ 的面积 + 梯形 $m_3m_4Y_4Y_3$ 的面积 + 梯形 $m_2m_3Y_3Y_2$ 的面积 + 梯形 $m_1m_2Y_2Y_1$ 的面积 + 梯形 mm_1Y_1O 的面积 − 三角形 OMY_5 的面积 $= 1/2(m_4Y_4 \times m_4Y_5) + 1/2(m_3Y_3 + m_4Y_4) \times m_3m_4 + 1/2(m_2Y_2 + m_3Y_3) \times m_2m_3 + 1/2(m_1Y_1 + m_2Y_2) \times m_1m_2 + 1/2(mO + m_1Y_1) \times mm_1 - 1/2(mO \times mY_5)$。

下梯形面积法：$S_2 =$ 三角形 OX_1Y_1 的面积 + 梯形 $X_1X_2Y_2Y_1$ 的面积 + 梯形 $X_2X_3Y_3Y_2$ 的面积 + 梯形 $X_3X_4Y_4Y_3$ 的面积 + 梯形 $X_4X_5Y_5Y_4$ 的面积 $= 1/2(OX_1 \times X_1Y_1) + 1/2(X_1Y_1 + X_2Y_2) \times X_1X_2 + 1/2(X_2Y_2 + X_3Y_3) \times X_2X_3 + 1/2(X_3Y_3 + X_4Y_4) \times X_3X_4 + 1/2(X_4Y_4 + X_5Y_5)$。

（2）将题中对应数据代入上述公式，可知：

上梯形面积法：$S_1 = 1/2×0.446×0.2 + 1/2×(0.683 + 0.446)×0.2 + 1/2×(0.848 + 0.683) + 1/2×(0.954 + 0.848) + 1/2×(1 + 0.954) - 1/2 = 0.1862$。

由此，$G = 2S_1 = 2×0.1862 = 0.3724$。

下梯形面积法：$S_2 = 1/2×0.446×0.2 + 1/2×(0.446 + 0.152)×0.2 + 1/2×(0.152 + 0.317)×0.2 + 1/2×(0.317 + 0.554)×0.2 + 1/2×(0.554+1)×0.2 = 0.3138$。

由此，$G = 1-2S_2 = 1- 2×0.3138 = 0.3724$。

3.（1）汽车玻璃水市场的供给和需求曲线，如图19所示。

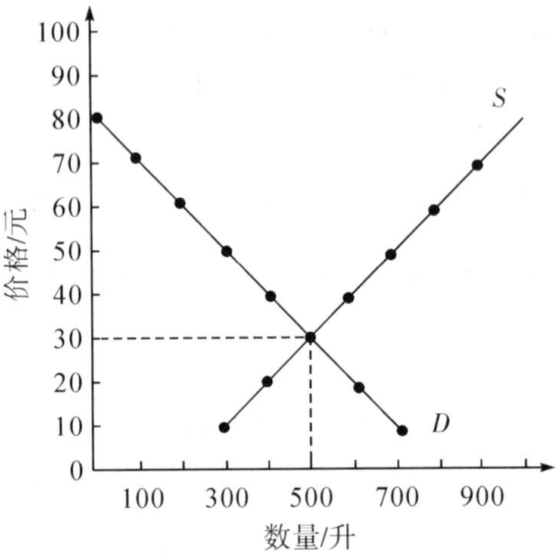

图19　汽车玻璃水市场的供给和需求曲线

（2）均衡价格为300元，均衡数量为500升。

（3）汽车玻璃水市场的社会成本曲线，如图20所示。

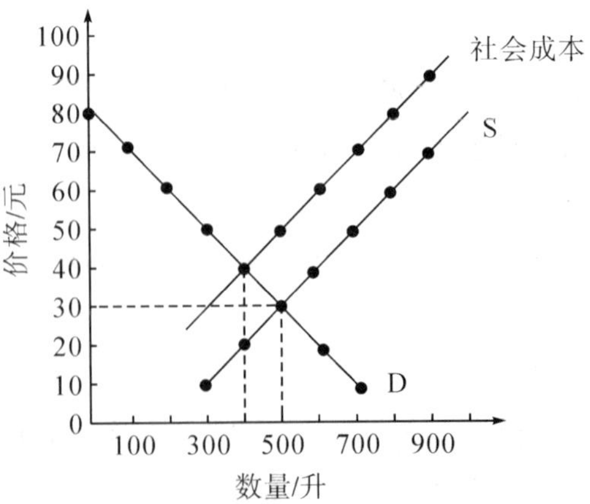

图20　汽车玻璃水市场的供给、需求曲线和社会成本曲线

（4）汽车玻璃水生产的最优量是 400 升。市场过度生产了汽车玻璃水，因为市场量是 500 升，而最优量为 400 升。

4.（1）社会边际收益和社会边际成本曲线如图 21 所示。社会最优量是边际社会收益等于边际社会成本对应的量，此时最优的音量为 95 分贝。

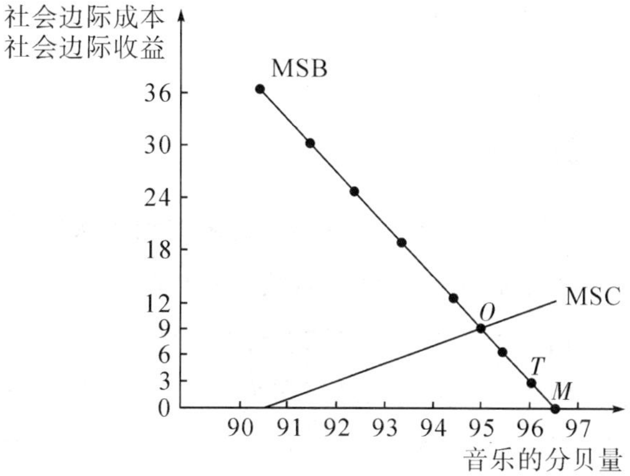

图 21　露天音乐会的社会边际成本和收益

（2）因为音乐会参与成员不承担由高分贝音乐带来的任何社会成本，即他们将播放音乐的音量调整到社会边际成本为 0，因此此时的音量为 96.5 分贝。

（3）现在音乐会参与成员面临着 3 元的社会边际成本，此时社会边际收益等于 3，则他们选择的播放量为 96 分贝。

5.（1）每吨钢铁的边际成本和社会边际成本，如表 4 所示。

表 4　钢铁生产企业的总社会收益、总成本、边际收益、边际成本和社会边际成本

钢铁量/吨	总社会收益/元	每吨钢铁的社会边际收益	生产者的总成本/元	生产者每吨钢铁的边际成本/元	社会边际成本/元
1	115	—	10	—	—
2	210	95	30	20	80
3	285	75	60	30	90
4	340	55	100	40	100
5	375	35	150	50	110

（2）市场均衡量为 4 吨。生产第 4 吨的社会边际收益为 55 元，高于生产第 4 吨钢铁的私人边际成本（40 元）。但是第 5 吨的社会边际收益为 35 元，小于钢铁生产者的私人边际成本（50 元）。

（3）社会最优生产量为 2 吨。从生产第 1 吨到第 2 吨的社会边际收益为

95元，社会边际成本为80元，则边际社会收益大于边际社会成本。当生产从第2吨到第3吨时，社会边际收益为75元，社会边际成本为90元，则边际社会收益小于边际社会成本。因此，社会最优产量为2吨。

（4）庇古税将使得钢铁生产者的边际成本等于社会边际成本。也就是说，每吨钢铁60元的庇古税将增加钢铁生产者的私人边际成本，使其等于社会边际成本，最终使得钢铁生产者生产社会最优产量。

真实世界中的经济学

1. 上述新闻报道中已提及：虽然至今仍未找到冠状病毒的源头，但科学研究证明，这类疫情都和野生动物有关。根据此次新冠疫情暴发的情况看，疫情很可能是由人类食用野生动物的行为造成的。那么，从经济学的角度来看，人类食用野生动物的行为就存在明显的负外部性，食用的人因为一己私欲（或为了彰显身份、或为了满足口腹之快，或为了填补猎奇心理）而将病毒引入人体，并造成当前全球范围暴发和扩散的局面，病亡人数急剧上升。这样的负外部性，着实是一场人类灾难。

2. 公共资源（common resource）。因为除了法律明确之外的野生动物具有“非排他性”的特征，任何人只要愿意，都可以接近它们、甚至捕获它们；但同时这些野生动物也存在“竞争性”的特征，因为野生动物的数量并非是无限的，所以当人类越来越多地捕猎它们或侵犯它们的生存空间，野生动物的数量将逐渐减少。

3. 首先，可以针对性地解决“非排他性”的问题，正是“非排他性”的存在，给了部分人侵扰、伤害野生动物的空间。

（1）在立法上，应加强对非国家重点保护动物的捕猎管理、驯养繁殖及经营管理，严厉打击非法捕猎、交易野生动物的行为。

（2）尽快修改完善相关立法并全面禁止食用野生动物，包括禁止交易、运输、制售和食用野生动物。

（3）单单依靠政府的力量是肯定不够的，因为政府人员有限，所以还应该充分发挥公众和民间组织的监督及保护力量。

其次，可以针对性地缓解“竞争性”的问题。上述报道中也提及：立法上如何把“野生动物”和“经济动物”区别开来非常关键。一方面，“经济动物”的人工繁殖能够满足人类摄取生存所需要的动物蛋白，将人类的“口腹之欲”从野生动物转移到“经济动物”上；另一方面，“经济动物”的可繁殖性、可再生性，也可以间接缓解“竞争性”问题，能够持续不断地满足人类食用的基本需求。

第 12 讲　GDP

单选题

1. C。GDP 是指一个国家（或地区）在一定时期（通常是一年）内生产的全部最终产品和劳务的市场价值。

2. B。热狗：30×4＝120 元，汉堡：15×8＝120 元。

3. B。

4. D。GDP 的概念。

5. C。GDP 的概念。

6. D。GDP 的概念。

7. C。属于政府购买。

8. A。支出法计算公式。

9. B。GDP 的概念。

10. D。恩格尔系数衡量的是食品支出总额占个人消费支出总额的比重。

11. D。CPI 衡量的是假设固定的一篮子物品，GDP 折实指数衡量的是一国生产的所有物品，二者衡量范围不同。

12. D。自然失业的概念。

13. C。失业的概念。

14. C。失业的概念。

15. A。B、C、D 没有依据，故表述不准确。

辨析题

1. 错误。宏观经济学的研究范围。

2. 正确。

3. 错误。因为 GDP 统计的是最终产品的市场价值，而房子才是最终产品，所以贡献是 50 000 元。

4. 错误。GDP 衡量的是最终产品和服务的价值，中间产品和服务价值不计入 GDP。

5. 正确。新修教学楼属于新建投资。

6. 正确。

7. 正确。

8. 错误。自然失业率下降。

9. 错误。存在自然失业率。

10. 正确。

简答题

1. 答：用支出法衡量 GDP，就是衡量在一定时期内整个社会购买最终产品和服务的总支出。

以支出法核算总产出主要包括以下内容：

①居民的最终消费——消费支出（C），具体包括：耐用品、非耐用品、购买劳务支出。

②国内私人投资（I），具体包括：厂房、设备、居民用房（新住宅建设）、企业存货净变动额。

③政府购买（G），包括政府消费支出和总投资。

④净出口（$NX=X-M$）是出口（X）与进口（M）的差额。

2. 答：不能肯定物价上升还是实际产量增加，因为物价上升或实际产量增加都可能引起名义产量增加。

3. 答：GDP 将增加，因为修剪草坪是市场交易。但是，劳务产量实际上没有增加。

4. 答：失业对经济和社会的影响主要有：一是给个人和家庭带来物质和精神的负面影响；二是影响社会稳定；三是增加经济运行成本，带来产出损失以及影响社会经济的信心，从而加重整个经济的不景气，对经济运行产生不利影响。

5. 答：经济周期又称经济波动或国民收入波动，指总体经济活动的扩张和收缩交替反复出现的过程。现代经济学中关于经济周期一般是指经济增长率的上升和下降的交替过程，而不是经济总量的增加和减少。一个完整的经济周期包括繁荣、衰退、萧条、复苏四个阶段。在繁荣阶段，经济活动处于高水平发展时期，就业增加，产量扩大，社会总产出逐渐达到了最高水平，经济活动全面扩张，不断达到新的高峰。在衰退阶段，投资下降，失业增加，产出下降，经济短时间保持均衡后出现紧缩的趋势。在萧条阶段，经济活动处于最低水平时期，存在大量失业，生产能力闲置，经济出现急剧的收缩和下降，很快从活动量的最高点下降到最低点。在复苏阶段，经济从最低点恢复并逐渐上升到先前的活动量高度，进入繁荣。

应用题

1. 答：（1）利用生产法，面包企业的增加值为 50 元，奶酪企业的增加值为 35 元，比萨企业增加值为：200-50-35=115（元），因此 GDP=50+35+115=200（元）。

（2）支出法：200 元。

（3）面包企业的利润：50-15=35（元）；奶酪企业的利润：35-20=15（元）；比萨企业的利润：200-50-35-75=40（元）。利用要素收入可得：GDP=35+15+40+15+20+75=200（元）。

2. 答：（1）2016 年名义 GDP=100×1+50×2=200（元）

2017 年名义 GDP=200×1+100×2=400（元）

2018 年名义 GDP=200×2+100×4=800（元）

2016 年实际 GDP=100×1+50×2=200（元）

2017 年实际 GDP=200×1+100×2=400（元）

2018 年实际 GDP=200×1+100×2=400（元）

2016 年 GDP 折实指数=200/200×100=100（元）

2017 年 GDP 折实指数=400/400×100=100（元）

2018 年 GDP 折实指数=800/400×100=200（元）

（2）2017 年名义 GDP 变化率=（400-200）/200×100%=100%

2018 年名义 GDP 变化率=（800-400）/400×100%=100%

2017 年实际 GDP 变化率=（400-200）/200×100%=100%

2018 年实际 GDP 变化率=（400-400）/400×100%=0

2017 年 GDP 折实指数变化率=（100-100）/100×100%=0

2018 年 GDP 折实指数变化率=（200-100）/100×100%=100%

从 2016 年到 2017 年，价格没有变化，所以 GDP 折实指数的变化率为 0。2017 年到 2018 年的产出没有变化，所以真实 GDP 的变化率为 0。

（3）由于 2017 年较 2016 年真实 GDP 的增长率为 100%，所以福利水平增加。而 2018 年较 2017 年实际 GDP 的增长率为 0，所以福利水平没有变化。

3. 答：（1）消费支出=耐用消费品消费+非耐用消费品消费+服务消费

=497+1 301+2 342=4 140（亿元）

投资支出=企业固定净投资+住房净投资+存货投资+折旧=566+224+7+658=1 455（亿元）

政府购买=联邦政府购买+州和地方政府购买=449+683=1 132（亿元）

净出口=出口-进口=640-670=-30（亿元）

GDP=C+I+G+NX=4 140+1 455+1 132-30=6 697（亿元）

（2）消费占 GDP 的比重=4 140/6 697×100%=61. 82%

投资占 GDP 的比重 = 1 455/6 697×100% = 21.73%

政府购买占 GDP 的比重 = 1 132/6 697×100% = 16.90%

4. 答：（1）表 5 为 2018 年和 2019 年每种蔬菜的价格。

表 5　2018 年和 2019 年每种蔬菜的价格

年份	菜花/元	西兰花/元	胡萝卜/元
2018 年	2	1.5	0.1
2019 年	3	1.5	0.2

（2）2018 年一篮子费用：2×100+1.5×50+0.1×500 = 325（元）

2019 年一篮子费用：3×100+1.5×50+0.2×500 = 475（元）

如果把 2018 年作为基年，那么：

2018 年的 CPI 为：325/325×100 = 100

2019 年的 CPI 为：475/325×100 = 146

2019 年的通货膨胀率为：（146−100）/100×100% = 46%

5. 答：（1）2018 年：7.4+105.2 = 112.6（百万人）

2019 年：8.1+104.2 = 112.3（百万人）

（2）2018 年：（112.6/169.2）×100% = 66.5%

2019 年：（112.3/169.5）×100% = 66.3%

（3）2018 年：（7.4/112.6）×100% = 6.6%

2019 年：（8.1/112.3）×100% = 7.2%

（4）存在的原因有：部分人提前退休，学习更长时间的学生，抑或更多父母留在家里照料孩子，丧失信心的工人不再找工作。

（5）2018 年：6.6%−6.6% = 0%

2019 年：7.2%−6.6% = 0.6%

在 2018 年，就业国的失业是“正常的”，因此没有衰退。但是，在 2019 年，失业高于正常水平（周期性失业为正），因此，就业国会在衰退中。

真实世界中的经济学

答：绿色 GDP 是在 GDP 的基础上扣除资源耗费成本和环境损失代价而计算出来的。因此，GDP 是绿色 GDP 的基础，没有 GDP 就不可能有绿色 GDP，只有将绿色 GDP 与 GDP 进行比较时，才能发现经济发展所造成的资源耗费成本和环境损失代价有多大。

二者的具体差异体现在：

（1）概念不同。GDP 是指一个国家或地区的所有居民在一定时期内生产的所有最终产品和服务的市场价值。绿色 GDP 是指从 GDP 中减去自然资源损耗价值和环境污染损失后的价值剩余的 GDP。

（2）算法不同。GDP 有三种核算方法，即支出法、生产法和收入法。绿色 GDP 是以总 GDP 的计算为基础，再减去中间消耗性质的自然资源消耗成本。

（3）算量不同。由于算法不同，绿色 GDP 和 GDP 的计算量不同。因为绿色 GDP 必须在计算总 GDP 的基础上减去中间的自然资源消耗成本，所以绿色 GDP 的值通常小于 GDP 的值。

（4）对经济增长产生的效应不同。部分 GDP 是从资源和生产环境的"透支"中获得的，因此不能反映国民经济增长的净正（负）效应；而绿色 GDP 指标则代表了国民经济增长的净正（负）效应，绿色 GDP 在 GDP 所占的比重越大，国民经济增长的正面效应就越大，国民经济增长对自然环境的消极影响就越小，经济增长与自然环境之间的协调性就越强。

第 13 讲　商业周期

单选题

1. A。AD（总需求曲线）是一条向右下方倾斜的曲线。

2. C。低物价意味着减少货币持有量，相当于对货币需求减少，货币需求曲线（L）向左移动，利率下降，贷款增加，投资支出增加（投资增加）。

3. B。货币供给增加，导致利率下降，投资增加。根据 $\text{AD}=C+I+G+\text{NX}$，$I$ 增加，AD 增加，AD 曲线向右移动。

4. B。利率是由货币市场决定的，即由货币的需求和供给共同决定的。

5. B。货币供给增加，货币供给曲线（垂线）向右移动，利率下降，投资增加，根据 $\text{AD}=C+I+G+\text{NX}$，$I$ 增加，AD 增加，AD 曲线向右移动。

6. C。引起短期供给曲线移动的因素有三个：①货币工资率；②劳动生产率；③大宗商品价格。从选项来看，石油属于大宗商品，因此选 C。

7. A。B、C 选项将导致总供给曲线向左移动。D 选项是影响总需求移动的因素。A 选项意味着劳动生产率可能会增加，从而导致总供给曲线向右移动。

8. D。长期总供给曲线是一条垂直 X 轴的直线。

9. B。长期总供给曲线是一条垂直 X 轴的直线，它是在充分就业时（自然失业率）的潜在产量 y_f 水平上，工资在长期中具有伸缩性，并不影响产量。

10. D。物价预期上升或下降是影响 AD 曲线移动的因素。

11. D。长期总供给曲线是一条垂直 X 轴的直线，它是在充分就业时的潜在产量 y_f 水平上。

12. D。货币职能包括：交换媒介、计价单位、价值储藏三种职能。

13. D。参考《经济学基础》第 218 页图 13-13，出现通货膨胀缺口。此时应该使用紧缩性政策，增加税收或减少政府支出，因此只能选 D。

14. B。当实际 GDP 小于潜在 GDP 时，存在衰退缺口。

15. A。在短期内，货币工资具有刚性。

16. C。军费支出减少，即政府购买 G 减少，AD 曲线向左移动，导致物价下降，产量下降。

17. D。滞胀的定义为：物价上升与产量减少的现象同时存在。

18. C。长期中，AS 曲线是一条垂线，因此货币供给增加将使得 AD 曲线向右移动，最终导致物价上升，产量保持不变。

19. B。长期中，AS 曲线是一条垂线，因此减税将使得 AD 曲线向右移动，将提高价格水平但不影响实际产出。

20. B。当单位原材料的成本增加时，AS 曲线向左移动，价格水平上升，实际产出减少，出现滞胀。

21. D。根据 AD-AS 模型可知，短期 AS 是一条向右上方倾斜的曲线，因此，SRAS 表现为总供给与价格水平同方向变动。

22. C。题目中提到“短期”，表明 AS 曲线为短期 SRAS 曲线（右上方倾斜），因此 SRAS 右移动，在 AD-AS 图形中可以明显看到，国民收入增加，价格水平下降的结果。

辨析题

1. 正确。价格水平上涨，将导致货币需求增加，利率上升。

2. 错误。货币供给增加降低了利率，而且，投资增加，总需求向右移动。

3 错误。总供给曲线应该向左上方移动。

4. 正确。长期总供给曲线是一条垂直于 X 轴的直线。

5. 错误。货币政策和财政政策是总需求曲线移动的因素。

6. 错误。应该是衰退缺口。

7. 错误。应该向右移动。

8. 正确。总需求增加，AD 曲线向右移动，物价水平上升，产量增加。

9. 错误。应该增加政府支出并减少税收。

10. 错误。效果非常不好，由于长期总供给曲线是一条垂线，扩张的财政政策会使总需求曲线右移，于是仅导致价格水平上升（通货膨胀），而总产出不变。

11. 错误。货币供给曲线 m 是一条垂直于 X 轴的直线。

12. 正确。凯恩斯定律是指在没有供给限制的情况下，当年有多大的总需求，就有多大的实际 GDP，这是推导 AD 曲线所用到的原理。

13. 正确。AD 曲线是一条向右下方倾斜的曲线。因此，总需求曲线与价格水平呈反向变动关系。

14. 错误。结合货币工资刚性的缘故，应该是推导出短期供给曲线。

15. 错误。衰退缺口的出现，意味着实际 GDP 小于潜在 GDP。

16. 错误。通货膨胀缺口的出现，意味着实际 GDP 大于潜在 GDP。

17. 错误。滞胀是 AS 曲线向左移动的结果。

18 正确。价格水平的高低可决定货币需求的大小。

19. 错误。BS 小于零时，叫预算赤字。

20. 正确。利率水平是由货币市场的货币需求和货币供给共同决定。

简答题

1. 答：总需求的构成有四个部分：①消费需求；②投资需求；③政府购买；④净出口。公式表达为：$AD = c + i + g + nx$。

2. 答：货币的三个职能为：①交换媒介（medium of exchange）。人们出于方便交易的目的而使用货币时，货币就在充当交换媒介。②计算单位（unit of account）。它是指货币作为衡量商品和服务的经济价值的基本单位。这个职能不仅与货币发挥交换媒介的职能紧密相连，而且也促进了货币的交换媒介职能。③价值储藏（store of value）。货币延期发挥交换媒介的职能，或者说货币提供了一种财富保存的方式，这就是货币的价值储藏职能。

根据货币的职能，我们可以得到货币的定义：货币是指任何被普遍接受为交换媒介、计算单位和价值储藏的物品。

3. 答：引起总需求曲线向左移动的因素有以下几个：

①消费支出减少。在物价水平既定时，使消费者支出减少的事件（如增税、股市下跌）都使总需求曲线向左移动。

②投资支出减少。在物价水平既定时，使企业投资减少的事件（如对未来的悲观、由于货币供给减少引起利率上升）都使总需求曲线向左移动。

③政府购买减少。政府对物品和劳务购买的减少使总需求曲线向左移动。

④净出口减少。在物价水平既定时，减少净出口的事件（如国外经济出现衰退、本币升值）都使总需求曲线向左移动。

⑤货币供给减少。中央银行通过公开市场业务减少货币供给，在货币需求不变的情况下，利率上升，消费支出和投资支出减少，总需求减少。

以上因素中的一个或几个的共同作用都会使总需求曲线向左移动。

4. 答：引起短期总供给曲线移动的因素有三点：大宗商品价格、货币工资率、劳动生产率。

5. 答：AD-AS 模型的三种情况如下：

①衰退缺口。当实际 GDP 小于潜在 GDP 时，便出现衰退缺口。

②通货膨胀缺口。当实际 GDP 大于潜在 GDP 时，便出现通货膨胀缺口。

③长期均衡。图 22 为 AD-AS 模型的三种情况。

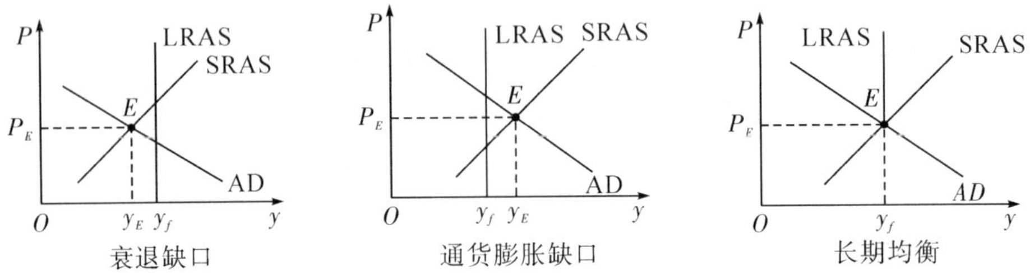

图 22　AD-AS 模型的三种情况

应用题

1. 答：（1）如图 23 所示，总需求曲线、短期总供给曲线和长期总供给曲线相交于点 A，该点就是经济的长期均衡点，所对应的价格和产量分别为长期均衡价格 P_E 和自然产量 y_f（即充分就业的产量水平）。

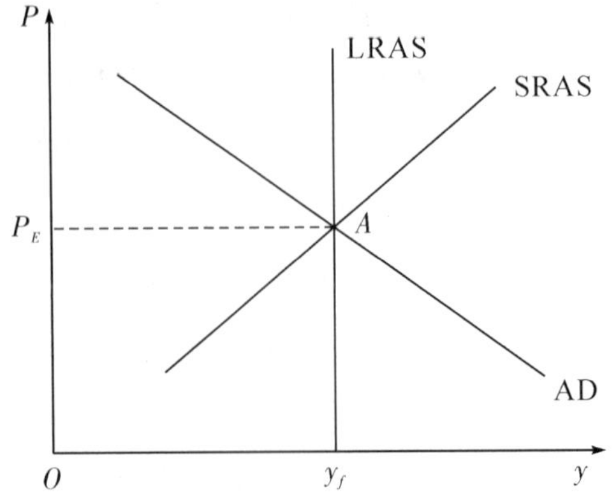

图 23　长期均衡

（2）如图 24 所示，股市崩溃导致总需求减少，总需求曲线向左移动，由 AD_1左移到 AD_2。新短期均衡点为 AD_2与 AS_1的交点 B，该点对应的均衡产量减少，均衡物价下降。由于 A 点对应着自然失业率时的产量水平，而 B 点对应的产量小于 A 点，所以 B 点对应的失业率高于自然失业率。

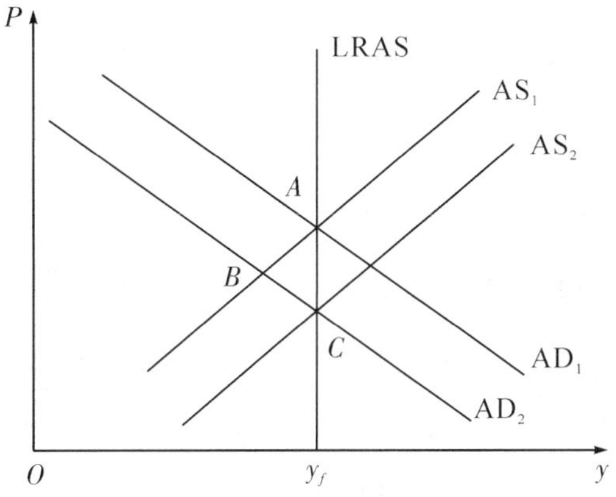

图 24　总需求减少的影响

（3）根据总供给的黏性工资理论，长期中总供给曲线由 AS_1右移到 AS_2，均衡点为 C 点，对应的产量上升，恢复到充分就业的产量水平，价格下降。在这种调整中，预期的物价水平促使短期总供给曲线向右移动。具体来讲，影响短期总供给曲线位置的一个重要变量就是人们对物价水平的预期，如图 24 所示。B 点的物价水平低于 A 点，人们会形成对物价下降的预期。当预期的物价水平下降时，工资下降，成本下降，企业在物价水平为既定时增加生产，所以短期总供给曲线右移。当 AS_1右移到 AS_2后，与 AD_2相交的 C 点为长期均衡点，该点对应的产量上升，价格下降。

2. 答：对总供给曲线，经济学家存在着重大的分歧。其中，长期总供给曲线是一条位于经济的潜在产量或充分就业产量水平上的垂直线；短期总供给曲线向右上方延伸。

①长期总供给曲线。长期总供给曲线又称为古典总供给曲线，是一条垂直线。如图 25 所示，当总需求向右移动时，价格上升，收入水平不变；当总需求向左移动时，价格下降，收入水平不变。

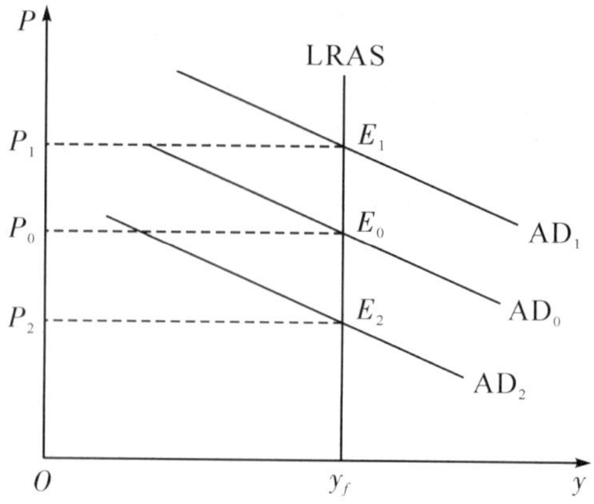

图 25　古典（长期）总供给曲线下，总需求变动对价格、收入的影响

②短期总供给曲线。短期总供给曲线又叫常规总供给曲线，是一条向右上方倾斜的曲线。如图 26 所示，当总需求向右移动时，价格上升，收入水平提高；当总需求向左移动时，价格下降，收入水平下降。

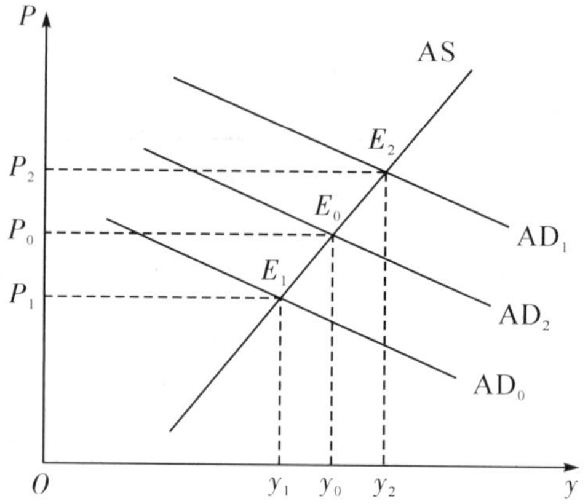

图 26　短期总供给曲线下，总需求变动对价格、收入的影响

3. 答：(1) 计算机病毒使全国的自动提款机系统瘫痪，使从银行账户提款更不方便，人们想持有的货币更多，增加了货币需求。货币需求曲线从 MD_1 向右移动到 MD_2，如图 27 所示。如果美联储不改变货币供给，则根据流动偏好理论，均衡利率会上升，从 r_1 升为 r_2。利率上升会增加投资和消费成本以及储蓄的收益，因而投资和消费会减少，总需求减少。

(2) 如果美联储想稳定总需求，也即维持原有的均衡利率水平不变，它应该增加货币供给，使货币供给曲线右移，从 MS_1 移动到 MS_2，如图 27 所示。从而在新的货币供给和货币需求情况下，均衡利率回到初始水平，总需求不变。

(3) 如果美联储想运用公开市场操作来完成货币供给的这种改变，它应该通过购买政府债券，使货币供给增加，使货币供给曲线向右移，最终达到均衡利率不变、总需求不变的状态。

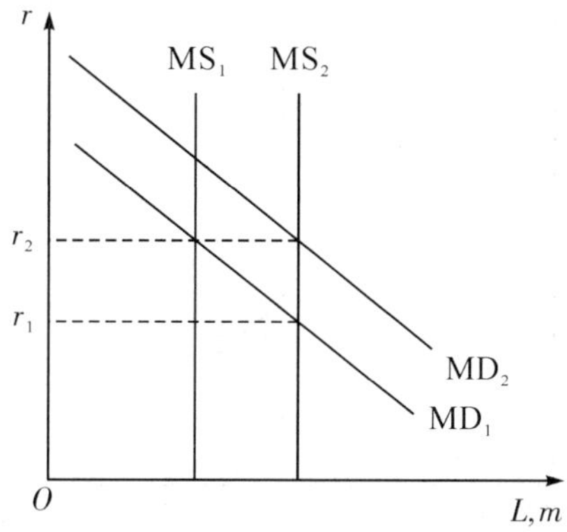

图 27　货币供给变化的影响

4. 答：（1）如图 28 所示，短期均衡点 B 表示经济处于高失业和低产量的衰退之中。长期供给曲线为 LRAS，对应的充分就业的产量水平为 y_f。短期供给曲线和总需求曲线分别为 AS_1 和 AD_1，两者的交点为短期均衡点 B，该点对应的产量水平 y_1 低于 y_f，即处于低产量状态。这同时意味着经济没有达到充分就业水平，而且处于高失业状态。

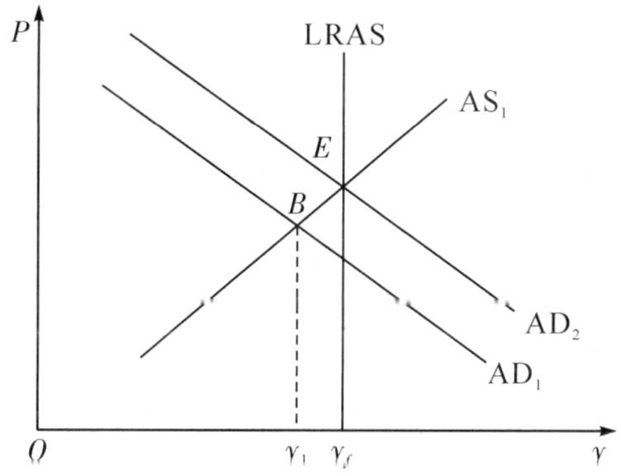

图 28　总需求与总供给图形

（2）中央银行通过在公开市场活动中购买政府债券可以使经济恢复到正常水平。使总需求曲线移动的一个重要变量是货币政策，假设中央银行通过在公开市场活动中购买政府债券来增加货币供给，则总需求曲线会由 AD_1 右移到 AD_2，此时的均衡点为 E，如图 28 所示。E 点处于充分就业的产量水平，即该点代表了正常水平的经济状态。

（3）如图 29 所示，中央银行在公开市场活动中购买政府债券使得货币供给增加，货币供给的增加使货币供给曲线向右从 MS_1 移动到 MS_2。由于货币需求曲线未变，为了使货币供给与货币需求平衡，利率从 r_1 下降为 r_2。这就是说，为了使人们持有中央银行创造的额外货币，利率必然要下降。

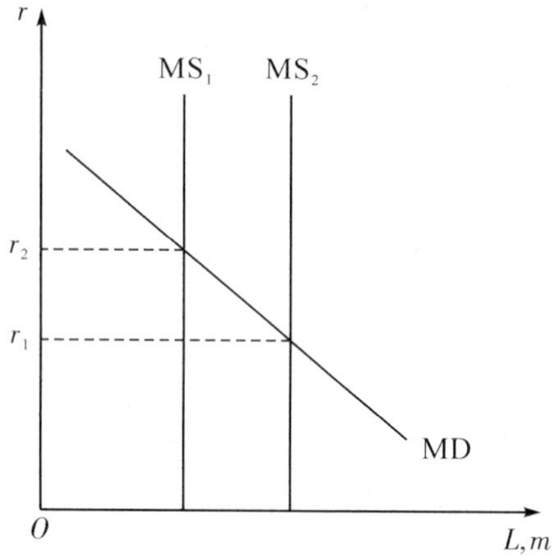

图 29　公开市场活动的影响

（4）如图 30 所示（以中央银行购买政府债券为例），中央银行购买政府债券的公开市场活动增加了产量水平（产量由 Y_1上升为 Y_2），但是会提高价格水平（价格由 P_1上升为 P_2）。而卖出政府债券的公开市场活动的影响正好相反。

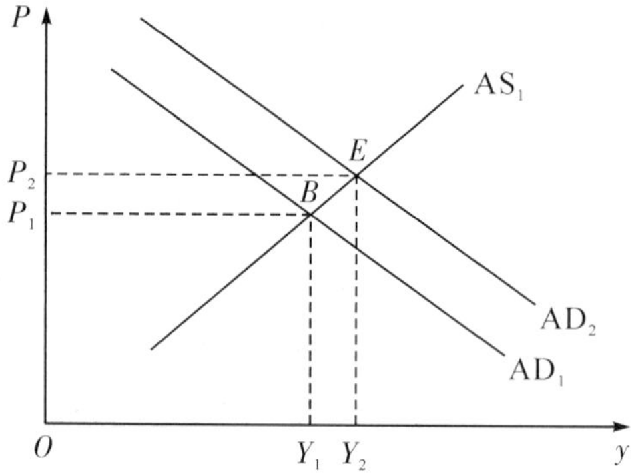

图 30　公开市场活动对产量和物价水平的影响

这种政策之所以具有图 30 中所显示的影响，具体原因如下：

中央银行通过购买政府债券创造了额外货币，利率必然要下降。利率又影响了对物品与劳务的需求量。较低的利率减少了借款的成本和储蓄的收益。家庭购买更多、更大的房子，这也刺激了企业投资。结果，在既定的物价水平时，物品与劳务的需求量会增多，反映在图中就是总需求曲线会由 AD_1右移到 AD_2。AD_2与供给曲线 AS_1的交点为新的均衡点 E，该点对应的产量 Y_2和价格 P_2，都大于原来均衡状态下的产量 Y_1和价格 P_1。

5. 答：（1）可支配收入 $Y_d = Y - 0.2Y = 0.8Y$，因此消费函数为 $C = 120 + 0.72Y$。根据三部门收入支出模型 $Y = C + I + G$，将消费函数、投资函数及政府支出函数代入方程式可得：

$$Y = 120 + 0.72Y + 50 + 200$$

解得：均衡收入 $Y \approx 1\ 321$。

（2）当投资增加到 80 时，将消费函数为 $C = 120 + 0.72Y$，投资函数 $I = 80$ 及政府支出函数 $G = 200$ 代入方程式可得：

$$Y = 120 + 0.72Y + 80 + 200$$

解得：均衡收入 $Y \approx 1\ 429$。

真实世界中的经济学

1. 滞胀就是通货膨胀和经济停滞并存的现象。

2. 滞胀的表现形式如图 31 所示。

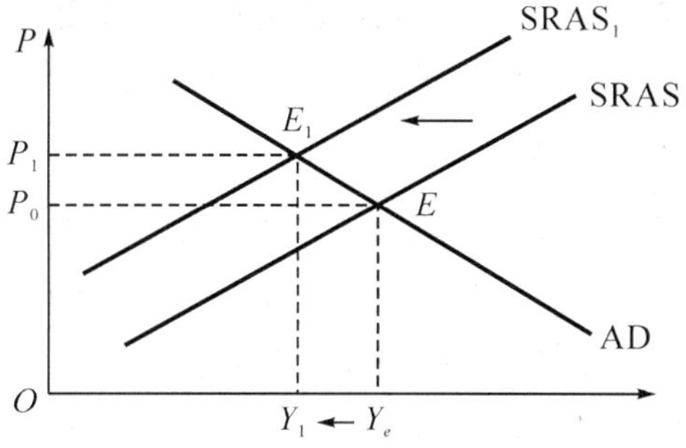

图 31　滞胀的表现形式

3. 中国具体的应对策略如下：

一是抓住未来六个月左右的时间窗口，加大宏观政策力度，全力稳住国内经济大盘。当前我国通货膨胀水平较低，出口继续保持增长，汇率双向浮动，跨境资金流动基本平衡。我国可以相对从容地运用宏观政策。

二是保持人民币汇率的灵活性，同时密切监测资本流动的异常情况。当前，人民币汇率有序调整，双向浮动，发挥了国际收支自动稳定器的作用，汇率波动起到的是稳定经济大盘的作用。未来一段时间，各种国内外的扰动因素会比较多，但方向和强度难以判断，应该允许人民币汇率根据这些力量的推动自主调节，自动平衡国际收支。

三是探索更多参与多边债务重组机制。新冠疫情、主要发达国家央行收紧货币政策、能源和粮食价格大幅上涨以及可能发生的滞胀，有较高概率会引发部分新兴市场和发展中国家的债务危机，债务重组难以避免。我国可以探索更多参与多边债务重组机制，并充分利用多边机制下赋予的双边谈判的灵活性，趋利避害，维护国家利益。

四是要充分考虑我国在全球重要商品市场的系统重要性。我国是全球最大的农产品生产国和消费国，是全球最大的原油进口国，是全球许多大宗商品的最大买家，也是全球最大的制造品出口国。因此，我们在采取稳定国内供应和物价措施时，要充分考虑我国商品市场的系统重要性，注意可能的外溢效应和回溢影响。

第 14 讲　宏观经济政策

单选题

1. A。政府控制自身支出与税收以影响基本经济变量。

2. B。老年化导致政府支出增加。

3. B。其他几项属于政府购买。

4. A。扩张性财政政策，增加支出，提振经济，增加政府债务。

5. D。紧缩性财政政策，减少支出，增税（减少消费），从而减少 AD。

6. D。减税激励企业增加产出，激励居民增加支出。

7. D. 经济过热，稳定政策减少支出，使总需求曲线左移。

8. B。税收既影响总供给也影响总需求。

9. A。经济过热（总需求超过潜在产出），用紧缩性政策。

10. B。当年政府债务没有变化，意味着当年政府收入与支出相等。

11. C。赤字是短期的政府支出大于收入，政府债务是赤字的积累。

12. D。

13. C。银行不能马上贷款，故 M1 不变。

14. C。商业银行通过贷款创造货币。

15. A。货币乘数等于准备金率的倒数。

16. A。法定准备金等于 $200 \times 25\% = 50$（万美元），超额准备金等于 $60 - 50 = 10$（万美元）。

17. C。$10 \div 25\% = 40$（亿元）。

18. B。公开市场操作。

19. D。紧缩性的三种货币政策工具。

20. A。准备金率 100%时，商业银行系统不创造货币。

21. C。$100 \div 20\% = 500$（万元）。

22. A。经济严重萧条时，采取扩张性的财政政策与货币政策。

23. C。对于滞胀的经济问题，政府应该用供给侧的政策——减税来解决。

24. B。经济严重衰退时，采取扩张性的财政政策（财政赤字）与货币政策（降低准备金率，降低贴现率，公开市场购买政府债券）。

25. D。税收属于财政政策工具。

26. B。流动性偏好模型，供给增加，利率下降。

27. C。扩张性的货币政策（降低准备金率、降低贴现率、公开市场购买政府债券）

28. B。准备金下降，可贷资金增加。

29. B。抛售债券属于紧缩性货币政策。

30. B。利率的流动性偏好模型。

辨析题

1. 错误。应该增加税收。

2. 错误。应该是采取扩张性的财政政策拉动经济增长。

3. 错误。应该增加政府支出并减税。

4. 正确。

5. 错误。应该是预算赤字。

6. 正确。

7. 错误。将央行用于购买 100 000 元的政府债券所支付的 100 000 元存入银行，再由银行出去准备金后全部放贷，可得货币供给的最大增加量为：100 000 ÷ 10% = 1 000 000（元）。

8. 正确。

9. 错误。货币乘数是准备金率的倒数。法定准备金率越高，每个存款银行可贷出的款越少，货币乘数越小，货币供给越少。

10. 错。扩张性的货币政策主要通过降低利率水平，增加个人消费和投资的途径增加总需求。

11. 错。在货币需求曲线不变的前提下，增加货币供给会降低利率，从而增加个人消费和投资，最终增加总需求，使总需求曲线向右移动。

简答题

1. 答：在现实生活中，存在以下影响斟酌使用的财政政策作用发挥的限制因素：第一，政策时滞。例如，认识总需求的变化。首先，认识和确定一定的经济政策，需要一定的时间；其次，认识和确定了需要采取的政策后，从制定政策到国会讨论、表决、通过也需要时间，如果前者称为认识时滞，则后者可称为政策时滞；最后，从采取了一定政策到该政策见到效果又需要一定的时间，这可称为效果时滞。第二，不确定性，主要指两方面的不确定性，一是各种乘数难以准确地确定，包括各种支出乘数和税收乘数，以及财政政策乘数等；二是总需求变化的不确定性，例如，本来预测经济萧条需要采取扩张性财政政策，但很可能这种政策出台不久，投资需求或总需求忽然强劲起来，导致扩张性财政政策变成了通货膨胀的导火线。第三，外在不可预测的随机因素的干扰。例如，国际资源价格的大幅度突然波动，国际政治、经济形势的突发性变化等，都可能导致原有财政政策达不到预期的效果。第四，财政政策的“挤出效应”也会严重影响政策的有效性。如果财政扩张会使利率明显上升，并且使私人投资明显减少，那么财政政策就无法收到预期的效果。

2. 答：（1）在封闭经济情况下，当政府出现财政赤字时，它的融资渠道主要有三种。第一种融资渠道是增加税收，增加税收意味着居民和企业收入的减少，只是收入的一种转移，将由居民和企业支配使用的收入转归政府使用，货币供给量不会发生变化。第二种融资渠道是向中央银行“透支”，即中央银行购买财政部发行的债券，然后财政部获得增加财政支出所需要的货币。显然，这种方式将导致货币供给增加。第三种融资渠道是通过向公众发行公债来融资。居民和企业购买了债券，相当于资源从居民和企业手中转移到了政府手中，也不会引起货币供应量发生变化。

（2）政府融资渠道不同，扩张性财政政策的总需求效应就不同。①在通过增税扩张的场合，从理论上看，一方面，政府购买增加，使总需求按照政府购买支出乘数的方式增加；另一方面，增加税收，使居民的可支配收入减少，从而使消费需求反过来按照乘数的方式减少。两方面相抵，总的结果是消费需求不变。在这种情况下，政府购买增加多少，总需求就增加多少，带动私人部门增加需求的“火车头”作用为零。②在通过中央银行发钞票扩张财政的场合，货币供给量增加完全抵销了单纯的扩张财政导致利息率提高的影响，从而使得利息率保持不变；这样挤出效应就为零，公共部门需求扩张充分发挥了“火车头”作用，促使消费需求按照乘数的方式进一步扩张，从而导致总需求大幅扩张。③在通过向私人部门借债扩张财政的场合，一方面，政府购买增加，导致消费需求以乘数的方式进一步增加；另一方面，利息率的提高使投资需求减少，并使消费需求以相反的乘数方式进一步减少。虽然，总的效应是导致总需求增加，但总需求增加的程度显然要小于中央银行采用扩张性货币政策从而没有挤出效应的场合。

3. 答：如果美联储想用公开市场操作增加货币供给，它会在公开市场上买进公众持有的美国政府债券，这种购买行为增加了公众手中持有的美元数量，增加了货币供给。

4. 答：①贴现率又称“折现率”，是指商业银行同客户办理贴现业务时所使用的利率。我们在计算资金（或货币）的时间价值时，需要将终值转化为现值的利息率。

②美联储提高贴现率，就提高了商业银行从中央银行的借款成本，使商业银行向中央银行借入资金的需求减少，从而收缩信贷规模，使货币供应量减少。

5. 答：①法定准备金指国家为了加强监管，维护储户利益，以法律形式规定，要求商业银行必须保留的准备金。法定准备金与存款总额之比就是法定准备金率。

②当美联储提高法定准备金率时，意味着商业银行必须持有更多准备金，导致商业银行的准备金率提高，货币乘数缩小，货币供给降低。

6. 答：美联储作为美国的中央银行，通过运用货币政策工具，如法定准备金率、再贴现率、公开市场操作等对货币供给产生重要影响，但它不能完全控制货币供给。原因分析如下：

①美联储不能控制家庭以银行存款的方式持有的货币量。家庭持有的存款货币越多，银行的准备金越多，银行体系所能创造的货币就越多。而家庭持有的存款货币越少，银行的准备金越少，银行体系所能创造的货币就越少。

②美联储不能控制银行选择的贷款量。当货币存入银行后，只有当银行把它贷出去后，它才能创造更多的货币。由于银行可以选择持有超额准备金，所以美联储不能确定银行体系创造了多少货币。

由于家庭和银行的行为以美联储难以控制和预料的途径影响货币供给，所以美联储难以完全控制货币供给。

7. 答：引起总需求曲线向左移动的因素有：

①消费支出减少。在物价水平既定时，使消费者支出减少的事件（如增税、股市下跌）都会使总需求曲线向左移动。

②投资支出减少。在物价水平既定时，使企业投资减少的事件（如对未来的悲观、由于货币供给减少引起利率上升）都会使总需求曲线向左移动。

③政府购买减少。政府对物品和劳务购买的减少会使总需求曲线向左移动。

④净出口减少。在物价水平既定时减少净出口的事件（如国外经济出现衰退、本币升值）都会使总需求曲线向左移动。

⑤货币供给减少。中央银行通过公开市场业务减少货币供给，在货币需求不变的情况下，利率上升，使消费支出和投资支出减少，总需求减少。

以上因素中的一个或几个因素的共同作用都会引起总需求曲线向左移动。

8. 答：主要有三种货币政策工具，它们分别是：

①存款准备金政策。存款准备金政策是指中央银行通过调整法定存款准备金比率，来影响商业银行的信贷规模，从而影响货币供应量的一种货币政策工具。

②再贴现政策。再贴现政策是指中央银行通过提高或降低再贴现率来影响商业银行的信贷规模和市场利率，从而影响货币供应量的一种货币政策工具。

③公开市场业务。公开市场业务是指中央银行在金融市场上公开买进或卖出有价证券（特别是政府债券），以投放或回笼基础货币，控制货币供应量，并影响市场利率的一种行为。

9. 答：扩张性的货币政策，主要通过增加货币市场的货币供给降低利率，在其他条件不变的情况下，较低的利率会导致更多的投资支出，这会使实际 GDP 增加，实际 GDP 增加又会导致消费的增加，从而产生乘数效应，实际 GDP 会继续增加。

10. 答：紧缩性的货币政策，主要通过降低货币市场的货币供给增加利率，在其他条件不变的情况下，较高的利率会导致较少的投资支出，这会使实际 GDP 降低，实际 GDP 降低又会导致消费的减少，总需求曲线向左移动。

应用题

1. 答：（1）阿尔巴尼亚存在的是衰退缺口。

（2）可以采用扩张性的财政政策使得经济达到潜在的产出水平。具体政策包括增加政府购买性支出、增加政府转移支付、减少税收。

（3）如图 32 所示，实行扩张性的财政政策，使得总需求曲线 AD 向右移动到 AD′，从而使产出回到潜在产出水平。

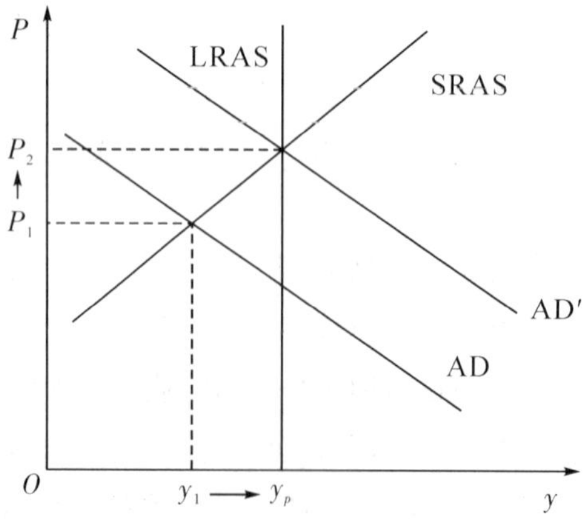

图 32　扩张性的财政政策

2. 答：(1) 布列塔尼亚现在存在的是通货膨胀缺口。

(2) 采用紧缩性的财政政策使得经济达到潜在产出水平。具体政策包括减少政府购买性支出、减少政府转移支付、增加税收。

(3) 如图 33 所示，实行紧缩性的财政政策，使得总需求曲线 AD 向左移动到 AD′，从而使产出回到潜在产出水平。

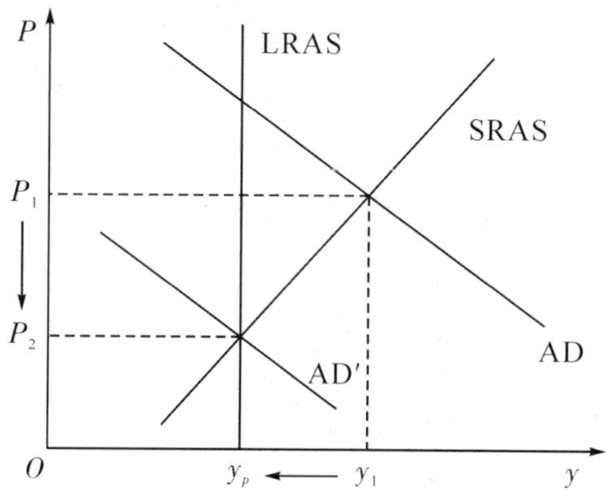

图 33　紧缩性的财政政策

3. 答：(1) 股票价格上涨提高了居民持有股票的价值，则消费支出增加，总需求曲线向右移动。上述冲击发生后，经济将会面临通货膨胀缺口。政策制定者可以通过紧缩性的财政政策使得经济恢复到潜在产出水平。

(2) 如果企业担心经济衰退会在不久的将来出现，其投资支出会相应减少，总需求曲线向左移动。经济将会面临通货紧缩缺口。政府应该实行扩张性财政政策以使得经济恢复到潜在的产出水平。

(3) 政府增加军备购买，总需求曲线向右移动。经济将会面临通货膨胀缺口。政府可以通过实行紧缩性的财政政策使得经济恢复到潜在的产出水平，具体包括：减少非国防产品和服务的购买数量、增加税收、减少转移支付。

(4) 利率的增加使得投资支出下降，总需求曲线向左移动，经济将会面临通货紧缩缺口。扩张性的财政政策使得总需求曲线向右移动，从而使产出恢复到潜在产出水平。

4. 答：(1) 法定准备金率为 10%且银行没有超额准备金时，货币乘数是 $1 \div 10\% = 10$。当银行体系的总准备金为 1 000 亿美元时，货币供给是 $1\,000 \times 10 = 10\,000$（亿美元）。

(2) 法定存款准备金率为 20%时，货币乘数是 $1 \div 20\% = 5$，准备金不会发生变动。货币供给减少到 $5 \times 1\,000 = 5\,000$（亿美元），货币供给减少了 5 000 亿美元。

5. 答：（1）为了扩大货币供给，美联储将购买债券。

（2）在法定准备金率为20%的情况下，货币乘数为1 ÷ 20% = 5。因此，为了使货币供给增加4 000万美元，美联储所要购买的债券总额为4 000 ÷ 5 =800（万美元）。

6. 答：中央银行应该采取扩张性的货币政策来消除经济面临的衰退缺口。中央银行增加在公开市场上购买国债的数量后，货币供给增加，利率下降，进而鼓励投资支出增加。投资支出增加将会使得乘数效应发挥作用，导致消费者支出增加，总需求增加。最终结果如图34所示，AD曲线从初始水平AD移动至新的AD′。实际GDP和总价格水平均上升。

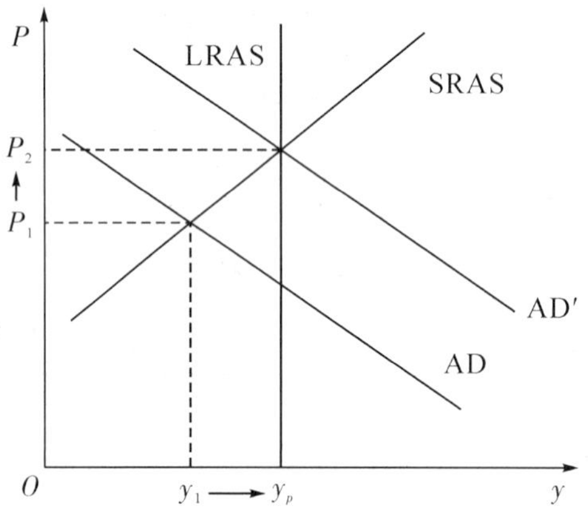

图34　扩张性的货币政策

7. 答：中央银行应该采取紧缩性的货币政策来消除经济面临的通货膨胀缺口。中央银行在公开市场上卖出国库券后，货币供给减少，利率上升，进而投资支出减少。投资支出减少将会使得消费者支出减少，总需求减少。最终结果如图35所示，AD曲线从初始水平AD移动至新的AD′。实际GDP和总价格水平均下降。

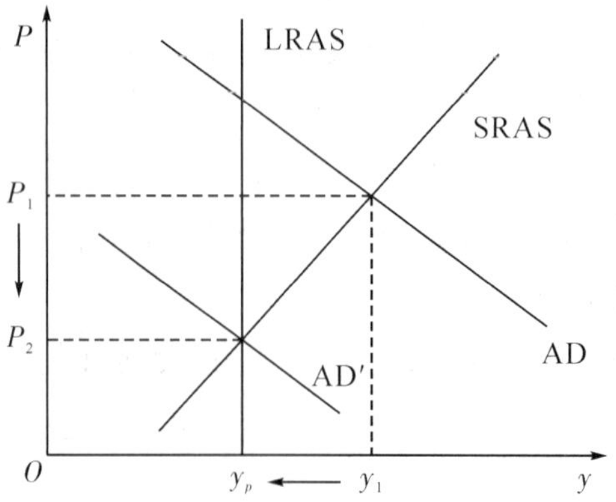

图35　紧缩性的财政政策

真实世界中的经济学

1. 欧洲国家引发这轮通货膨胀的主要原因是：俄乌冲突引起的能源危机、疫情期间的扩张性货币政策等；美国引发这轮通货膨胀的主要原因是：疫情期间的量化宽松政策、激进的财政政策以及疫情之下的产业链不顺畅导致的产出不足等。

2. 长期来看，全球老龄化趋势会延续，如文章中所说的“到 2100 年，世界 50 岁以上居民的比例预计将从 25% 上升到 40%，鉴于印度和中国最近的生育率下降，这个数据可能还会继续攀升”，老年人收入比较稳定，但支出相对较少，这会导致全球储蓄增加。而全球储蓄增加会降低利率，长期来看会促进投资和消费，促进经济增长。

3. 美联储提升利率的政策工具主要有法定准备金率、再贴现率、公开市场操作三类，美联储可以通过提高法定准备金率、提高再贴现率、在公开市场上卖出政府债券三种方法提高利率。

4. 假设美国经济目前处于图 36 中的 E_1 均衡点（通货膨胀），即实际 GDP 为 y_1，价格水平为 P_1。美联储通过货币政策工具（如在公开市场上卖出政府债券）提高利率，然后降低投资水平和消费水平。利率的提高使美国金融资产的回报率上升，从而吸引资本流入，美元升值，降低净出口水平，降低总需求，总需求曲线往左边移动到 AD_2 的位置，经济回到 E_2 这个长期经济均衡水平，最终解决通货膨胀的问题（如图 37 所示）。

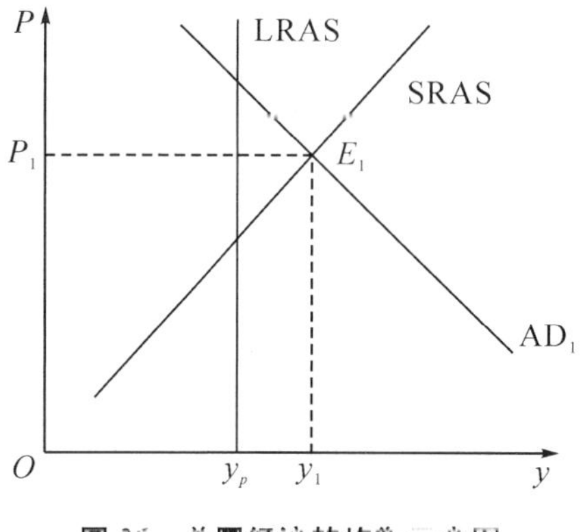

图 36　美国经济的均衡示意图

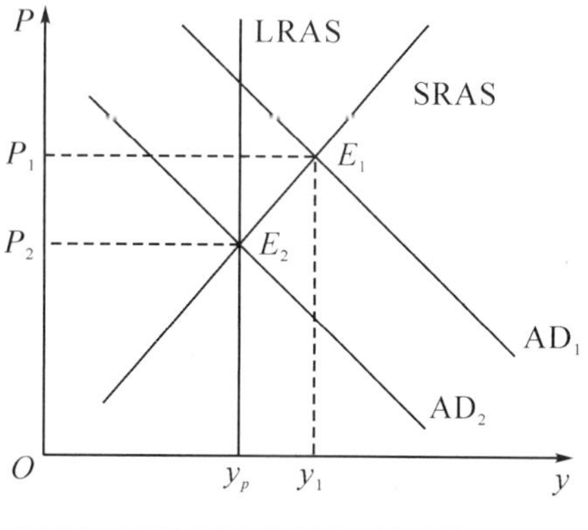

图 37　利率提高对美国经济均衡的影响